カント全集

8

判断力批判 上

JN158741

岩波書店

編集委員

坂部　恵
有福孝岳
牧野英二

Döbler による肖像画(1791 年)

総目次

凡例

一、本全集では、『判断力批判』(*Kritik der Urteilskraft*, 1790)を以下のように上下二冊に分ける。上巻には、序文・序論・本論第一部を収め、また下巻には、本論第二部と第一序論を収める。

二、翻訳にあたっては、底本としてアカデミー版(以下A版と略記)カント全集第五巻および第二〇巻を用いた。また、必要に応じてカッシーラー版(C版)カント全集第五巻、フォアレンダー版(V版)カント全集第二巻およびレーマンの校訂による哲学文庫版(L版)第三九b巻、ヴァイシェーデル版(W版)カント全集第一〇巻を適宜参照した。

三、訳出において参照した各版は次のとおりである。なお、本文欄外に付した各版の略号に続く数字は、その版のページ数を示す。

A版 *Kritik der Urteilskraft* (Herausgeber: Wilhelm Windelband) in: *Kant's gesammelte Schriften.* Herausgegeben von der Königlich Preußischen Akademie der Wissenschaften. Band V. 1913.

Erste Einleitung in die Kritik der Urteilskraft (Herausgeber: Gerhard Lehmann) in: *Kant's gesammelte Schriften.* Herausgegeben von der Preußischen Akademie der Wissenschaften. Band XX. 1942.

C版　*Erste Einleitung in die Kritik der Urteilskraft/Kritik der Urteilskraft* (Herausgegeben von Otto Buek) in: *Immanuel Kants Werke*. Herausgegeben von Ernst Cassirer. Band V. 1914.

V版　*Kritik der Urteilskraft* (Herausgegeben von Karl Vorländer) in: *Immanuel Kant. Sämtliche Werke*. Herausgegeben von Karl Vorländer. Band II (Philosophische Bibliothek, Band 39). 7. Auflage, 1924.

W版　*Kritik der Urteilskraft* (Herausgegeben von Wilhelm Weischedel) in: *Immanuel Kant Werkausgabe in zwölf Bänden*. Herausgegeben von Wilhelm Weischedel. Band X. 1968.

L版　*Erste Einleitung in die Kritik der Urteilskraft. Nach der Handschrift*. Herausgegeben von Gerhard Lehmann (Philosophische Bibliothek, Band 39b). Zweite, durchgesehene und erweiterte Auflage, 1970.

四、テキスト・クリティークに関しては、原則として訳文に差異が生じる場合にかぎり、校訂注として各版の異同を取り上げた。また、カントの原版、すなわち第一版（一七九〇年）、第二版（一七九三年）、第三版（一七九九年）相互の異同に関しても、必要最小限の範囲でのみ校訂注で言及することにとどめた。

五、本文中の（　）はカントによる挿入であり、〔　〕は訳者による補足である。また、（原注）は、カント自身の付した脚注であり、序文、序論、章ごとの括弧付きのアラビア数字は訳注を意味し、＊印は校訂注を表わしている。

六、原注はその段落の後に挿入し、訳注および校訂注は、巻末にまとめた。

七、カントの原文で強調されている箇所の、隔字体（ゲシュペルト）による部分は傍点（、）を付し、ボールド体による部分は太字で表示した。
八、巻末には上下二分冊ごとに、それぞれ人名および事項を収録した「索引」を付した。

判断力批判　上

牧野英二訳

Kritik der Urtheilskraft
(1790)

判断力批判

A版 第 5 巻 165-485 頁(本巻収録は 356 頁まで)
C版 第 5 巻 233-568 頁(本巻収録は 433 頁まで)
V版 第 2 巻 1-361 頁(本巻収録は 217 頁まで)
W版 第 10 巻 69-456 頁(本巻収録は 301 頁まで)

目　次

第二編　美感的判断力の弁証論……二三九

序　文*

A167 C235 V1 W73

アプリオリな諸原理に基づく認識の能力は純粋理性と呼ぶことができるのであり、この純粋理性一般の可能性と限界との探究は、純粋理性の批判と呼ぶことができる。とはいえこの能力は、理論的使用における理性だけを意味するにすぎず、こうした題名をもつ第一の著書『純粋理性批判』でもそうであったように、まだ実践理性としての理性能力を特殊な諸原理にしたがって探究しようとしたのではなかった。そこであの批判は、諸物をアプリオリに認識するわれわれの能力にのみ関わり、それゆえ快・不快の感情[1]と欲求能力とを除外して、認識能力だけを扱っている。また認識能力のうちでも、判断力と理性(同じく理論的認識に属する能力としての)を除外して、アプリオリな諸原理にしたがう悟性を扱っている。なぜなら、後述[2]から明らかになるように、悟性以外の認識能力はアプリオリな構成的認識諸原理を提供することができないからである。それゆえ、批判はすべての能力がそれぞれの持ち分と称するものにしたがってこの能力をことごとくふるいにかけるのであるが、それは悟性以外の認識能力が固有の根源から生じた認識をそのまま自分の所有として、各自の持ち分であると言い立てるためである。そこでこの批判は、悟性が諸現象(諸現象の形式もまたアプリオリに与えられている)の総括としての自然に法則としてアプリオリに指定するものだけを残すが、しかしそれ以外のすべての純粋概念を諸理念へと追い入れるのである。ところで諸理念は、われわれの理論的認識能力に対して超絶的[3]であるが、それにもかかわらず無益なものや不要なものではけ

V2

っしてなく、統制的原理[4]として役立つ。つまり諸理念は、一方ではあたかも悟性が(悟性は自分が認識できるすべての物の可能性の条件をアプリオリに提示することができるから)、このことによってすべての物一般の可能性をもこの悟性の限界のうちに閉じ込めてしまったかのような悟性の懸念すべき僭越を抑制するのに役立つ。他方諸理念は、完璧性という原理にしたがう自然の考察のうちで悟性自身を導き、このことによってすべての認識の究極意図を促進するために役立つ。とはいえ悟性は、この完璧性に到達することはけっしてできないのである。

それゆえ、本来悟性こそ、アプリオリな構成的認識諸原理を含むかぎり、自分に固有の領域[5]をしかも認識能力のうちにもつものであった。悟性は、総じて『純粋理性批判』と呼ばれた批判によって、他のすべての競争相手に対して確実なしかし唯一の*所有地を占有すべきである、とされた。同様に、もっぱら欲求能力に関する以外にはアプリオリな構成的諸原理を含まない理性に対しては、その所有地が『実践理性批判』のうちに指定されたのである。ところで、われわれの認識諸能力の秩序のうちで悟性と理性との間に中間項をなす判断力もまた、それだけでアプリオリな諸原理をもつかどうか。これらの原理は構成的であるか、それともたんに統制的であるか(それゆえ固有の領域を証明することはできないのであるか)。また判断力は、認識能力と欲求能力との間の中間項としての快・不快の感情に(悟性が認識能力に、しかし理性が欲求能力にアプリオリに法則を指定するのとまったく同様に)、アプリオリに規則を与えるのかどうか。これらは、ここで判断力の批判が扱う課題である。

純粋理性の批判、すなわちアプリオリな諸原理にしたがって判断するわれわれの能力の批判は、認識能力としてそれだけでアプリオリな諸原理もまた要求する判断力の批判が、純粋理性の批判の一つの特殊な部門として扱われないとすれば、完璧にはならないであろう。たとえ判断力の諸原理が、純粋哲学の一つの体系のうちでは理論哲学

A168　C236　W74
V3

と実践哲学との間で特殊な部門を形成できず、必要な時に折に触れて両者のいずれかと結びつけられることができるとしても、やはり完璧にはならないであろう。というのも、こうした体系が形而上学という一般的名称のもとにいつか成立すべきであるとすれば(このような体系をこのうえなく完璧に仕上げることは可能であり、理性の使用 C237 W75 にとってはあらゆる関係のうちできわめて重要である)、批判は経験に依存しない諸原理の能力の最初の基礎が横たわっているところまで、この建物の地盤をあらかじめ深く探究しておかなければならないからである。これは、建物のいずれかの部分が沈下して、全体の崩壊が避けられない事態にならないためである。

しかし判断力(判断力の正しい使用はきわめて必要であり、また一般にも要求されているので、したがって健全 A169 な悟性(6)という名前で呼ばれているのは、まさにこの能力にほかならない)の本性から次のことは容易に推測できる。それは、判断力に特有の原理を発見する仕事が(というのも、*判断力はなんらかの特有な原理をアプリオリに自分のうちに含んでいなければならず、そうでないと判断力は、ある特殊な認識能力としてもっとも普通の批判にすら晒されることはないであろうから)、きわめて大きな困難をともなうにちがいない、ということである。それにもかかわらず、この判断力に特有な原理はアプリオリな諸概念から導出されてはならない。というのも、アプリオリな諸概念は悟性に属しており、判断力はこれらの概念の適用にだけ関わるからである。それゆえ判断力は、ある概念をそれ自身で提示しなければならない。この概念によって、もともとどのような物も認識されることはなく、この概念は、判断力自身にのみ規則として役立つが、しかし判断力が自分の判断に適応させうる客観的規則として役立つのではないのである。なぜなら、この役に立つためには、ある事例が規則にかなう事例であるか否かを区別できるために、さらにまた別の判断力が必要となるだろうからである。

原理(主観的原理であれ、客観的原理であれ)に関するこのような困惑は、自然や芸術[7]の美と崇高に関わる美感的[8]と呼ばれる判定のうちに主として見出される。それにもかかわらず、このような判定における判断力の原理を批判的に探究することは、この能力の批判のうちでもっとも重要な部分である。というのも、こうした判定は、それ自身だけでは諸物の認識に少しも寄与することはないが、それでももっぱらこの認識能力に属しており、なんらかのアプリオリな原理にしたがって快ないし不快の感情とこの能力が直接に関係することを証明しているからである。だからといってこのアプリオリな原理は、欲求能力が自分のアプリオリな諸原理を理性の諸概念のうちにもつのであるから、欲求能力の規定根拠でありうるものと混同されることはないのである。——しかし自然の論理的判定*に関して言えば、経験は諸物についてある合法則性を提示するが、感性的なものについての普遍的な悟性概念ではこの合法則性をもはや理解ないし説明できない場合があり、また判断力は、認識不可能なある超感性的なものに自然物を関係づける原理を自分自身から取り出すことができるのであって、この原理をたんに自分自身に関してだけ、自然の認識のために使用しなければならない場合がある。このような場合には、こうしたアプリオリな原理は、なるほど世界の諸々の存在者の認識に適用されることができるのであり、またそのように適用されなければならず、同時に実践理性に対して有利な展望を開くのである。しかしこの原理は、快・不快の感情に対する直接的関係をもたない。だが、この関係こそ判断力の原理における謎であって、この謎がこの能力のために批判のうちに一つの部門を必要とするのである。というのも、諸概念(諸概念から快・不快の感情を直接推論することはけっして引き出すことができない)にしたがう論理的判定は、この判定の批判的制限とともに、いずれにしても哲学の理論的部門に付け加えられることもできただろうからである。

V4　W76　C238　A170

美感的判断力としての趣味能力の探究は、ここでは趣味の育成と開化のために行われるのではなく(というのも、こうしたことは、このような探索がまったく行われなくても、これまでと同様に今後も歩みを続けるだろうから)、たんに超越論的意図でのみ行われるのであるから、この探究は、趣味の育成と開化という目的に欠陥がある点に関しては、おそらく寛大に評価されるであろう、と自負している。しかし超越論的意図に関して言えば、この探究はきわめて厳格な吟味を受けることを覚悟しなければならない。しかしここでも、自然がひどくもつれさせた問題を解決するには多大な困難がある。だが、この困難は、原理が正しく示され、十分明瞭に立証されさえすれば、問題の解決に際して完全には避けることのできなかった幾つかの曖昧さを弁護するのに役立つであろう、と期待している。とはいえ判断力の現象をこの原理から導き出す仕方が、他の場所では、つまり諸概念にしたがう認識では当然要求できるすべての判明性をもたないとすれば、という場合のことである。本書の第二部では実際こうした判明性に達した、と私は信じている。

それゆえ私は、これで私の全批判的仕事を終える。私は、加わりゆく老齢からこの仕事のために幾らかの利用しうる時間をなんとか捻出するため、ただちに理説の仕事に着手するであろう。判断力に関しては批判が理論の代わりに役立つのであるから、この仕事のうちには判断力のために特別な部門が存在しない、ということは自明である。むしろ哲学を理論哲学と実践哲学とに区分することは自明であり、純粋哲学を同じく両部門へと区分することにしたがって、自然の形而上学と人倫の形而上学とが、あの理説の仕事をなすだろうことは自明である。

V 5
W77

序論

I　哲学の区分について

哲学は(論理学のように、客観の区別なくたんに思考一般の形式の諸原理を含むのではなく)、諸概念による諸物の理性認識の諸原理を含むかぎり、普通行われているように理論哲学と実践哲学とに区分されるとすれば、この区分の仕方はたしかに適切である。[1] しかしそうなると、この理性認識の諸原理へと自分の客観を指示する諸概念もまた、種別的に異なっていなければならない。なぜなら、もしもそうでなければ、これらの概念は、学の異なる諸部門に属する理性認識の諸原理の対立をつねに前提する区分を正当に行うことができなくなるだろうからである。

しかしこれらの概念は二種類だけであり、これらの概念が、その対象の可能性に関する同じ二種類の異なる原理を許すのである。すなわち、自然諸概念と自由概念である。ところで自然諸概念は、アプリオリな諸原理にしたがう理論的認識を可能にする。自由概念は、こうした理論的認識に関しては(たんにそれと対立するという)消極的原理だけを自分自身のうちにすでにともなっているが、これに反して意志規定に対しては拡張的な諸原則であり、それゆえ実践的と呼ばれる諸原則を確立する。そこで哲学は、諸原理に関してまったく異なる二つの部門に、すなわち自然哲学としての理論哲学と道徳哲学(というのも、自由概念にしたがう理性の実践的立法はこのように名づけられるから)としての実践哲学とに、区分されるのは当然である。しかし従来は、異なる諸原理の区分と、それと

A171
C239
V6
W78

ともに哲学そのものを区分するためのこれらの表現は、はなはだしく濫用されてきた。それというのも、自然諸概 C 240 V 7
念にしたがう実践的なものは、自由概念にしたがう実践的なものと同種類のものであるとみなされており、こうし
て理論哲学と実践哲学という同じ名称のもとで区分されてはきたが、この区分によっては(両部門は同じ諸原理を A 172
もつことができたから)実際はなにも区分されていなかったからである。

欲求能力としての意志は、つまり世界における種々の自然原因の一つであり、諸概念にしたがって作用する自然 W79
原因である。また意志によって可能的(ないし必然的)であると表象されるすべてのものは、実践的＝可能的(ない
し実践的＝必然的)と呼ばれ、結果の物理的可能性ないし必然性から区別される。しかしこの結果に対して原因が
原因性として規定されるのは、諸概念によるのではない(そうではなくて、たとえば生命のない物質にあってはメ
カニズムによるのであり、また動物にあっては本能によるのである)。——ところで、ここでは意志の原因性に規
則を与える概念が自然概念であるか、それとも自由概念であるかは、実践的なものに関しては規定されないままで
残されている。

しかし自然概念と自由概念というこの区別は本質的である。というのも、原因性を規定する概念が自然概念であるとすれば、諸原理は技巧的＝実践的であり、ところが原因性を規定する概念が自由概念であるとすれば、諸原理は道徳的＝実践的だからである。そして理性の学の区分のうちでは、その認識が異なる諸原理を必要とする諸対象のこうした差異がもっぱら主題とされるのであるから、技巧的＝実践的諸原理は理論哲学(自然論としての)に属するが、道徳的＝実践的諸原理はまったくそれだけで第二の部門、すなわち(人倫論として)実践哲学を構成するであろう。(2)

すべての技巧的＝実践的規則(すなわち技術の諸規則や熟練一般の諸規則、あるいはまた人間と人間の意志に影響を及ぼす熟練としての思慮の諸規則)は、これらの規則の諸原理が諸概念に基づくかぎり、たんに系として理論哲学に数え入れられなければならない。というのも、これらの規則はたんに自然諸概念にしたがう諸物の可能性にのみ関わるからであり、また自然のうちで見出されうるこの可能性のための手段が属するだけでなく、意志(欲求能力としての、したがって自然能力としての)が自然の動機によってこれらの規則にかなうように規定されうるかぎり、自然諸概念には意志すら属するからである。しかしこのような実践的諸規則は、法則(たとえば物理的法則のような)と呼ばれるのではなく、ただ指令と呼ばれるにすぎない。しかもその理由は、意志がたんに自然概念のもとに立つだけでなく、自由概念のもとにも立ち、この自由概念と関連して意志の諸原理は法則と呼ばれ、またそれらの帰結とともに哲学の第二部門、すなわち実践的部門をそれだけで構成するからである。

それゆえ、純粋幾何学の諸問題の解決はこの学の特殊な部門には属さないのである。あるいは測量術が純粋幾何学から区別されて幾何学一般の第二部門として実践的幾何学という名称で呼ばれるのはふさわしくない。これと同様に、またそれ以上に、機械的ないし化学的実験または観察の技術は、自然論の実践的部門とみなされてはならない＊。最後に、家政、農業経営、国家経済、交際術、養生法の指令、一般幸福論すらも、まして一般幸福論のための傾向性の制御や情動の抑制にいたっては、実践哲学に数え入れられてはならない。あるいはこれらが哲学一般の第二部門を構成するようなことがあってはけっしてならないのである。なぜなら、これらは、ことごとく原因と結果という自然諸概念にしたがって可能なある結果を生み出すための熟練の諸規則だけを含み、したがって技巧的＝実践的にすぎない諸規則だけを含んでいるからである。また、この自然諸概念は理論哲学に属するのであるから、自

A173　C241 W80　V8

然諸概念は理論哲学(自然科学)からのたんなる系としてのあの諸指令に服するのであり、それゆえ実践的と名づけられる特殊な哲学のうちに場所を要求することはできないからである。これに反して、自然に基づく意志の規定根拠をまったく排除して自由概念にもっぱら基づいている道徳的＝実践的諸指令は、まったく特殊な種類の指令を形成している。こうした諸指令もまた、自然がしたがう諸規則と同様に、端的に法則と呼ばれるが、これらの規則のように感性的諸条件に基づくのではなく、ある超感性的原理に基づいており、哲学の理論的部門と並んで、それだけでまったく単独に実践哲学という名称のもとで別の部門を要求するのである。

以上から、哲学が与える実践的諸指令の総括は、これらの指令が実践的であるという理由から、理論的部門と並ぶ哲学の特殊な部門を構成するわけではないことが明らかである。というのも、たとえこれらの指令の諸原理がもっぱら自然の理論的認識から取ってこられたとしても、これらの指令は(技巧的＝実践的諸規則として)実践的でありうるだろうからである。そうではなくて〔実践的諸指令の総括が哲学の実践的部門を構成するのは〕、これらの指令の原理がつねに感性的に条件づけられている自然概念からまったく借用されておらず、したがって自由概念だけが形式的法則によって識別可能にする超感性的なものに基づいているのであり、それゆえ、これらの指令は道徳的＝実践的である。すなわち、これらの指令は、たんにあれこれの意図における指令や規則ではなく、あらかじめ目的や意図に関連しない法則である、という理由によるのであり、またそうした場合にかぎられている。*

II　哲学一般の領域について

アプリオリな諸概念が適用される範囲は、諸原理にしたがうわれわれの認識能力の使用が及ぶ範囲であり、その使用とともに哲学が及ぶ範囲である。

しかし、これらの概念が諸対象の認識を可能なかぎり実現するために関係づけられるすべての対象の総括は、われわれの諸能力がこの意図のために十分であるか、それとも不十分であるかの相違に応じて区分されることができる。

諸概念は、諸対象の認識が可能であるか否かに関わりなく、諸対象に関係づけられるかぎり、自分の分野をもち、この分野は、これらの概念の客観がただわれわれの認識能力一般に対してもつ関係にしたがって規定される。——この分野のうちで、われわれにとって認識が可能となる部分は、これらの概念とその概念に必要な認識能力とのための地域(territorium)である。また、この地域のなかで、これらの概念が立法的である部分は、その概念と概念に対して権限をもつ認識能力との領域(ditio)である。[3] それゆえ、経験諸概念は、諸感官のすべての対象の総括としての自然のうちに自分の地域をもつが、しかし領域はもたない(ただ自分の住居 domicilium をもつにすぎない)。なぜなら、経験諸概念は、法則にかなって産出されるが、しかし立法的ではなく、これらの概念に基づく諸規則は経験的であり、したがって偶然的だからである。

われわれの全認識能力は、二つの領域をもつ。すなわち自然諸概念の領域と自由概念の領域である。というのも、この両概念によって認識能力はアプリオリに立法的だからである。ところで哲学はまた、これに応じて理論哲学と実践哲学とに区分される。しかし哲学の領域が、そこで打ち立てられ、また哲学の立法が行使される地域は、諸対象がたんなる現象以上のものとみなされないかぎり、つねにただすべての可能的経験の諸対象の総括にすぎない。というのも、そうでないとすれば、これらの対象に関する悟性の立法は考えられえないだろうからである。

自然諸概念による立法は悟性によって行われ、この立法は理論的である。自由概念による立法は理性によって行
われ、この立法はたんに実践的である。理性は、ただ実践的なもののうちでのみ、立法的でありうる。(自然の)理
論的認識に関しては、理性は(悟性を介して法則を知るものとして)与えられた諸法則から推論によって諸帰結を引 A175
き出すことができるだけであり、これらの帰結はどこまでも自然のもとにとどまっている。しかし反対に、諸規則
が実践的である場合でも、だからといって理性は、ただちに立法的であるわけではない。なぜなら、これらの規則＊
は技巧的＝実践的でもありうるからである。

それゆえ悟性と理性とは、経験という同一の地域のうえで二つの異なる立法をもち、一方が他方を侵害してはな
らない。というのも、自然概念は、自由概念による立法に影響を及ぼすことがなく、同様に自由概念も自然の立法
を妨害することがないからである。――この両立法と、これらの立法に属する二つの能力とが同一の主観のうちで
両立することを少なくとも矛盾なく考えうるという可能性は、『純粋理性批判』が証明した。それは、『純粋理性批
判』がこのことに対する異論をこの異論のうちにある弁証論的仮象を暴露することによって絶滅したからである。

しかしこれら二つの異なる領域は、各自の立法では相互に制限しないとしても、しかし感性界における各立法の
結果のうちでは絶えず制限しあっており、一つの領域を形成することはない。この理由は、次のことに由来する。 W83
それは、自然概念がその諸対象を直観のうちで表象するが、しかし物自体そのものとして表象するのではなく、た
んなる現象として表象する。これに反して自由概念は、その客観において物自体そのものを表象するが、しかし直 V11
観のうちで表象するわけではない。したがって両者はいずれも、物自体としての自分の客観についての(しかも思
考する主観についてすらの)理論的認識を提供できないことに由来するためである。この物自体はおそらく超感性

的[4]なものであろう。そしてこのものの理念は、経験のすべてのあの対象の可能性の根底に置かれなければならない。しかしこの理念そのものは、一つの認識にまで高められ拡張されることはけっしてできないのである。

それゆえ、われわれの全認識能力に対しては、限界づけられず、しかも到達できない分野がある。すなわち超感性的なものの分野である。この分野のうちではわれわれは、われわれのためにどのような地域も見出すことができない。それゆえ、この分野ではわれわれは悟性諸概念にとっても、また理性諸概念にとっても理論的認識のための一つの領域をもつことはできないのである。この分野は、なるほどわれわれが理性の理論的使用のためにも実践的使用のためにも、諸理念を用いて満たさなければならない分野であるが、しかしわれわれは、これらの理念に自由概念に基づく諸法則と関連して、実践的実在性以外の実在性を与えることはできない。したがってこのことによって、われわれの理論的認識は超感性的なものへと少しも拡張されることはないのである。

ところで感性的なものとしての自然概念の領域と、超感性的なものとしての自由概念の領域との間には、見渡しがたい裂け目が厳然として存在しており、そのため自然概念の領域から自由概念の領域への移行は[5](それゆえ理性の理論的使用を介しては)可能ではなく、あたかも前者から後者へのどのような影響も及ぼしえないように二つの相異なる世界が存在するかのようである。それにもかかわらず、後者の世界は前者の世界に対してある影響を及ぼすべきである。すなわち、自由概念はその諸法則によって課せられた目的を感性界のうちに実現すべきであり、したがって自然もまた、自然の形式の合法則性が少なくとも自然のうちで自由の諸法則にしたがって実現されるべき諸目的の可能性と合致しうるというように、考えられることができなければならない。――それゆえ、自然の根底に存する超感性的なものと、自由概念が実践的に含むものとの統一の根拠は、それでも存在しなければならない。

C244　A176　W84

この根拠についての概念は、たとえ理論的にも実践的にもこの根拠の認識には到達しないとしても、したがって特有の領域をもたないとしても、それでもなお一方の諸原理にしたがう考え方から他方の諸原理にしたがう考え方への移行を可能にするのである。

Ⅲ　哲学の二部門を一つの全体へと結合する手段としての判断力の批判について

認識諸能力がアプリオリになしとげうるものに関する認識諸能力の批判は、諸客観に関しては元来領域をもたない。なぜなら、批判は理説ではなく、われわれの諸能力の性状に照らして、これらの能力によってある理説が可能かどうか、また〔可能であるとすれば〕どのようにして可能かについてだけ探究すべきだからである。この批判の分野は、認識諸能力をその合法性の限界のうちにとどめるために、認識諸能力のすべての越権〔行為〕にまで及んでいる。しかし哲学の区分へと入り込めないものでも、純粋認識能力一般の批判のうちへは一つの主要部門として入ることができる。すなわち、それは理論的使用にも実践的使用にも、それだけでは役立つことのできない諸原理を含む場合である。

すべてのアプリオリな理論的認識のための根拠を含む自然諸概念は、悟性の立法に基づいていた。――感性的に条件づけられていないすべてのアプリオリな実践的指令のための根拠を含む自由概念は、理性の立法に基づいていた。それゆえ両能力〔悟性と理性〕は、ともに論理的形式からみて、諸原理がどのような起源をもつにせよ、これらの原理に適用されうることの他に、さらにそのうえ内容からみても、それぞれが自分に固有の立法(6)をもっている。

この立法以外には他の(アプリオリな)立法は存在せず、それゆえこの立法が哲学を理論哲学と実践哲学とに区分す A177
ることを正当化するのである。

しかしながら、上級認識諸能力の一族のうちには、さらに悟性と理性との間に一つの中間項がある。それが判断 W85
力である。[7]判断力については、類比にしたがって次のように推測できる理由がある。すなわち、判断力は、たとえ
それ固有の立法を含むのではないとしても、それでも〔悟性や理性と〕同様に、諸法則を探究すべき判断力に固有の
原理を含み、結局はたんに主観的なアプリオリな原理をそれ自身のうちに含むことが許されるのではないか、とい V13
う推測である。この主観的原理には、諸対象の分野がこの原理の領域として属するのではないとしても、それでも
この原理はなんらかの地域をもつことができ、また、まさしくこの原理のみが妥当しうるような、この地域のある
種の性状をもつことができるのである。

しかしこれに加えて、さらに(類比にしたがって判断すれば)判断力をわれわれの表象諸力の他の秩序と連結する、
新たな一つの根拠がある。この秩序は、認識諸能力の一族との類縁性の秩序よりもいっそう大きな重要性をもって
いるように思われる。というのも、すべての心の能力ないし性能は、もはや一つの共通の根拠から導き出されるこ
とができないような三つのものに還元されうるからである。それは、認識能力、快・不快の感情および欲求能力で
ある。[原注]認識能力に対しては、悟性だけが立法的である。これは、認識能力が(認識能力は欲求能力と混合されずに、 A178 C246 V14 W86
それだけで考察される場合には、当然そうでなければならないように)理論的認識の能力として自然に関係づけら
れる場合である。この自然(現象としての)に関してだけ、われわれは、元来純粋悟性概念であるアプリオリな自然
諸概念によって諸法則を与えることが可能である。——自由概念にしたがう一つの上級能力としての欲求能力に対

しては、理性だけが(自由概念は理性のうちにのみ生起する)アプリオリに立法的である。――ところで認識能力と
欲求能力との間には、ちょうど悟性と理性との間に判断力が介在するように、快の感情が含まれている。それゆえ、 W87
少なくとも差し当たりは次のように推測することができる。すなわち、判断力は〔悟性および理性と〕まったく同様 V15
に、それだけで一つのアプリオリな原理を含んでおり、また欲求能力には必然的に快ないし不快が結合しているの
であるから(快ないし不快は、下級欲求能力の場合のように、欲求能力の原理に先行するにしても、あるいは上級
欲求能力の場合のように、道徳法則によるこの欲求能力の規定からのみ生じるにしても)、判断力は論理的使用の A179
うちでは悟性から理性への移行を可能にするのと同様に、純粋認識能力から*、つまり自然諸概念の領域から自由概
念の領域への移行を達成するであろう、という推測である。

(原注)　経験的諸原理として使用される諸概念は、アプリオリな純粋認識能力と類縁性がある、と推測できる理由がある。こ A177 C245 V13 W85
のように推測できる場合には、この関係を顧慮して、これらの概念に対して超越論的定義を試みることは有益である。すな
わち、純粋カテゴリーだけですでに当の概念を他の概念から区別するのに十分な指示が得られるかぎり、この純粋カテゴリ
ーによって定義を試みることは、有益である。この点では数学者の実例にしたがうのである。数学者は、自分の課題の経験 C246
的数値〔与件〕を未規定にしておき、これらの数値の純粋総合におけるそれらの関係だけを純粋算術の諸概念のもとにもたら
し、このことによって課題の解決を一般化するのである。――私が類似した手続き(『実践理性批判』序文一六頁)[8]を採った
ために、私は非難され、私が欲求能力を定義して、欲求能力は、自分の諸表象によるこの表象の諸対象を実現する原因であ
る能力としたことが咎められた。すなわち、たんなる願望もまた欲求であろうが、それでも願望については、誰でもそうし
た願望だけではその客観を生み出すことはできないことを知っている、という理由によるのである。――しかしこの理由は、
人間が自分自身と矛盾するにいたるような欲求も、人間には存在することを証明しているだけであり、それ以上ではない。
それというのも、人間は自分の表象によってのみ客観を生み出そうとするが、しかし人間はこの表象からその効果を期待す W86

ることができないからである。なぜなら、人間の機械的な諸力(心理学的ではない諸力をこう呼ぶべきであるとすれば)は、客観を(したがって間接的に)実現するために、その表象によって規定されなければならないであろうが、この諸力が十分でないか、それともまったく不可能なことを人間は、意識しているからである。たとえば、すでに起きたことを起きなかったことにするとか(おお、ジュピターが過ぎ去りし〔歳月をわれにふたたび与え給わらんことを!〕)[9]、あるいは焦燥のうちに待ちこがれて願望した瞬間までの時間を一挙に消し去ることができたらという、なにか不可能なことすら人間は意識しているからである。——たとえわれわれは、こうした空想的な欲求のうちでは、われわれの諸表象がこれらの表象の諸対象の原因であるためには不十分であること(それどころかこれらの表象が無益なこと)を意識しているとしても、それでも原因としてのこれらの表象の関係は、したがってその原因性の表象は、あらゆる願望のうちに含まれており、願望がある情動、すなわち憧憬であるときには、こうした表象はとりわけ明白となる。というのも、これらの欲求は心臓を拡げたり、萎縮させたりして、こうして諸力を疲れ果てさせることによって、諸力は諸表象によって繰り返し緊張させられるが、心はその〔対象を実現することが〕不可能なことを顧慮して、絶えずまたしても押し戻されて意気消沈するということを証明するからである。大きな、また見とおしうるかぎり避けることのできない禍悪[10]を避けようと願う祈りや、また自然なやり方では不可能な諸目的を達成するための幾多の迷信的な手段ですら、諸表象とその客観との因果関係を証明している。この因果関係は、これらの表象が効果を挙げるためには不十分であることが意識されていても、そのために努力することは妨げられないのである。——しかしなぜわれわれの本性のうちに、空しいことを意識している欲求への性癖がおかれているのであろうか。これは、一つの人間学的=目的論的な問題である。もしもわれわれは、われわれの能力がある客観を生み出すために十分であることを確信するまでは力を使用するよう規定されないとすれば、われわれの力の大部分はいつまでも利用されずにおかれるようになると思われる。というのも、われわれは通例、自分の諸力を試すことによってのみ、はじめて自分の諸力を知るようになるからである。それゆえ、空しい願望がこのように裏切られることは、われわれの本性における慈悲深い配置から生じた結果にすぎないのである。

それゆえ、たとえ哲学は理論哲学と実践哲学という二つの主要部門にだけ区分されうるとしても、またわれわれ

V 14 A 178　C 247　A 179 V 15 W 87

が判断力に固有の諸原理について語らなければならないと思われることは、すべて哲学のうちで理論的部門、すなわち自然諸概念にしたがう理性認識へと数え入れられなければならないとしても、それでも〔広義の〕純粋理性(11)の批判は、純粋悟性の批判、純粋判断力の批判、純粋理性の批判という三つの部門から成り立つ。この〔広義の〕純粋理性の批判は、あの〔純粋理性の〕体系に取りかかる前に、体系を可能にするために、これらすべてをなしとげておかなければならないのである。また、これらの能力が純粋と呼ばれるのは、これらの能力がアプリオリに立法的だからである。

IV　アプリオリに立法的な能力としての判断力について

判断力一般は、特殊的なものを普遍的なもののもとに含まれているものとして考える能力である。普遍的なもの（規則・原理・法則）が与えられているとすれば、特殊的なものを普遍的なもののもとに包摂する判断力は（判断力は超越論的判断力として、それらにしたがってのみあの普遍的なもののもとに包摂可能な諸条件をアプリオリに示す場合でも）、規定的である。しかし、特殊的なものだけが与えられており、判断力は特殊的なもののために普遍的なものを見出すべきであるとすれば、判断力はたんに反省的である。(12)

悟性が与える普遍的な超越論的諸法則のもとにある規定的判断力は、包摂するだけである。法則は、規定的判断力にはアプリオリにあらかじめ指定されており、それゆえこの判断力は、自然における特殊的なものを普遍的なものに服従させることができるために、自分自身のために一つの法則を考案する必要はない。――しかしながら、自然の諸形式はきわめて多様であり、普遍的な超越論的自然諸概念の変様もいわばそれだけ多数ある。純粋悟性がア

V 16
W88
C 248

プリオリに与えるこれらの法則は、自然（諸感官の対象としての）一般の可能性だけをめざすのであるから、きわめて多様な自然の形式とそれほど多くの自然諸概念の変様は、これらの法則によって規定されないままで残される。このように自然の諸形式と自然諸概念とは、きわめて多種多様であるから、これらの形式や変様の〔規定の〕ためにもやはり諸法則がなければならない。こうした諸法則は、経験的諸法則としてなるほどわれわれ〔人間〕の悟性の洞察にしたがえば、偶然的であるかもしれない。しかしそれでもこれらの法則は、これらが法則と呼ばれるべきであるとすれば（これは自然の概念が要求することでもある）、たとえわれわれには未知であるとしても、多様なものを統一するある原理に基づいて、必然的であるとみなされなければならない。——自然における特殊的なものから普遍的なものへと上昇すべき責務をもつ反省的判断力は、それゆえある原理を必要とする。それは、この判断力が経験から借用することのできない原理である。なぜなら、この原理は、すべての経験的諸原理が、等しく経験的ではあるがいっそう高次の諸原理のもとで統一されることを基礎づけるべきであり、それゆえこれらの経験的原理が相互に体系的に従属する関係の可能性を基礎づけるべきだからである。それゆえ、反省的判断力は、こうした超越論的原理を自分自身だけにみずから法則として与えることができるのであって、他からこの原理を採ってくることはできず（そうでなければ、判断力は規定的判断力であることになろうから）、またこの原理を自然に指定することもできない。なぜなら、自然の諸法則に対する反省は、自然にしたがうのであり、また自然は、われわれがこれらの条件に関してまったく偶然的な自然の概念をそれにしたがって獲得しようと努めるような諸条件にしたがうことはない*からである。

ところでこの原理は、次のような原理以外ではありえない。すなわち、普遍的自然諸法則は、これらの法則を自然(自然としての自然という普遍的概念にしたがうだけではあるが)に指定するわれわれの悟性のうちにその根拠をもつのであるから、特殊的な経験的諸法則は、これらの法則のうちであの普遍的自然諸法則によって、規定されないまま残されているものに関して、あたかも同じくある悟性(たとえわれわれの悟性ではないとしても)が、特殊的自然諸法則にしたがう経験の一つの体系を可能にするために、そのような統一をわれわれの認識諸能力のために与えたかのような統一にしたがって考察されなければならない、という原理にほかならない。しかしこれは、こうした悟性が現実にこのように想定されなければならないというわけではない(というのも、この〔統一の〕理念が原理として役立つのは、反省的判断力に対してだけであって、それは規定するためではなく、反省するためだからである)。そうではなくて、反省的判断力という能力は、このことによって自分自身にだけ法則を与えるのであって、自然に対して法則を与えるのではないのである。

ところで、ある客観についての概念は、その概念が同時にこの客観の現実性の根拠を含んでいるかぎり、目的と呼ばれ、また諸目的にしたがってのみ可能であるような諸物のそうした性状とある物との合致は、これら諸物*の形式の合目的性と呼ばれる。こうしたわけであるから、判断力の原理は、経験的諸法則一般のもとにある自然の諸物の形式に関しては、自然の多様性における自然の合目的性である。言い換えれば、自然は合目的性というこの概念によって、あたかもある悟性が自然の経験的諸法則の多様なものを統一する根拠を含んでいるかのように、表象されるのである。

それゆえ、自然の合目的性は、一つのアプリオリな特殊な概念であり、この概念はもっぱら反省的判断力のうちに自分の起源をもっている。というのも、自然諸産物について認められる自然と目的との関係といったようなこと

W89　V17　A181

は、これらの自然産物に帰することはできず、経験的諸法則にしたがって与えられているような、自然における諸現象のそのような連結に関して、自然を反省するためだけにこの合目的性という概念を使用しうるにすぎないからである。またこの概念は、たとえこの概念が実践的合目的性との類比にしたがって考えられるとしても、（人間の技術や、あるいはまた人倫の）実践的合目的性からはまったく区別されているのである。

C 250
W 90

V　自然の形式的合目的性の原理は判断力の超越論的原理である

超越論的原理[13]とは、アプリオリな普遍的条件を表象する原理であり、この条件のもとでのみ諸物は、われわれの認識一般の諸客観となることができる。これに反して、ある原理が形而上学的と呼ばれるのは、ある原理が次のようなアプリオリな条件を表象する場合である。それは、ある客観の概念が経験的に与えられていなければならないような諸客観が、そのもとでのみアプリオリにさらに規定されうるような条件である。そこで諸実体としての諸物体、また変化する諸実体としての諸物体を認識する原理によって、これらの物体の変化は原因をもたなければならない、と言われるならば、この原理は超越論的である。ところが、その原理によってこれらの物体の変化は外的原因をもたなければならない、と言われるならば、その原理は形而上学的である。なぜなら、前者の〔事例の〕場合には、このアプリオリな命題を認識するために、物体は存在論的諸述語（純粋悟性諸概念）によってのみ、たとえば実体として考えられるだけでよい。ところが後者の〔事例の〕場合には、（空間のうちで運動する物としての）ある物体の経験的概念がこの命題の根底に置かれなければならない。しかもそのときには、この物体に後者の〔事例に関する〕述語（外的原因によってのみ起こる運動という）が帰属することは、完全にアプリオリに洞察されうるからであ

V 18

る。――このようにして、すぐあとで示すように、自然（自然の経験的諸法則の多様[14]における）の合目的性の原理は、
一つの超越論的原理である。というのも、諸客観についての概念は、この概念の諸客観が自然の合目的性の原理の
もとに立つと考えられるかぎり、可能な経験認識一般の諸対象についての純粋概念であるにすぎず、経験的なもの
をなにも含まないからである。これに反して、自由な意志の規定という理念のうちで考えられなければならない実 A182
践的合目的性の原理は、一つの形而上学的原理であろう。なぜなら、意志としての欲求能力という概念は、なんと
しても経験的に与えられなければならない（超越論的諸述語には属さない）からである。しかしこの両原理は、それ
にもかかわらず経験的ではなく、アプリオリな原理である。なぜなら、これら両原理の判断の主語の経験的概念と
述語とを結合するためには、これ以上の経験は必要ではなく、この結合は完全にアプリオリに洞察されうるからで W91
ある。

　自然の合目的性という概念が超越論的諸原理に属することは、判断力の諸格率から十分に洞察されうる。これら C251
の格率は、自然の探究の根底にアプリオリに置かれる判断力の格率であり、また経験の可能性だけに、したがって
自然の認識の可能性だけに関わり、しかしたんに自然一般としての自然ではなく、特殊的諸法則の多様によって規
定された自然としての自然の認識の可能性だけに関わる判断力の格率である。――これらの格率は、形而上学的な
知恵の箴言として、その必然性が諸概念からは証明できない多くの規則が立てられる際に、この〔自然に関わる〕学
の進展のうちで断片的に分散してはいるが、しかしきわめて頻繁に現れている。たとえば、「自然は最短距離をと
る(lex parsimoniae 節約の法則)」、「それにもかかわらず自然は、その変化の過程でも、種別的に異なる諸形式の V19
配列でも、けっして飛躍を冒さない(lex continui in natura 自然における連続の法則)」、「経験的諸法則における

自然の夥しい多様は、それにもかかわらず少数の原理のもとで統一されている(principia praeter necessitatem non sunt multiplicanda 原理は必要がなければ増やしてはならない)」などの箴言である。[15]

しかし、これらの原理の起源を示すことを考えて、それを心理学的な方法で試みるならば、この試みはこれらの原則がもつ意味にまったく反する。というのも、これらの原則が語ることは、なにが生起するのか、すなわちわれわれの認識諸力がその活動をどのような規則にしたがって現実に行うのか、またどのように判断されるかでもなく、どのように判断されるべきかにあるからである。また、この論理的な客観的必然性は、諸原理がたんに経験的である場合には、生じないのである。それゆえ、自然の合目的性は、明らかにこれらの原則から輝き現れてくる。このような合目的性は、われわれの認識能力とその使用とに対する諸判断の超越論的原理である。それゆえまた、自然の合目的性は、超越論的演繹[16]を必要としており、この演繹を介して、このように判断する根拠はアプリオリな認識諸源泉のうちで探究されなければならないのである。

すなわち、われわれは経験の可能性の諸根拠のうちでまず最初に、もちろんある必然的なものを見出す。つまり、それがなければ自然一般(諸感官の対象としての)が考えられない普遍的諸法則を見出す。またこれらの法則は、われわれに可能なすべての直観が同じくアプリオリに与えられているかぎり、この直観の形式的諸条件へと適用された諸カテゴリーに基づいている。ところで、これらの法則のもとでは判断力は規定的である。というのも、判断力は、〔この場合〕与えられた諸法則のもとに包摂する以外には行うことがないからである。たとえば悟性は、すべての変化はその原因をもつ(普遍的自然法則)と言う。この場合に超越論的判断力は、提示された悟性概念のもとに包摂する条件をアプリオリに指示する以上にはなにも行わず、またそれは、ある同一の物の諸規定が継起することで

W92　A183

C252

ある。ところで、自然一般(可能的経験の対象としての)にとっては、あの普遍的自然法則は端的に必然的である、と認識されるのである。――ところでしかし、経験的認識の諸対象は、あの形式的時間条件のほかにさらにさまざまな仕方で規定されており、あるいはアプリオリに判断されうるかぎり、規定されうるのであるから、したがって種別的に異なる諸自然は、これらが自然一般に属するものとして共通にもつもの以外に、さらに無限に多様な仕方で原因となりうるのである。そしてこれら諸種の仕方のそれぞれは、(原因一般の概念にしたがって)自分の規則をもっていなければならず、こうした規則は法則であって、したがって必然性をそなえている。とはいえ、われわれの認識諸能力の性状と制限のために、われわれはこの必然性を洞察することはまったくないのである。それゆえ、われわれは自然のうちで自然のたんに経験的諸法則に関しては、無限に多様な経験的諸法則の可能性を考えなければならないが、これらの経験的法則は、それにもかかわらずわれわれの洞察にとっては偶然的である(アプリオリに認識されることはできない)。また、これらの経験的法則に関してわれわれは、経験的諸法則にしたがう自然統一と、経験の統一の(経験的諸法則にしたがう体系としての)可能性とを偶然的であると判定する。しかしこうした統一は、それでも必然的に前提され想定されなければならず、そうでなければ、経験が一つの全体となるために経験的諸認識があまねく連関することは生じないだろうからである。というのも、普遍的な自然諸法則は、自然諸物一般としての*その類からみた諸物の間でこのように連関しても、しかし種別的には、こうした特殊な自然存在者としての諸物の間でこのように連関することはないからである。これらの理由から判断力は、自分自身の使用のために次のことをアプリオリな原理として想定しなければならない。すなわち、それは特殊な(経験的)自然諸法則には、人間の洞察にとって偶然的なものがあって、それにもかかわらずこの偶然的なものは、特殊な自然諸法則の多様な

V 20　W93

ものをそれ自体で可能な一つの経験へと結合することのうちにある統一を含んでおり、この統一は、われわれ〔人
間〕にとって探究することはできないが、それでも考えられうる法則的な統一である。したがって、ある結合にお A184
ける法則的統一は、諸客観の(ここでは自然の)合目的性として表象されるのであり、この統一は、悟性のある必然
的な意図(ある必要)にかなってはいるが、しかし同時にそれ自体では偶然的であるとわれわれが認識するような法
則的統一であるのだから、可能な(なおこれから発見されるべき)経験的諸法則のもとに立つ諸物に関してたんに反
省的な判断力は、自然をこれらの法則に関してわれわれの認識能力に対する合目的性の原理にしたがって考えなけ C253
ればならない。するとこの原理は、判断力の上述の諸格率のうちで表現されるわけである。ところで、自然の合目
的性というこの超越論的概念は、自然概念でもなければ、また自由概念でもない。なぜなら、この超越論的概念は、 V21
客観(自然)になにも付与せず、あまねく連関する経験をめざして、われわれが自然の諸対象を反省するときに行わ
なければならない唯一の仕方を表わすだけであり、したがって判断力の一つの主観的原理(格率)だからである。そ
れゆえ、われわれはまた、たんに経験的諸法則のもとにこうした体系的統一を見出すとき、あたかもそれがわれわ
れの意図に好都合の幸運な偶然であるかのように、喜ぶのである(本来は一つの必要から免れたのである)。とはい
えわれわれは、こうした統一を洞察したり、証明したりできたわけではなく、こうした統一が存在することを必然
的に想定しなければならなかったのである。

　自然の合目的性という当面の概念のこの演繹の正当性と、この概念を超越論的認識原理として想定することの必
然性とを確信するためには、次のような課題の重大さをよく考えてみるだけでよい。すなわち、それは経験的諸法 W94
則のおそらく無限の多様性を含む自然の与えられた諸知覚から一つの連関する経験を形成するという課題であり、

この課題は、われわれの悟性のうちにアプリオリに存在している。なるほど悟性は、自然の普遍的諸法則をアプリオリに所有しており、これらの法則がなければ、自然はまったく経験の対象とはなりえないであろう。しかし悟性は、それでもなおそれ以上に、自然の特殊な諸規則における自然のある種の秩序を必要とする。これらは、悟性にとって経験的にのみ知られうるにすぎず、また悟性に関しては偶然的であるような諸規則である。このような諸規則がなければ、可能的経験一般の普遍的類比から特殊的類比への進行は生じないであろう。悟性はみずから、こうした諸規則を法則と(すなわち必然的であると)考えなければならない。なぜなら、そうしなければこれらの規則は、たとえ悟性がこれらの規則の必然性を認識しておらず、あるいはいつか洞察することがありえないとしても、自然秩序を形成することはないだろうからである。それゆえ悟性は、これらの規則(諸客観の)に関してはアプリオリになにも規定することができない。しかし、こうした経験的ないわゆる諸法則を追求するために、悟性は一つのアプリオリな原理を、すなわちこうした経験的諸法則にしたがって認識可能な一つの自然の秩序が可能であるという原理を、自然に対するすべての反省の根底に置かなければならない。次の諸命題は、こうした原理を表現している。すなわち、自然のうちにはわれわれが把握しうる類と種との従属関係が存在する。これらの類は、さらに一つの共通の原理にしたがって相互に接近し合い、*こうして一つの類から他の類への移行が可能となり、それによっていっそう高次の類への移行が可能となる。また諸々の自然の作用が種別的に異なることに対して、同じだけの数の異なる種類の原因性を想定しなければならないことは、われわれの悟性にとってはじめは不可避であるとみえるにもかかわらず、さらにこれらの種類の原因性は、われわれが探究しなければならない少数の原理のもとに立っているのかもしれない、というような諸命題である。自然がわれわれの認識能力へとこのように合致することは、判断力が

C 254
V 22
A 185

自然の経験的諸法則にしたがって自然を反省するために、判断力によってアプリオリに前提される。それというのも、悟性はこの合致を同時に客観的には偶然的なものとして承認して、たんに判断力がこの合致を超越論的合目的性として(主観の認識能力と関連して)自然に付与するからである。なぜなら、われわれは、この合目的性を前提しなければ、経験的諸法則にしたがう自然の秩序をもたず、したがってこうした経験的諸法則を使用してこれらの法則のすべての多様性にしたがって整えるべき経験と、これらの法則の探究とに対する導きの糸をもたないだろうからである。

W95

というのも、次のことは十分に考えられるからである。すなわち、普遍的諸法則がなければ、経験認識一般の形式はまったく成立しえないであろうが、このような普遍的諸法則にかなう自然の諸物には、どこまでも一様性があるにもかかわらず、自然の経験的諸法則とその作用の種別的な差異とは、甚だしく大きいことがありうる。そのために、自然のうちに一つの把握可能な秩序を見出して、自然の諸産物を類と種とに区分することは、われわれの悟性にとって不可能であるかもしれない。また、こうすることは、一つの自然産物の説明および理解の諸原理を他の産物の説明および把握に対しても使用するためであり、われわれにとってきわめて混乱した(もともとはただ無限に多様で、われわれの理解力に適合しない)ある素材から一つの連関する経験を形成するためである。

それゆえ、判断力もまた、主観的観点についてだけであるが、自然の可能性に対する一つのアプリオリな原理をそれ自身のうちにもっている。この原理によって判断力は、自然に対して(自律 Autonomie として)ではなく、自分自身に対して(自己自律(17) Heautonomie として)自然を反省するために一つの法則を指定する。この法則は、自然の経験的諸法則に関する自然の種別化の法則(18)と名づけられるであろう。判断力は、この種別化の法則を自然につい

A186

てアプリオリに認識するのではなく、われわれの悟性に認識可能な自然の秩序のために、次のような区分のうちで想定する。それは、判断力が自然の普遍的諸法則に特殊的諸法則の多様性を従属させようとする場合、判断力がこれらの普遍的法則について行う区分である。それゆえ自然は、われわれの認識能力に対する合目的性の原理にしたがって自然の普遍的諸法則を種別化する、と言われる。言い換えれば、人間悟性に知覚が提供する特殊的なもののために普遍的なものを見出し、また異なったもの(なるほどそれぞれの種にとっては普遍的なものである)のために、さらに原理の統一のうちで連結を見出すという、人間悟性の必然的な仕事のうちで人間悟性と適合するために、自然は上述のように種別化する、と言われる。このように言われるとすれば、このことによって、自然に一つの法則を指定するのでもなければ、また観察によって自然から一つの法則を学ぶのでもない(たとえ、あの原理は観察によって確証されうるとしても)。というのも、合目的性の原理は規定的判断力の原理ではなく、たんに反省的判断力の原理にすぎないからである。たとえ自然はその普遍的諸法則からみてどのように整えられていようとも、どこまでも合目的性というあの原理とそれに基づく諸格率とにしたがって、自然の経験的諸法則を探索しなければならないということだけが求められているのである。なぜなら、われわれは、合目的性というあの原理が生じるかぎりでのみ、われわれの悟性を使用して経験のうちを前進することができるのであり、また認識を獲得することができるからである。 W96 C255 V23

VI 快の感情と自然の合目的性の概念との結合について

自然の特殊的諸法則の多様における自然と、自然のために諸原理の普遍性を見出そうとするわれわれの必要とがこのように合致することは、われわれのすべての洞察からみて偶然的である、と判定されなければならない。しかしそれにもかかわらず、この合致は、われわれ〔人間〕の悟性の必要にとって不可欠なものとして、したがって合目的性[19]として判定されなければならない。この合目的性によって自然は、われわれの意図、しかし認識にのみ向けられた意図と合致するのである。――同時に自然の諸法則でもある悟性の普遍的諸法則は(これらの法則は〔悟性の〕自発性から生じたとしても)、物質の運動諸法則と同様に自然にとって必然的である。また、これらの普遍的法則の産出は、われわれの認識諸能力の意図を前提していない。なぜなら、われわれは、これらの法則によってのみ、諸物の(自然の)認識がなんであるかをはじめて理解するのであり、これらの法則は、われわれの認識一般の客観としての自然に必然的に帰属するからである。しかしながら、自然の特殊的諸法則にしたがう自然の秩序は、われわれの把握力を凌駕するような、少なくとも可能なあらゆる多様性と異種性とをもつにもかかわらず、それでもわれわれの把握力に現実に適合している。このことは、われわれの洞察しうるかぎり、偶然的である。また、自然の秩序を発見することは悟性の仕事であり、この仕事は、悟性のある必然的な目的を意図して、すなわち諸原理の統一を自然へと持ち込む悟性の必然的目的を意図して遂行される。その際判断力は、このような目的を自然に付与しなければならない。なぜなら、悟性はこれに関して自然に法則を指定することができないからである。

およそ意図の達成には快の感情が結合している。そして意図の達成の条件が、ここでは反省的判断力一般のための原理がそうであるように、アプリオリな表象であるとすれば、快の感情もまた、あるアプリオリな根拠によって、あらゆるひとに妥当するように規定されている。しかもそれは、たんに認識能力に対する客観の関係によって規定されており、ここでは合目的性の概念は、欲求能力を少しも顧慮せず、それゆえ自然のすべての実践的合目的性とは完全に区別されている。

実際われわれは、諸知覚が普遍的自然諸概念（諸カテゴリー）にしたがう諸法則と合致することから、快の感情に及ぼすほんのわずかな影響もわれわれのうちに見出さず、また見出すこともできない。なぜなら、悟性は意図せずに、自分の本性にしたがって必然的にこの概念を扱うからである。そこで他方では、二つないしそれ以上の数の異質な経験的自然諸法則が、この両者を包括する一つの原理のもとで合一されうることが発見されると、このことは、きわめて著しい快の根拠となる。それどころか、しばしばまた讃嘆の根拠ともなり、しかも讃嘆を引き起こす対象を十分に熟知してしまってもなお止まないような讃嘆の根拠となるのである。なるほどわれわれは、自然の把握可能性について、また諸々の類と種における諸区分*での自然の統一については、もはや著しい快を感じない。これらの区分によってのみ経験的諸概念は可能であり、これらの概念によってわれわれは、自然の特殊的諸法則にしたがって自然を認識するのである。しかしこのような快は、かつては確かに存在していた。また、きわめて普通の経験ですら快なしには可能ではなかったであろうという理由からだけでも、快は次第にたんなる知識と混じりあって、もはや格別気づかれることがなくなったのである。――それゆえ、自然を判定する際には、われわれの悟性に対する自然の合目的性を注目させるあるものが必要である。それは、自然の異質な諸法則を、依然としてやはり経験的ないっそう高次の諸法則のもとにできうるかぎりもたらす研究である。この研究の目的は、これが成功すれば、これらの経験的法則とわれわれの認識能力との一致について、つまりわれわれがたんに偶然的とみなす一致について快を感じることにある。これに反して、ひとがある自然を表象することによってわれわれに次のように予言し*、この表象がわれわれを甚だしく不愉快にすることがあるであろう。それは、われわれがきわめて普通の経験を超えて少しでも自然研究を試みるならば、自然の諸法則の異質性に突き当たることになり、この異質性は、この特殊的自然諸法則を普遍的な経験的諸法則のもとに合一することをわれわれの悟性に対して不可能にするであろうという予言である。なぜなら、このようなことは、多様な類における自然の主観的＝合目的的な種別化の原理に矛盾しており、また自然の種別化を意図するわれわれの反省的判断力の原理に矛盾するからである。

それにもかかわらず、判断力のこの前提は、われわれの認識諸能力に対する自然のこうした観念的合目的性[20]がどの範囲まで拡張されるべきかに関しては、まったく規定されていない。したがって、観察によっていっそう深く、あるいはいっそう広く自然を知るとき、結局は人間の悟性が一つの原理に還元されえないような諸法則の多様性へと突き当たらざるをえない、とひとがわれわれに向かってこのように言うならば、われわれはそれでも満足する。たとえ他のひとびとがわれわれに向かって、次のような希望を与えるならば、むしろ喜んでそれに耳を傾けるとしても、満足するのである。それは、われわれが自然の内部を知れば知るほど、あるいはわれわれに今のところまだ知られていない自然の外的な諸部分と自然を比較できればできるほど、われわれは自然の諸原理がそれだけいっそう単純なことを知り、また自然の経験的諸法則が外見上異質であるにもかかわらず、われわれの経験がいっそう進歩すれば、それに応じてますます自然を調和的なものとして知るにいたるであろうという希望である。というのも、われわれの認識能力に対する自然の適合性という原理にしたがって、この原理の及ぶかぎり手続きをすすめることは、われわれの判断力の命令だからである。その場合に(なぜならわれわれにこの規則を与えるものは、規定的判断力ではないのであるから)、この原理がどこかで限界をもつか否かは決定することができない。なぜならわれわれは、われわれの認識諸能力の合理的使用に関して限界を規定することはできるが、しかし経験的な分野のうちで限界規定[21]は不可能だからである。

Ⅶ　自然の合目的性の美感的表象について

客観の表象[22]についてたんに主観的なものは、すなわち対象に対する表象の関係ではなく、主観に対する表象の関係を形成するものは、この表象の美感的性状である。しかし、客観の表象について対象を規定する(認識する)ことに役立ち、あるいは使用されうるものは、その表象の論理的妥当性である。諸感官の対象の認識では、この二つの関係がともに生じる。私の外にある諸物の感官表象のうちでは、われわれがそこで諸物を直観する空間の質は、諸物に関する私の表象のたんに主観的なものである(これによって、諸物が客観それ自体としてなんであるかについては、決定されないままである)。このような関係のために、対象もまた、この表象によってたんに現象と考えられる。しかし空間は、そのたんに主観的な質にもかかわらず、それでも諸現象としての諸物の一つの認識要素である。感覚(ここでは外的感覚)もまた、同じくわれわれの外にある諸物のわれわれの表象のたんに主観的なものを表現する。しかし感覚こそ、もともと諸物の表象の実質的なもの(実在的なもの)であり(これによって、なにか現存するものが与えられる)、これは、空間が諸物の直観の可能性のたんなるアプリオリな形式であるのとまったく同様である。そしてそれにもかかわらず、感覚は、われわれの外にある諸客観の認識のためにも使用されるのである。

しかしある表象について、認識要素になることがまったくできない主観的なものは、この表象と結合している快ないし不快である。というのも、快ないし不快は、なんらかの認識の結果で十分ありうるとしても、私は快ないし不快によって表象の対象についてなにも認識しないからである。ところで、ある物の合目的性は、たとえこの合目

A189　C258　V26　W99

的性が諸物の認識から推論されうるとしても、知覚のうちで表象されるかぎり、やはり客観そのものの性状ではない(このような〔合目的性という〕性状は知覚されることができないからである)。それゆえ、合目的性は、客観の認識に先行しており、それどころか客観の表象を認識のために使用しようとするものでもないが、それにもかかわら W100 ず、客観の表象と直接に結びつけられる。このような合目的性は、認識要素とはなることができないような、客観の表象の主観的なものである。それゆえ、対象が合目的的と呼ばれるのは、対象の表象が直接に快の感情と結合されているという理由にのみ基づいており、またこの表象そのものは、合目的性の美感的表象である。——問題は、 V27 そもそも合目的性のこのような表象が存在するかどうかだけである。

規定された認識のために直観がある概念と関係せずに、快が直観のある対象の形式のたんなる把捉[23](apprehensio)と結合している場合には、表象はこの把捉によって客観に関係づけられるのではなく、もっぱら主観に関係づ C259 けられる。そしてこの快が表現しうるのは、認識諸能力〔構想力および悟性〕が反省的判断力のうちで戯れており、また認識諸能力がこのように戯れているかぎり、客観がこれらの能力と適合していることにほかならず、それゆえ、 A190 たんに客観の主観的な形式的合目的性にほかならない。というのも、このように構想力のうちに諸形式を把捉することは、反省的判断力が意図せずとも、諸直観を諸概念に関係させる自分の能力とこれらの形式とを少なくとも比較することがなければ、けっして起こりえないからである。ところで、こうした比較では構想力(アプリオリな直観の能力としての)が、ある与えられた表象によって悟性(概念の能力としての)と意図せずに[24]一致状態に置かれ、それによって快の感情が喚起されるならば、対象はその際、反省的判断力に対して合目的的であるとみなされなければならない。このような判断は、客観の合目的性についての美感的判断であって、この判断は対象についての持合せの概念に基づいておらず、また対象についての概念を手に入れることもないのである。ある対象の形式(その対象の表象の実質的なもの、すなわち感覚ではなく)が、この形式をたんに反省するとき(対象から得られるべき概念を顧慮せずに)、このような客観の表象についての快の根拠として判定されるならば、この快は、またこの客観の表象と必然的に結合していると判断される。したがってこの快は、たんにこの形式を把捉する主観に対してだけでなく、あらゆる判断者一般に対してそうであると判断される。その場合に、対象は美しいと呼ばれ、このような快によって(したがってまた普遍妥当的に)判断する能力は趣味と呼ばれる。というのも、この快の根拠は、反省一般に対する対象の形式のうちにのみ置かれ、したがって対象の感覚のうちに置かれるのではなく、またなんらかの意図を含むような概念にも関係づけられないからである。そうであるから、反省の諸条件がアプリオリに普遍的に妥当するこの反省のうちで客観の表象と合致するのは、主観のうちの判断力一般の経験的使用における合法則性(構想力と悟性との統一)だけである。そして対象が主観の能力とこのように合致することは偶然的であるから、そこでこの合致は、主観の認識諸能力に関する対象の合目的性という表象を引き起こすのである。

ところでここでの快は、自由概念によって(すなわち、純粋理性により上級欲求能力をあらかじめ規定することによって)生じるのではないような、すべての快ないし不快と同様に、この快が対象の表象と必然的に結合していると諸概念に基づいて洞察されることはけっしてできない。そうではなくて、この快は、つねに反省された知覚によってのみ対象の表象と結合していると認識されなければならず、したがってすべての経験的判断と同様に、客観的必然性を告知することはできず、またアプリオリな妥当性を要求することもできないのである。ところが趣味判断は、他のあらゆる経験的判断と同様に、あらゆるひとに対して妥当することを要求するだけである。このことは、

A191　C260　V28　W101

趣味判断の内的偶然性にもかかわらず、つねに可能である。〔趣味判断が一般の経験的判断とは異なって〕奇異で相違することは、ただ次の点にある。それは、趣味判断によって、あたかも客観の認識と結合している述語であるかのようにあらゆるひとに要求され、客観の表象と結合されるべきものは、経験的概念ではなく、快の感情にほかならない（したがってけっして概念ではない）、という点である。

ある個別的な経験判断、たとえば、水晶のなかで動く水滴を知覚するひとの個別的経験判断は、他のあらゆるひとにもそれが同様に見出されなければならない、と要求するのは当然である。なぜなら、そのひとは、可能的経験一般の諸法則のもとで規定的判断力の普遍的諸条件にしたがってこの判断を下したからである。同様に、ある対象の形式に対するたんなる反省のうちで、概念を顧慮せずに快を感じるひとは、たとえこの判断が経験的であり、個別的判断であるとしても、あらゆるひとの賛同を要求するのは当然である。なぜなら、この快の根拠は、反省的判断の主観的ではあっても普遍的である条件のうちに見出されるからである。すなわち、ある対象（それが自然の産物であれ、芸術の産物であれ）と、あらゆる経験的認識に要求される*認識諸能力（構想力と悟性）相互の関係とが、合目的的に合致することのうちに見出されるからである。それゆえ、快は趣味判断ではなるほど経験的表象に依存しており、どのような概念ともアプリオリに結合されることができない（どのような対象が趣味に適合するか否かをアプリオリに規定することはできない。そのためには対象をためしてみなければならない）。しかし、それでも快がこの〔趣味〕判断の規定根拠であるのは、快がたんに反省と主観的にすぎないが普遍的である諸条件とに基づくことが意識されているからである。この諸条件は、この反省と客観一般の認識とが合致するという条件であり、客観の形式は、この反省に対して合目的的である。

W102　V29

これこそ、趣味の判断が、その可能性からみて批判にも服すべき理由であり、なぜなら、この判断の可能性はアプリオリな原理を前提するからである。とはいえこの原理は、悟性に対する認識原理でもなければ、また意志に対する実践的原理でもなく、それゆえ、アプリオリにまったく規定しないのである。

しかし諸事物の（自然および芸術の）諸形式に対する反省から生じる快の感受性は、主観における自然概念にしたがって反省的判断力との関係における諸客観の合目的性を示すだけでなく、また逆に自由概念にしたがって、諸対象の形式からみて、それどころかその無形式からみてすら諸対象に関する主観の合目的性を示すのである。また、これによって美感的判断は、たんに趣味判断として美しいものに関係づけられる*だけでなく、精神感情から発生した判断として崇高なものにも関係づけられることになる。こうしてまた、美感的判断力のあの批判は、これらにしたがって二つの主要部門[25]に区分されなければならないことになるのである。

VIII　自然の合目的性の論理的表象について

経験のうちで与えられた対象について合目的性は、次のように表象されることができる。すなわち〔第一に合目的性は〕、たんに主観的な根拠に基づき、認識一般のために直観を諸概念と合一させるために、すべての概念に先立って対象の把捉(apprehensio)のうちで、対象の形式と認識諸能力との合致として表象される。〔第二に合目的性は〕あるいは客観的な根拠に基づき、先行して対象の形式の根拠を含む物についての概念にしたがう、対象の形式と物そのものの可能性との合致として表象される。われわれは、第一の種類の合目的性の表象が、対象の形式に対するたんなる反省におけるこの形式についての直接的快に基づくことをみてきた。それゆえ第二の種類の合目的

A192　C261　W103　V30

性の表象は、この表象が客観の形式を把捉する主観の認識諸能力にこの形式を関係づけるのではなく、ある与えられた概念のもとでの対象の規定された認識にこの形式を関係づけるのであるから、諸物についての快の感情にはまったく関わらず、諸物を判定する際の悟性に関わるのである。ある対象の概念が与えられている場合、認識のためにこの概念を使用する際の判断力の仕事は、描出[26](exhibitio)にある。すなわち、ある概念に対応する直観を添えることにある。このことは、技術の場合のように、われわれに対して目的である対象についてあらかじめ把捉された概念をわれわれが実現する場合に、われわれ自身の構想力によって行われてもよく、あるいは自然の産物を判定するために、われわれが自然の根底に目的についてのわれわれの概念を置く場合に、自然の技巧[27]のうちに(有機体の場合のように)、自然によって行われてもよい。この自然の技巧の場合では、物の形式におけるたんに自然の合目的性が表象されるのではなく、この自然の産物は自然目的として表象されるのである。――たとえ、経験的諸法則にしたがう自然の諸形式における自然の主観的合目的性についてわれわれがもつ概念は、客観についての概念ではなく、このような自然の途方もなく大きな多様のうちで概念を調達しようとする(この多様のうちで方向を定めうるために)判断力の原理にすぎないとしても、それにもかかわらず、これによってわれわれは、いわばわれわれの認識諸能力に対する顧慮を、目的の類比にしたがって自然に付与するのである。このようにしてわれわれは、自然美を形式的(たんに主観的な)合目的性という概念の描出とみなすことができるのであり、また自然諸目的を実在的(客観的な)合目的性という概念の描出とみなすことができる。これらのうちの一方〔自然美〕をわれわれは、趣味によって(快の感情を介して美感的に)判定するのであり、他方〔自然諸目的〕を悟性と理性とによって(諸概念にしたがって論理的に)判定するのである。

C 262　A 193　W 104　V 31

判断力批判を美感的判断力の批判と目的論的判断力の批判とに区分することは、上述のことに基づく。前者では形式的合目的性（あるいは主観的合目的性とも呼ばれる）を快ないし不快の感情によって判定する能力が理解され、後者では自然の実在的（客観的）合目的性を悟性と理性とによって判定する能力が理解される。

判断力批判のうちには、美感的判断力を含む部門が本質的部門として属する。なぜなら、美感的判断力だけが、判断力が自然に対するその反省の根底にまったくアプリオリに置くある原理を含むからである。すなわち、この原理とは、われわれの認識能力に対して、自然の特殊的（経験的）諸法則にしたがう自然の形式的合目的性の原理であり、この合目的性がなければ、悟性は自然に対する術を知らないであろう。ところで自然の客観的諸目的が、すなわち自然諸目的としてのみ可能である諸物が存在しなければならないことのアプリオリな根拠は、まったく提示することができない。それどころか、このことの可能性すら、普遍的および特殊的な経験の対象としての自然の概念から明らかにされることはできないのである。その代わりに、ただ判断力だけが、それに対する原理をアプリオリに含むことなく、生起する諸事例の（ある種の産物の）うちに、理性が諸目的の概念を使用するための規則を含むのである。とはいえ、すでにあの超越論的原理が、目的の概念を（少なくとも形式に関して）自然に適用するように悟性を準備しておいた後に、そうするのである。

しかしこの超越論的原則は、ある物の形式についてわれわれの認識諸能力との主観的関係のうちで自然のある合目的性を、ある物の形式を判定する原理として表象する。この超越論的原則は、どこで、またどのような場合に私が合目的性の原理にしたがうある産物の判定として、この判定を行わなければならないのか、いや、むしろたんに普遍的な自然諸法則にしたがって行うべきではないのかをまったく規定しないままに残す。そして、この超越論的

V32　A194　C263　W105

原則は、こうした産物(この産物の形式)がわれわれの認識諸能力に適合することを(この適合が諸概念との合致によってではなく、感情によって決定されるかぎり)趣味のうちで決定することを美感的判断力に委ねる。これに反して、目的論的に使用された判断力は、あるもの(たとえば有機体)が自然の目的という理念にしたがって判定されるべき諸条件を明確に提示する。しかしこの判断力は、諸目的に対する関係を自然にアプリオリに付与する権能や、あるいはたんに無規定的であれ、この関係をこうした諸産物についての現実的経験から想定する権能のために、経験の対象としての自然の概念から原則を引き出すことはできない。その理由は、ある種の対象について客観的合目的性をただ経験的にでも認識しうるためには、多数の特殊的経験が試みられなければならず、またこれらの経験はそれらの原理の統一のもとで考察されなければならないことにある。――それゆえ、美感的判断力は、諸物を諸概念にしたがって判定するのではなく、ある規則にしたがって判定する特殊な能力である。目的論的判断力は、特殊な能力ではなく、ただ反省的判断力一般にすぎない。目的論的判断力は、理論的認識ではどこでもそうであるように、諸概念にしたがって振舞うが、しかし自然のある種の諸対象に関しては特殊な諸原理にしたがって振舞うのではなく、すなわち客観を規定する判断力の諸原理にしたがって振舞うのではなく、たんに反省する判断力の諸原理にしたがって振舞うかぎり、そうなのである。それゆえ、目的論的判断力は、判断力の適用からみて、哲学の理論的部門に属し、またその特殊な諸原理のゆえに、つまりここでは規定的ではないが、理説では規定的でなければならない諸原理のゆえに、批判の一つの特殊な部門を構成しなければならない。これに反して、美感的判断力は、その諸対象の認識のためには少しも寄与することがなく、それゆえ、ただ判断する主観と主観の認識諸能力との批判にだけ数え入れられなければならない。とはいえ認識諸能力は、アプリオリな諸原理がどのように使用されようとも（理論的使用であれ、実践的使用であれ）、これらの原理をもちうるかぎりそうでなければならない。このような批判は、すべての哲学の予備学[28]なのである。

IX 判断力による悟性の立法と理性の立法との連結について

悟性は、可能的経験における自然の理論的認識のために、諸感官の客観としての自然に対してアプリオリに立法的である。理性は、無条件的＝実践的認識のために、主観のうちの超感性的なものとしての自由と自由に固有の原因性とに対してアプリオリに立法的である。一方〔悟性〕の立法のもとでの自然概念の領域と他方〔理性〕の立法のもとでの自由概念の領域とは、両領域がそれだけで（それぞれがその根本諸法則にしたがって）互いに及ぼすことのできるすべての相互影響に対して、超感性的なものを諸現象から分ける大きな裂け目によって、全面的に分離されている。自由概念は自然の理論的認識に関してなにも規定せず、自然概念もまた、自由の実践的法則に関してはなにも規定しない。そのかぎりで、一方の領域から他方の領域へと橋を架けることは不可能である。――しかし、たとえ自由概念（また自由概念が含む実践的規則）にしたがう原因性を規定する諸根拠が自然のうちに場所をもたず、また感性的なものは主観のうちの超感性的なものを規定することができないとしても、それでもこのことは、なお逆方向では可能であり（それは自然の〔理論的〕認識に関してではないが、それでも自由概念から生じて自然に及ぼす帰結に関してである）、また自由による原因性の概念のうちにすでに含まれている。この自由による原因性の結果は、自由の形式的諸法則に適合して世界のうちで生起すべきである。たとえ原因という言葉は、これが超感性的なものについて使用される場合、自然諸物に固有な自然諸法則に適合して、しかも同時に理性諸法則の形式的原理と

A195
V33
W107

調和して、ある結果に対する自然諸物の原因性を規定する根拠を意味するにすぎないとしても、そうすべきである。
この根拠の可能性は、洞察されることはできないが、しかしそのうちには矛盾がみられると称する異議は、十分に C265
反駁することができるのである。(原注)　——自由概念にしたがう結果は、現存すべきである究極目的(29)(ないし感性界にお
ける究極目的の現象)であり、そのために究極目的の可能性の条件は、自然の(感性的存在者としての、すなわち人 A196 V34
間としての主観の)うちに前提されている。この条件をアプリオリに、また実践的なものを顧慮せず前提するもの
は判断力である。判断力は、自然諸概念と自由概念との間を媒介する概念を自然の合目的性という概念のうちで与
える。このように媒介する概念は、純粋理論〔理性〕から純粋実践〔理性〕への移行を可能にするのであり、また前者 W108
にしたがう合法則性から後者にしたがう究極目的への移行を可能にする。というのも、この媒介する概念によって、
自然のうちでのみ、また自然の諸法則と調和してのみ実現されうる究極目的の可能性は認識されるからである。

(原注)　このように、自然原因性を自由による原因性からまったく区別することのうちにはさまざまな矛盾が生じている、と
称してひとは非難している。これらのうちの一つは、自然が自由諸法則(道徳諸法則)にしたがう原因性に対して向ける諸障 V34 A195
害について、あるいは自然による原因性の促進について私が語る場合、私は自由の原因性に対する自然のある影響を認めて V33 W107
いる、という矛盾である。しかし上述のことをひとが理解しようとしさえすれば、この誤解はきわめて容易に避けることが
できる。抵抗や促進は、自然と自由との間に存在するのではなく、現象としての自然と感性界における諸現象としての自由
の諸結果との間に存在する。そして自由(純粋実践理性)の原因性すらも、自由に従属した自然原因の(人間として、したが A196
って現象としてみられた主観の)原因性である。また自由のもとで考えられる英知的なものは、この原因性の規定の根拠を、
いずれにしても(自然の超感性的基体をなすまさに同じものと同様に)説明不可能な仕方で含んでいるのである。

悟性は、自然に対して悟性のアプリオリな諸法則の可能性によって、自然がわれわれによって現象としてだけ認 W108

識されることについての証明を与え、したがって同時に自然の超感性的基体[30]に対する指示を与える。しかし悟性は、この基体をまったく規定されないままに残す。判断力は、自然の可能な特殊的諸法則にしたがって自然を判定する判断力のアプリオリな原理によって、自然の超感性的基体（われわれの内および外にある）に知性的能力による規定可能性を与える。ところが理性は、そのアプリオリな実践的法則によって、まさしくこの同じもの〔超感性的基体〕に規定を与える。こうして判断力は、自然概念の領域から自由概念の領域への移行を可能にするのである。

心[31]〔魂〕の諸能力一般に関しては、これらが上級諸能力として、すなわち自律を含む諸能力とみなされるかぎり、認識能力（自然の理論的認識能力）に対して、悟性はアプリオリな構成的諸原理を含んでいる能力である。快・不快の感情に対しては、判断力がそれである。判断力は、次のような諸概念および諸感覚からは独立している。それは、欲求能力の規定に関わることができ、このことによって直接に実践的でありうるような諸概念および諸感覚である。欲求能力に対しては、理性がそれである。理性は、快がなにに由来するにしても、なんらかの快を媒介せずに実践的であり、また上級能力としての欲求能力に究極目的を規定する。この究極目的は同時に、客観について純粋な知性的満足をともなうのである。――自然の合目的性という判断力の概念は、まだ自然諸概念に属するが、しかしそれは、ただ認識能力の統制的原理として属するにすぎない。たとえこの概念を引き起こすきっかけを与えるある種の諸対象（自然ないし芸術の）についての美感的判断は、快ないし不快の感情に関しては構成的原理であるとしても、そうなのである。認識諸能力の合致はこうした快の根拠を含み、この認識諸能力の戯れにおける自発性は、上述の概念を自由の帰結として自然概念の領域と自由概念の領域とを連結する媒介に役立つようにする。それというのも、この自発性は同時に、道徳的感情に対する心の感受性を促進するからである。――次の表は、すべての上級認識能

力の体系的統一にしたがってこれらの能力を概観することを容易に可能にするであろう。(原注)

(原注)　純粋哲学における私の区分はほとんどつねに三分法的であることをひとは、怪しんでいる。しかしこれは、事柄の本性に存することである。区分がアプリオリに行われるべきであるとすれば、区分は矛盾律にしたがって分析的となるか、それとも総合的であるか、のいずれかとなろう。分析的となる場合、区分はつねに二分法的となり(quodlibet ens est aut A aut non A およそどのようなものも、Aであるか、そうでなければ非Aである)、また区分が総合的な場合に、区分がアプリオリな諸概念に基づいて行われるべきであるとすれば(数学の場合のように、アプリオリに概念に対応する直観に基づいて行われるべきではなく)、総合的統一一般のために必要とされるもの、すなわち㈠条件、㈡条件づけられたもの、㈢条件づけられたものとその条件との合一から生じる概念、にしたがって、区分は必然的に三分法でなければならないのである。

心の全能力	認識能力	アプリオリな原理	適用されるもの
認識能力	悟性	合法則性	自然
快・不快の感情	判断力	合目的性	技術
欲求能力	理性	究極目的	自由

A198
C267
V36
W110

本書全体の区分*

A199
C268
W111

判断力批判　第一部

美感的判断力の批判

A 201
C 269
V 37
W113

第一編　美感的判断力の分析論

第一章　美しいものの分析論

質に関する趣味判断(原注)の第一の契機

(原注)　ここで根底に置かれる趣味の定義は、趣味とは美しいものを判定する能力である、ということである。しかしある対象を美しいと呼ぶために必要とされるものは、趣味の諸判断の分析が発見しなければならない。この判断力がみずからの反省のうちで注意を向ける諸契機を、私は判断することの〔四とおりの〕論理的諸機能を手引きとして探究した(というのも、趣味判断のうちには悟性に対するある関係が依然として含まれているからである)。私はまず初めに、質の契機を考察した[1]。なぜなら、美しいものについての美感的判断は、まず初めに質を顧慮するからである。

第一節　趣味判断は美感的である

あるものが美しいか否かを区別するためには、われわれは表象を悟性によって認識のために客観に関係づけるのではなく、構想力(おそらく悟性と結合された)によって主観と主観の快ないし不快の感情とに関係づける。趣味判断は、それゆえ認識判断ではなく、したがって論理的ではなく、美感的である。美感的ということで理解されるの

A 203
C 271
V 39
W 115
C 272

は、判断の規定根拠が主観的でしかありえないような判断である。しかし〔主観に対する〕諸表象のすべての関係は、諸感覚の関係ですら、客観的であることができる（そしてこの場合、この関係は、ある経験的表象の実在的なものを意味する）。しかし快・不快の感情に対する〔諸表象の〕関係だけは、客観的であることができない。この関係によって客観のうちではまったくなにも示されず、この関係のうちで主観は、表象によって触発されるとおりに自分自身を感じるのである。

ある規則正しい合目的的な建築物を自分の認識能力を用いて（判明な表象の仕方であれ、混乱した表象の仕方であれ）把握することは、この〔建築物の〕表象を満足の感覚をもって意識することとは、まったく別のことである。後者の場合には、表象は、もっぱら主観に関係づけられ、しかも快ないし不快の感情という名称のもとで主観の生の感情に関係づけられる。このことは、あるきわめて特殊な判別能力および判定能力を基礎づけている。〔しかし〕この特殊な能力は、認識に対して少しも寄与せず、ただ与えられた表象を主観のうちで諸表象の全能力と対比するだけであり、心は、この諸表象の全能力を自分の状態の感情のうちで意識するのである。ある判断のうちに与えられた諸表象は、経験的（したがって美感的〔感性的〕）でありうる。しかし与えられた諸表象によって下される判断は、これらの表象が判断のうちでたんに客観に関係づけられるだけであれば、論理的である。ところが反対に、与えられた諸表象がまったく合理的であったとしても、しかしある判断のうちで〔諸表象が〕もっぱら主観（主観の感情）に関係づけられるならば、この判断は、そのかぎり、つねに美感的である。

第二節　趣味判断を規定する満足はあらゆる関心に関わらない

われわれがある対象の現存の表象と結びつける満足[2]は、関心[3]と呼ばれる。したがってこうした満足は、欲求能力の規定根拠としてであるか、あるいはそれでも欲求能力の規定根拠と必然的に連関するものとして、つねに同時に欲求能力に対する関係をもつ。ところでしかし、あるものが美しいかどうかが問われる場合は、その事物の現存がわれわれにとって、それとも他の誰かにとってなにか関心事であるかどうか、あるいは関心事にでもなりうるかどうかが知りたいのではない。そうではなくて、われわれがたんなる観察(直観ないし反省)のうちでその事物をどのように判定するかを知りたいのである。もしも誰かが、私に向かって、私が眼前に見る宮殿を美しいと思うか、と尋ねるとする。この場合、私はおそらく、ただまじまじと見とれるためだけに造られたような物を好まない、と答えるであろう。あるいはパリでは小料理屋よりも気に入ったものはない、と語ったあのイロケーゼ族の酋長[4]のように答えるかもしれない。それどころかさらに、ルソー風に[5]*、このような無用な物に人民の汗を浪費する権力者たちの虚栄心を罵倒することもできる。最後に、私は、次のことをきわめて容易に確信することができる。すなわち、私がふたたびひとに会えるという希望もなく無人島に住んで、私のたんなる願望によってこのような壮麗な建築物を魔術で造り出すことができるとしても、私にとって十分住み心地のよい小屋を私がすでにもっているとすれば、このようなことのために私はそうした苦労はしないであろう、と。ひとは、これらすべてを私に対して容認し、是認することができる。しかし、今の問題はこうしたことではない。たとえ私はこの表象の対象の現存に関してどれほど無頓着であろうとも、この対象のたんなる表象が私のうちで満足をともなっているかどうかだけを、ひとは知りたいのである。対象が美しいと言うためには、また私が趣味をもっていることを証明するためには、私が私自身のうちでこの表象から作り出すものが問題であって、私がその対象の現存に依存しているものが問題なのではないことは、容易に分かる。美についての判断に少しの関心でも混在するようなこうした判断は、きわめて偏っており、純粋な趣味判断ではないことは誰もが認めなければならない。趣味の事柄について裁判官を演じるためには、少しでも事物の現存に心引かれてはならず、これについてはまったく無頓着でなければならないのである。

しかしわれわれは、きわめて重大な意味をもつこの命題を解明するのに、趣味判断における純粋な無関心な(原注)満足に対して、関心と結合した満足を対置する場合ほどうまく行うことはできない。とりわけ、ちょうどこれから列挙されるべき以上に関心の種類は存在しないことをわれわれが同時に確信しうる場合には、そうなのである。

(原注)　満足の対象についてのある判断は、まったく無関心 uninteressiert でありながら、しかしそれでもきわめて関心をひく interessant ことがありうる。すなわち、この判断は、関心に基づかないが、しかしある関心を生み出すのである。純粋な道徳的判断は、すべてこのような判断である。しかし趣味判断は、それ自体ではどのような関心も基礎づけない。ただ社会のうちでのみ、趣味をもつことが関心をひくことになる。その理由は後に示されるであろう。

第三節　快適なものについての満足は関心と結合している

快適であるのは、感覚のうちで諸感官に満足を与えるものである。ところでここで、感覚という言葉がもちうる(6)二重の意味がきわめて日常的に混同されることを咎めて、このことに注意させる機会がただちに生じる。すべての満足は、それ自身(快の)感覚である(と言われ、あるいは考えられる)。したがって満足を与えるものはすべて、それが満足を与えるというまさにこの点で、快適なのである(そしてさまざまな程度に応じて、あるいは他の快適な感覚との関係に応じて、楽しい、好ましい、嬉しい、喜ばしい、などになる)。ところが、このことが認められる

A206　W118　C274　V42

とすれば、傾向性を規定する諸感官の諸印象も、意志を規定する理性の諸原則も、あるいは判断力を規定する直観のたんに反省された諸形式も、快の感情に及ぼす結果に関しては、まったく同じことになろう。というのも、このような結果は、自分の状態の感覚における快適さであることになろうからである。また、われわれの諸能力のすべての働きは、結局実践的なものをめざし、これらの能力の目標としてのこの実践的なもののうちで合一しなければならないのであるから、諸物と諸物の価値との評価については、諸物が〔われわれに〕約束する楽しみのうちに成り立つ評価以外に、これらの能力に期待することはできないであろう。これらの能力がどのようにしてこの楽しみに到達するかという仕方は、結局まったく問題とならず、また手段の選択だけがここでは区別しうるのであるから、だから人間は互いに愚かで無分別であると非難できても、しかし卑劣さや悪意を非難しあうことはできないであろう。なぜなら、人間はすべて、各人が自分の事物の見方にしたがって、あらゆるひとにとって楽しみ[7]である一つの目標をめざしているからである。

快ないし不快の感情のある規定が感覚と呼ばれる場合、この表現は、私がある事物の表象(認識能力に属する受容性としての感官による)を感覚と呼ぶ場合とは、まったく別のことを意味している。というのも、後者の場合、表象は客観に関係づけられるが、前者の場合では、表象はもっぱら主観へと関係づけられ、認識にはまったく役立たず、また主観がそれによってみずからを認識するようなものにも役立たないからである。

しかし上述の説明では、われわれは感覚という言葉で諸感官の客観的表象を理解している。そして誤解を受ける危険に絶えず陥ることのないように、つねにたんに主観的にとどまらなければならず、また端的に対象の表象となることができないようなものを、われわれは他の場で慣用されている感情という名前で呼びたいのである。草原の

C 275　V 43
W 119

緑色は、感官の対象の知覚としての客観的感覚に属する。しかしこの緑色の快適さは主観的感覚に属し、これによってはどのような対象も表象されない。すなわち、〔この緑色の快適さは〕感情に属し、対象はこの感情によって満足(これは対象の認識ではない)の客観とみなされるのである。

ところで、ある対象についての判断によって私は、対象が快適であると言明する。この判断が対象についてのある関心を表現していることは、次のことからすでに明らかである。すなわち、この関心が感覚によってこうした対象*への欲望を刺激するのであり、したがって満足は、この対象についてのたんなる判断を前提するのではなく、私の状態がこうした客観によって触発されるかぎり、私の状態に対する対象の現存の関係を前提する〔ことからすでに明らかである〕。それゆえひとは、快適なものについてたんにそれが満足を与えると言うのでなく、それが楽しませる、と言うのである。私は快適なものにたんなる賛同を与えるのではなく、この快適なものによって傾向性が生み出される。そしてきわめて活気のある仕方で快適なものに対しては、客観の性状についての判断はまったく必要ないのであるから、つねに享受[8]だけを狙うひとびとは(というのも、享受とは楽しみの真髄を示す言葉であるから)、好んですべての判断〔の拘束〕から免れ済まそうとするのである。

第四節　善いものについての満足は関心と結合している

善いとは、理性を介してたんなる概念によって満足を与えるものである。われわれは、手段としてのみ満足を与えるものをなにかのために善い(有用なもの)と呼ぶ。しかし他のそれだけで満足を与えるものは、それ自体として善いと呼ぶ。両者のうちには、つねにある目的の概念が含まれており、したがって(少なくとも可能な)意欲に対す

A 207

V 44

る理性の関係が含まれ、それゆえある客観ないしある行為の現存在についての満足が、すなわちなんらかの関心が含まれている。

あるものを善いと認めるためには、私はつねにその対象がどのような物であるべきかを知らなければならない。すなわち、その対象についての概念をもたなければならない。対象について美を見出すためには、私はこうしたことを必要とはしない。花、自由な線描、あるいは葉形装飾と呼ばれる意図なく絡みあう線は、なにも意味せず、規定された概念に依存していなくても、それでも満足を与えるのである。美しいものについての満足は、なんらかの概念(どのような概念であるかは規定されていない)へと導くような、ある対象に対するそうした反省に依存しなければならず、またこのことによって美しいものについての満足は、まったく感覚に基づく快適なものからも区別される。

なるほど快適なものは、多くの場合善いものと同一であるようにみえる。そこでひとは普通、すべての(とりわけ持続的な)楽しみは、それ自体で善いと言う。これは、持続的に快適であることと善いことが同一である、と言うのとほぼ同じ意味である。しかしながら、これがたんに言葉の誤った混同にすぎないことは、ただちに気づかれるであろう。これらの表現に特有の付随する諸概念は、けっして互いに交換されることはできないからである。快適なものは、このようなものとして、対象をもっぱら感官と関係づけて表象する。この快適なものは、これが意志の対象として善いと呼ばれるためには、まず第一に、ある目的の概念によって理性の諸原理のもとにもたらされなければならない。しかし、私が楽しみを与えるものを同時に善いと呼ぶ場合、ここでは満足に対する関係がまったく別であることは、次のことから明らかである。すなわち、善いものでは、それがたんに間接的に善いのか、それとも直接的に善いのか(有用であるか、それともそれ自体として善いのか)がつねに問題となる。これに反して快適なものでは、このことはまったく問題とはなりえない。それというのも、この言葉は、つねに直接に満足を与えるものを意味するからである(私が美しいと呼ぶものについても、事情は同様である)。

きわめて普通の談話ですら、快適なものは、善いものから区別される。香辛料やその他の調味料によって味覚を引き立たせる料理については、それが快適である、とひとは即座に言うが、同時にそれが善くないことを認める。なぜなら、それは直接には諸感官を喜ばせるが、しかし間接的には、すなわち後の結果を見通す理性によって考えると、満足を与えないからである。さらに健康の判定ですら、ひとはこの区別に気づくことができる。健康は、これを所有するどのひとにとっても直接に快適である(少なくとも消極的に、すなわちすべての肉体的な苦痛を取り除くこととして)。しかし、健康は善いものであると言うためには、さらに健康を理性によって諸目的へと差し向けなければならない。すなわち、健康とは、われわれをすべてのわれわれの仕事に向かわせるような状態である。最後に、幸福に関して言えば、あらゆるひとが人生の諸々の快適さの最大の総和(量および持続に関して)が真に善いものと、それどころか最高の善いものと呼ぶことができる、と信じている。しかしながら、このことに対しても理性は反抗する。快適さとは享受である。しかし享受だけが重要であるとすれば、われわれに享受をもたらす手段に関して、享受が受動的に自然の気前のよさによって得られたのか、それとも自発的活動とわれわれ自身の働きとによって得られたのかと小心翼々と気を使うのは馬鹿げたことになるであろう。しかし、ある人間がたんに享受するためだけに生きており、そのひとの現存が(そしてたとえ、そのひとがこの点ではどれほど熱心であろうとも)、それ自身である価値をもつことを、理性はけっして納得させられることはできないであろう。その際、ひとは、同様に享受だけをめざす他のすべてのひとに対して、そのための手段として最大の援助を行い、しかもそのひとが共感によってすべての楽しみをともに享受するという理由からであっても、そうすることはできないであろう。ひとが享受を顧みず完全に自由であって、また自然がひとに受動的にも与えうるであろうようなものに依存せず、ひとが行うことによってのみ、ひとは一人格の存在としての自分の現存在に対して絶対的価値を与える。また幸福は、この快適さがどんなに完璧に充たされていても、まだ無条件的に善いものにはほど遠いのである。(原注) A209

(原注)　享受への拘束性というものは、明白な不合理である。それゆえ、たんに享受することを行為の目標とするすべての行為へのいわゆる拘束性というものもまた、同様に不合理でなければならない。たとえ、享受がどれだけ精神的に考え出され(ないし飾り立てられ)ようとも、またそれが、一つの神秘的ないわゆる天上の享受であろうとも、やはり不合理なのである。

しかし快適なものと善いものとの間にこうしたあらゆる差異があるにもかかわらず、それでも両者は、つねにその対象についての関心と結合している点では一致している。これは、たんに快適なもの(第三節)と、なんらかの快適さのための手段として満足を与える間接的に善いもの(有用なもの)とについてだけでなく、端的に、あらゆる観点で善いもの、すなわち最高の関心をともなう道徳的に善いものについても、そうである。というのも、善いものとは、意志の(すなわち、理性によって規定された欲求能力の)客観だからである。しかし、あるものを意欲することと、あるものの現存在に満足を感じることとは、つまりあるものの現存在に関心をもつこととは、同じである。 V46 W122

第五節　種別的に異なる三種類の満足の比較

快適なものと善いものとは、いずれも欲求能力に対する関係をもっており、そのかぎり、快適なものは感受的に[9]条件づけられた(刺激による、stimulos)満足をともない、善いものは純粋な実践的満足をともなっている。そしてこの満足は、たんに対象の表象によって規定されるだけでなく、同時に主観と対象の現存との表象された連結によって規定される。たんに対象だけでなく、対象の現存もまた、満足を与えるのである。これに反して趣味判断は、たんに観照的である。[10]すなわち、趣味判断は対象の現存在に関しては無関心に、ただ対象の性状を快・不快の感情と並べて比較する判断である。しかしこの観照自体も、諸概念に向けられているのではない。というのも、趣味判断は、認識判断ではなく(理論的認識判断でも、実践的認識判断でもなく)、それゆえ諸概念に基づくこともなく、あるいはまた諸概念をめざしているのでもないからである。

それゆえ快適なもの、美しいもの、善いものは、快・不快の感情に対する諸表象の三つの異なる関係を示しており、この感情と関連してわれわれは、諸対象ないし表象の諸々の仕方を相互に区別する。そして、これら三者における満足感を示す、それぞれに適合した表現も同一ではない。快適とは、あるひとを**楽しませる**ものを言うのであり、美しいとは、そのひとにたんに**満足を与える**ものを言い、善いとは、**尊重され**、是認されるもの、すなわち、そのうちにそのひとによってある客観的価値が置かれるものを言う。快適さは、理性のない動物にも妥当する。美は、人間にだけ、すなわち動物的ではあるがそれでも理性的な存在者に、しかもたんに理性的な存在者(たとえば精神のような)[11]ではなく、同時に動物的な存在者にだけ妥当する。しかし善いものは、あらゆる理性的存在者一般に妥当する。この命題は、後になってはじめてその完璧な弁明と説明が与えられうる命題である。これら三種類の満足すべてのうちで、美しいものに対する趣味の満足は、ただこれだけが無関心で自由な満足である、と言うことができる。というのも、諸感官の関心であれ、理性の関心であれ、どのような関心も賛同を強要することはないからである。それゆえ、満足については、上述の三つの場合のうちで満足は、〔それぞれ〕傾向性[12]に関わり、恩恵に関わり、あるいは尊敬に関わっている、と言うことができよう。というのも、**恩恵**は唯一の自由な満足だからである。傾向性の対象と、理性法則によってわれわれに欲求することが課せられる対象とは、われわれ自身に対してなにかを快の対象とする自由を許さない。すべての関心は、必要を前提するか、それとも必要を生み出す。また、賛同の規定根拠として関心は、対象についての判断をもはや自由なものにさせておかないのである。

快適なものに際して傾向性の関心に関して言えば、あらゆるひとが次のように言う。すなわち、空腹は最上の料理人であり、旺盛な食欲のあるひとたちには、食べられさえすれば、すべてが美味しく味わうことができ、したがってこうした満足は趣味による選択を証明するものではない、と。必要が充たされたときにはじめて、多くのひとのうちで誰が趣味をもっているか否かが区別されうる。同様に、徳を欠いた礼儀(品行)、好意を欠いた慇懃、誠実さを欠いた端正などがある。というのも、人倫的法則[13]が発言するところでは、行うべき事柄に関して、客観的にはもはや自由な選択は存在しないからである。また、自分の態度のうちで(あるいは他人の態度を判定する際に)趣味を示すこととは、自分の道徳的考え方を表わすこととは、まったく別のことだからである。というのも、道徳的考え方は命令を含み、ある必要を生み出すが、これに反して道徳的趣味は、満足の諸対象とただ戯れるだけであって、一つの対象*に固執することはないからである。

V48　W124　C279

第一の契機から帰結する美しいものの説明

趣味とは、あらゆる関心をもたない満足ないし不満足によって、対象ないし表象の仕方を判定する能力である。このような満足の対象は、美しいと呼ばれる。

趣味判断の第二の契機、すなわち量に関する契機

第六節　美しいものは、概念をもたず普遍的満足の客観として表象されるものである

美しいものについてのこの説明は、美しいものがあらゆる関心をもたない満足の対象であるという上述の説明から導出されることができる。というのも、あるものについてあるひとが、それについての満足がかれ自身のうちであらゆる関心をもたないことを意識する場合、かれは、それをあらゆるひとにとっても満足の根拠を含むにちがいない、と判定する以外にありえないからである。というのも、この満足は主観のなんらかの傾向性に(なにか別の熟慮された関心にも)基づくのではなく、判断者は対象に寄せる満足に関して自分がまったく自由であると感じている[14]から、判断者は満足の諸根拠として、自分の主観だけが依存しているような個人的諸条件を見出すことはできないからである。また、それゆえ判断者は、この満足をかれが他のすべてのひとにあっても前提できるものに基づいている、とみなさなければならないからである。したがって判断者は、すべてのひとに類似した満足を期待する

根拠をもつと信じるにちがいない。それゆえ判断者は、美しいものについてあたかも美が対象の性状であるかのように語り、またこの判断が論理的である(客観についての諸概念によって客観の認識となる)*かのように語るであろう。たとえ、この判断はたんに美感的にすぎず、たんに主観に対する対象の表象の関係を含むにすぎないとしても、そうなのである。その理由は、美感的判断ではこの判断の妥当性があらゆるひとにも前提されうるという点で、なお論理的判断と類似性をもつからである[15]。しかしこの普遍性もまた、諸概念から生じることはできない。というのも、諸概念から快ないし不快の感情への移行はありえないからである(純粋な実践的諸法則の場合は例外である)。しかしこれらの法則は、純粋な趣味判断と結びついていない関心をともなっている[16]。したがって趣味判断では、あらゆる関心から分離されているという意識とともに、この判断にはあらゆるひとに対する妥当性の要求が結びついていなければならず、しかも諸客観に置かれる普遍性が欠けている。すなわち、趣味判断には主観的普遍性[17]に対する要求が結びついていなければならないのである。

第七節　上述の徴表による美しいものと快適なもの　および善いものとの比較

快適なものに関しては、誰もが次のことをわきまえている。すなわち、自分の判断は、たんにそのひと個人に〔判断の妥当性が〕制限されており、この判断に誰もが個人的感情を基礎づけ、またこの判断によって誰もがある対象について、それが自分を満足させると言うことをわきまえている。それゆえ、そのひとが、「カナリア諸島産のワイン[18]は快適である」と言う場合、他のひとがこの表現を訂正して、かれは「このワインは私にとって快適である」と言うべきだと注意しても、かれは喜んで満足する。これは、舌・口・喉の味覚だけでなく、眼や耳に対して各人に快適でありうるものでも同様である。あるひとには紫色は物静かで愛らしく、他のひとには生気がなく死んだようである。あるひとは管楽器の音を好み、他のひとは弦楽器の音を好む。これらの事柄に関して、われわれの判断とは異なる他のひとの判断を、あたかも他のひとの判断がわれわれの判断と論理的に対立しているかのように、不正であると非難しようとする意図を抱いて争うのは、愚かしいことであろう。それゆえ、快適なものに関しては、各人はそれぞれに固有の趣味（諸感官の）をもつという原則が妥当する。

美しいものの場合には、事情はまったく異なる。もしも自分の趣味の良さを幾分自負するあるひとが、「この対象（われわれが眼前に見る建築物、あるひとが身に着けている衣服、われわれが聴いている奏楽、批評を受けるために提出された詩）は私にとって美しい」と言って、自分の正しさを弁明しようと考えたとすれば〔（快適の場合とは）まったく逆に〕、笑うべきことであろう。というのも、あるものがたんにそのひとだけを満足させるならば、かれはそれを美しいと呼んではならないからである。多くのものがかれにとって魅力や快適さをもつことはありうるが、誰ひとりこれを気にかけることはない。しかし、かれがあるものを美しいと称するならば、かれは他のひとびとにもまさに同一の満足を期待しているのである。かれはたんに自分に対して判断しているのではなく、あらゆるひとに対して判断しているのであり、この場合、あたかも美が諸物の特性であるかのように、美について語るのである。それゆえ、かれは、この事物は美しいと言う。そして〔その場合〕かれらがたびたびかれの判断と一致することをかれが認めてきたという理由から、かれは、満足についてのかれの判断に他のすべてのひとが一致することを当てにするのではなく、かれらにこの一致を要求するのである。かれは、かれらが別の判断を下す場合に、かれら

C 282　A 213　V 50　W 126

を非難して、かれらに趣味を否認するが、それでもかれは、かれらが趣味をもつべきであると要求する。そしてそのかぎり、ひとは「各人はそれぞれ特殊な趣味をもつ」と言うことはできない。このように言うことは、趣味というものがまったく存在しない、すなわちあらゆるひとの賛同を正当に要求できるような美感的判断は存在しない、と言うのと同じ意味になるであろう。

それにもかかわらず、快適なものに関しても、快適なものの判定のうちでひとびとの間に一致が見出されることがあり、この一致を考慮して、あるひとびとには趣味を否認し、他のひとびとには趣味を認める。しかもこの場合、趣味は器官感官(19)としての意味での趣味ではなく、快適なもの一般に関する判定能力としての意味での趣味である。そこで、自分の客人たちをさまざまな快適さ(すべての感官による享受の)によってすべてが満足するようもてなすことのできるひとについて、そのひとは趣味をもつと言われる。しかしここでは、普遍性はたんに比較的な意味で解されており、ここに存するのは、たんに一般的諸規則(経験的諸規則のすべてがそうであるように)であって、普遍的諸規則ではない。この普遍的諸規則こそ、美しいものについての趣味判断がみずから企て、あるいは要求するのである。このような〔快適なものに関する〕趣味判断は、社交性が経験的諸規則に基づくかぎり、この社交性と関係する判断である。善いものに関しては、諸判断は、なるほどあらゆるひとに対する妥当性を正当にも要求する。しかしながら善いものは、概念によってのみ普遍的な満足の客観として表象されるが、このことは、快適なものの場合でも、また美しいものの場合でもありえないのである。

第八節　満足の普遍性は趣味判断ではたんに主観的として表象される

趣味判断のうちに見出される美感的判断の普遍性のこうした特殊な規定は、論理学者にとってはそうではないとしても、しかし超越論的哲学者にとっては注目すべきことである。この特殊な規定の根源を発見するためには、超越論的哲学者の少なからぬ努力が必要であるが、しかしその代わり、この分析がなければ未知のままであったかもしれないような、われわれの認識能力のある特性を明らかにするのである。

なによりもまず、次のことを十分に確信しておかなければならない。〔第一に〕それは、趣味判断（美しいものについての）によって、ある対象についての満足があらゆるひとにあえて要求される[20]が、それでもこの満足は概念に基づかない（概念に基づくならば、それは善いものであろうから）ということである。〔第二に〕また普遍妥当性に対するこの要求は、われわれがあるものを美しいと言明する判断に本質的に属しているのであるから、判断に際して普遍妥当性を考えなければ、誰ひとり〔美しいという〕この表現を使用することを思いつかないであろう。むしろ、概念をもたず満足を与えるすべてのものは、快適なものに数え入れられることになるであろう。この快適なものに関しては、ひとは各人がそれぞれ独自の意見をもつことを許し、そして誰も他のひとに自分の趣味判断に対する同意を期待することはない。ところがこの同意は、美についての趣味判断においてはつねに生じるということである。私は、前者を感官趣味と呼び、後者を反省趣味と呼ぶことができる。このことは、前者がたんに個人的判断を下すが、後者はいわゆる共通妥当的[21]（公共的）判断を下し、しかし両者ともに、たんにある対象の表象と快・不快の感情との関係に関して、対象について美感的（実践的ではない）判断を下すというかぎりで、そうすることができる。と

A214
C283

V52
W128

ところで、ここになお奇異なことがある。それは、感官趣味については、経験がこの趣味の判断(あるものについての快ないし不快の)が普遍的に妥当しないことを示すだけでなく、あらゆるひとがまた、こうした同意を他のひとびとにあえて要求しないほど、おのずから謙虚であるのに対して(たとえ現実には、これらの判断でも、しばしばきわめて広範な一致が見出されるとしても)、反省趣味は、経験が教えるように、あらゆるひとに対する自分の判断(美しいものについての)の普遍的妥当性に対する要求が何度も斥けられる。それにもかかわらず、反省趣味は、こうした同意を普遍的に要求しうるような諸判断を表象することが可能である、と認めうるのであり(反省趣味は現実にもそうしている)、また実際に、それぞれ自分の趣味判断に対するこうした同意をあらゆるひとに期待する。また判断者たちは、こうした要求の可能性に関して争うことはなく、ただ特殊な事例の場合にだけ、この能力の正しい適用について〔意見が〕一致しえないだけである、ということがある。

ところで、ここでなりよりもまず注意すべきは、客観についての諸概念(たとえたんに経験的諸概念であっても)に基づかない普遍性は、けっして論理的ではなく、美感的であり、すなわち判断の客観的な量を含むのではなく、たんに主観的な量を含むにすぎないということである。この普遍性を表わすために、私は共通妥当性という表現も使用する。この表現は、認識能力に対する表象の関係の妥当性を示すのではなく、各主観にとっての快・不快の感情に対する表象の関係の妥当性を示すのである(しかし、また〔共通妥当性という〕この同じ表現は、つねに美感的であるたんに主観的な普遍妥当性と区別するために、客観的普遍妥当性というように〔客観的という語を〕付け加えるだけで、判断の論理的量についても使用することができる)。

ところで客観的普遍妥当的な判断は、つねに主観的でもある。すなわち、判断がある与えられた概念のもとに含まれているすべてのものに対して妥当するならば、この判断は、ある対象をこの概念によって表象するあらゆるひとに対しても、また妥当する。しかし主観的普遍妥当性からは、すなわち概念に基づかない美感的普遍妥当性からは、論理的普遍妥当性は推論されることができない。なぜなら、前者の〔美感的な〕種類の諸判断は、まったく客観に関わらないからである。しかし、まさにこの理由のために、ある判断に付与される美感的普遍性もまた、特殊な種類のものでなければならない。なぜなら、この普遍性は、美という述語をその全論理的領域のうちで考察された客観の概念とは連結しないのであるが、それでも〔美という〕この同じ述語を判断者の全領域に拡張するからである。

論理的量に関しては、すべての趣味判断は個別的〔単称的〕判断である。なぜなら、私は対象を直接に私の快・不快の感情と照らし合わせなければならず、しかも諸概念によってそうするわけではないから、そこですべての趣味判断は客観的＝共通妥当的な判断の量をもつことができないからである。とはいえ、趣味判断の客観の個別的表象が、この趣味判断を規定する諸条件にしたがって、比較によって概念へと変化させられる場合には、そこから論理的に普遍的〔全称的〕判断が生じうるのである。たとえば、私が眺めるバラを趣味判断によって私は、美しいと言明する。これに反して、多くの個別的表象の比較によって生じる判断、すなわち「バラ一般は美しい」という判断は、もはやたんに美感的判断として言い表わされるのではなく、ある美感的判断に基づいた論理的判断として言い表わされている。ところで、「このバラは(匂いが)快適である」*という判断は、美感的なしかも個別的な判断ではあるが、しかし趣味判断ではなく、感官判断である。すなわち、感官判断が趣味判断と区別されるのは、趣味判断は普遍性の美感的量をともなっており、つまり快適なものについての判断には見出されることができないような、あらゆるひとに対する妥当性の美感的量をともなっているという点にある。ただ善いものについての諸判断だけは、たとえこれらの判断がある対象についての満足を規定するとしても、たんに美感的ではない論理的普遍性をもつのである。というのも、これらの判断は、客観の認識として客観について妥当するのであり、それゆえあらゆるひとに対して妥当するからである。

客観がたんに諸概念にしたがって判定されるならば、美のすべての表象は失われてしまう。それゆえ、あるひとがそれにしたがってあるものを美しいと承認するよう強要されるような規則もまた、存在することはできない。ある衣服、ある家屋、ある花が美しいかどうかについて、自分の判断は、どのような諸根拠ないし諸原則によっても押しつけられることはない。ひとは、あたかも自分の満足が感覚に依存しているかのように、客観を自分自身の眼に従わせようとする。それにもかかわらず、この場合対象を美しいと呼ぶならば、普遍的賛成をそれだけでもっていると信じて、あらゆるひとの賛意を要求しているのである。これに反して、あらゆる個人的感覚は、ただ観察者に対してのみ、またそのひとの満足に対してのみ決定するであろう。

ところでここでは、次のことが認められるべきである。それは、趣味の判断のうちで要請されるのは、諸概念を介しない満足に関するこうした普遍的賛成にほかならず、したがって、同時にあらゆるひとに対して妥当するとみなされうるような、ある美感的判断の可能性にほかならない、ということである。趣味判断そのものは、あらゆるひとの同意を要請するのではない(というのも、ただ論理的に普遍的な判断だけがこのように要請しうるからであり、なぜなら、この判断は〔あらゆるひとの同意の〕諸根拠を提示しうるからである)。趣味判断は、この同意を規則の一事例としてあらゆるひとにあえて要求するだけであり、この規則の一事例に関して趣味判断は、その確証を諸概念から期待するのではなく、他のひとびとの賛意から期待するのである。それゆえ、普遍的賛成は、一つの理念にすぎない(この理念がなにに基づくかは、ここではまだ探究されない)。ある趣味判断を下すと信じているひとが、実際にこの理念にしたがって判断するということは不確実でありうる。しかし、それでもかれがその判断をこの理念に関係づけていることは、したがってこの判断が趣味判断であるべきだということは、かれが美という表現によって告げている。しかし、かれ自身としては、快適なものと善いものに属するすべてのものが、かれになお残る〔美しいものについての〕満足から分離されていることをたんに意識することによって、自分が下す判断は趣味判断であるべきことを確信しうるのである。また、このことこそ、かれがあらゆるひとから賛同を期待するすべてなのである。これは一つの要求である。かれは、こうした諸条件にしばしば違反して、そのために誤った趣味判断を下すことさえなければ、こうした諸条件のもとでかれはその要求のための権限をもつであろう。 W131

第九節　趣味判断では快の感情が対象の判定に先行するか、それとも対象の判定が快に先行するかという問いの探究 C286 V55

この課題の解決は趣味の批判のための鍵であり、それゆえ大いに注意を向けるに値する。

与えられた対象についての快が先行し、たんにこの快の普遍的伝達可能性だけが、趣味判断のうちで対象の表象に認められなければならないとすれば、こうした手続きは、自己矛盾に陥るであろう。というのも、このような快は、感官感覚におけるたんなる快適さにほかならないであろうし、したがって、この快適さの本性からみて、たんに個人的妥当性だけをもちうるにすぎないだろうからである。なぜなら、こうした快は、それによって対象が与えられる表象に直接に依存するからである。 A217

それゆえ、趣味判断の主観的条件として趣味判断の根底に存在して、対象についての快を結果として生じなければならないのは、与えられた表象における心の状態の普遍的伝達可能性である。しかし、認識と認識に属するかぎりでの表象との他には、なにも普遍的に伝達されることはできない。というのも、表象は、ただ認識に属するかぎりでのみ客観的であり、このことによってのみある普遍的関係点をもつのであって、すべてのひとの表象力はこの関係点と合致するよう強制されるからである。ところで、表象のこの普遍的伝達可能性についての判断を規定する根拠はたんに主観的に、すなわち対象についての概念をもたずに考えられなければならないとすれば、この規定根拠は、表象諸力が与えられた表象を認識一般に関係づけるかぎり、これらの表象力相互の関係のうちに見出される心の状態以外ではありえないのである。

この表象によって活動させられる認識諸力〔構想力と悟性〕は、その際自由な戯れ(22)のうちにある。なぜなら、規定された概念は、認識諸力を特殊な認識規則に制限することがないからである。それゆえ、この表象における心の状態は、認識一般のために、与えられた表象における表象諸力の自由な戯れの感情という心の状態でなければならない。ところで、ある対象がそれによって与えられる表象には、総じてその表象から認識が生じるために、直観の多様なものを合成するための構想力と、諸表象を合一する概念の統一のための悟性とが必要である。認識諸能力の自由な戯れのこの状態は、それによって対象が与えられる表象に際して、普遍的に伝達されることができなければならない。なぜなら、認識は、与えられた諸表象(どのような主観のうちであろうとも)が合致すべき客観の規定として、あらゆるひとに妥当する唯一の表象の仕方だからである。

趣味判断における表象の仕方の主観的な普遍的伝達可能性は、規定された概念を前提せず生じるべきであるから、構想力と悟性の自由な戯れ（認識一般のために必要とされるように、この二つの能力が相互に合致するかぎり）における心の状態以外ではありえない。それというのも、認識一般に適合するこの主観的関係は、主観的条件としてのこの関係につねに基づいているあらゆる規定された認識とまったく同様に、あらゆるひとに妥当しなければならず、したがって普遍的に伝達可能でなければならないことを、われわれは意識しているからである。

ところで対象について、あるいは対象がそれによって与えられる表象についてこのたんに主観的な（美感的）判定は、対象についての快に先行しており、認識諸能力の調和についてのこの快の根拠である。しかし、われわれが美しいと呼ぶ対象の表象にわれわれが結びつける満足のこの普遍的な主観的妥当性は、もっぱら諸対象を判定する主観的諸条件のあの普遍性にのみ基づいている。

たんに認識諸能力に関してだけでも自分の心の状態を伝達しうることは、快をともなう。このことは、社交性に向かう人間の自然的性癖から（経験的、また心理学的に）容易に証明することができるかもしれない。しかしこれは、われわれの意図にとって十分ではない。われわれはあるものを美しいと呼ぶとき、われわれが感じる快を趣味判断では次のように他のあらゆるひとに必然的である、とわれわれは期待する。あたかもそれが、対象について諸概念にしたがって規定されているような対象の性状とみなされなければならないかのように必然的である、と期待する。それにもかかわらず、美は主観の感情に対する関係がなければ、それだけでは無である。しかしわれわれは、はたして、またどのようにしてアプリオリな美感的判断が可能であるかという問題に答えるまで、この問題の論究を保留しなければならないのである。

いまわれわれが携わっているのは、もっと小さな問題である。すなわち、われわれは趣味判断では認識諸力間相

A218　W133　V57　C288

互の主観的な合致をどのような仕方で意識するようになるのか。はたしてこれは、たんなる内的感官と感覚とによって美感的にそうなるのか。それとも、われわれがそれらの認識力を働かさせようとするわれわれの意図的な活動の意識によって、知性的にそうなるのか、というもっと小さな問題である。

もしも趣味判断のきっかけとなる与えられた表象が、対象の判定では客観の認識のために悟性と構想力とを合一する概念であるとすれば、この関係の意識は、知性的であろう(〔純粋理性の〕批判が扱う判断力の客観的図式論[23]におけるように)。しかしそうなると、判断は、快・不快と関連して下されているのではなく、したがって趣味判断ではないであろう。ところが趣味判断は、諸概念に依存せず満足および美という述語に関して客観を規定する。それゆえ、この関係のあの主観的統一は、感覚によってのみ知られることができる。この両能力(構想力と悟性)が活気づけられ、無規定的な*しかしそれでも与えられた表象のきっかけを介して調和的に活動させるのは、すなわち認識一般に必要な活動をさせるのは感覚である。趣味判断は、この感覚の普遍的伝達可能性を要請する。〔この場合〕客観的関係というものは、もちろんたんに考えられることができるだけであるが、しかしこの関係はその諸条件に関して主観的であるかぎり、心に及ぼすその結果のうちで感覚されることができる。そして概念を根底に置かない関係(認識能力一般に対する表象諸力の関係のような)の場合には、この関係の意識は、相互の合致によって活気づけられた心のこの二つの力(構想力と悟性)の軽快な戯れのうちに成り立つ結果を感覚することによる以外には可能ではない。個別的表象として他の表象と比較されず、それでも悟性一般の仕事をなす普遍性の諸条件と合致するような表象は、認識諸能力を釣り合いのとれた調和へともたらす。われわれは、この調和をすべての認識に要求するのであり、したがってまた、悟性と諸感官との結合によって判断するよう規定されているあらゆるひとに対して

（あらゆる人間に対して）も妥当するとみなすのである。

第二の契機から帰結する美しいものの説明

美しいのは、概念をもたず普遍的に満足を与えるものである。

趣味判断のうちで考察される目的の関係に関する趣味判断の第三の契機

第一〇節　合目的性一般について

目的とはなんであるかを、目的の超越論的諸規定にしたがって（快の感情のような経験的なものを前提せずに）説明〔定義〕しようとすれば、目的とは、ある概念がその対象の原因（その対象の可能性の実在的根拠）とみられるかぎり、そうした概念の対象である。そしてある概念の客観に関するその概念の原因性は、合目的性（forma finalis 目的形相）(24)である。それゆえ、たんにある対象についての認識だけでなく、対象そのもの（対象の形式ないし現存）が、結果としてただこの結果についての概念によってのみ可能であると考えられる場合には、目的が想定されているのである。結果の表象は、ここでは結果の原因の規定根拠であって、この原因に先行する。主観を同じ状態に保持しようとするような、主観の状態に関する表象の原因性の意識は、ここでは一般に快と呼ばれるものを示すことができる。これに反して不快とは、その諸表象の状態をこれらの表象自身の反対のものに規定する（これらの表象を阻止ないし除去する)根拠を含むような表象である。

欲求能力は、この能力がたんに諸概念によってのみ規定されうるかぎり、すなわちある目的の表象に適合して行為するよう規定されうるかぎり、意志であろう。しかしある客観、ある心の状態、ないしある行為ですら、たとえそれらの可能性が目的の表象を必ずしも前提しないとしても、合目的的と呼ばれる。その理由は、われわれが諸目的にしたがう原因性を、すなわちある種の規則の表象にしたがってそれらをこのように秩序づけるような意志を諸 C290 目的の根底に想定するかぎり、これらの可能性がわれわれによって説明され、把握されうることにもっぱら基づいている。それゆえ、合目的性は、目的がなくても存在することができる。われわれはこの〔合目的性という〕形式の諸原因をある意志*のうちに置くのではないが、しかしそれでも、われわれがこの形式をある意志から導き出すことによってのみ、この形式の可能性の説明を把握できるようになるかぎり、存在することができる。ところで、われわれは、われわれが観察するものを必ずしもつねに理性によって(そのものの可能性に関して)洞察しなければならないというわけではない。それゆえ、われわれは、ある目的(目的結合[25] nexus finalis の実質として)を合目的性の根底に置かなくても、われわれは、この合目的性を形式に関して少なくとも観察しうるのであり、また反省によるほかはないとしても、諸対象についてこの合目的性を認めることができるのである。

第一一節　趣味判断は対象の(ないし対象の表象の仕方の)合目的性の形式以外にはなにも根底にもたない

A221
W136

すべての目的は、これらが満足の根拠とみなされる場合、快の対象についての判断の規定根拠としてある関心をつねにともなっている。それゆえ、趣味判断の根底には、主観的目的は存在することはできない。しかしまた、客観的目的の表象も、すなわち目的結合の諸原理にしたがう対象そのものの可能性の表象も、したがって善いものの概念もまた、趣味判断を規定することはできない。なぜなら、趣味判断は美感的判断であって、認識判断ではないからである。それゆえ、趣味判断は、対象の性状についての概念には関わらず、またあれこれの原因による対象の内的ないし外的可能性についての概念にも関わらず、表象諸力がある表象によって規定されるかぎり、たんに表象諸力相互の関係に関わるだけだからである。

ところで、ある対象を美しい対象として規定する際のこの関係は、快の感情と結合されており、この快は、趣味判断によって同時にあらゆるひとに対して妥当する、と言明される。したがって、この表象にともなう快適さは、対象の完全性についての表象と善いものの概念と同様に、〔判断の〕規定根拠を含むことはできない。それゆえ、あらゆる目的（客観的目的であれ、主観的目的であれ）をもたない、ある対象の表象におけるこの主観的合目的性以外には、したがって、われわれが合目的性の形式を意識するかぎり、ある対象がそれによってわれわれに与えられる表象における合目的性のたんなる形式以外には、われわれが概念をもたず普遍的に伝達可能であると判定する満足を形成できるものはなく、したがって趣味判断の規定根拠を形成できるものはないのである。

第一二節　趣味判断はアプリオリな諸根拠に基づく

ある結果としての快ないし不快の感情と、その原因としてのなんらかの表象（感覚ないし概念）との連結をアプリオリに決定することは、端的に不可能である。というのも、これは（経験の諸対象の間で）つねにアポステリオリに、

V 60　C 291　W 137　A 222

経験そのものを介してのみ認識されうる一つの因果関係であろうからである。なるほど『実践理性批判』ではわれ
われは、尊敬の感情(われわれが経験的諸対象から得る快や不快とも厳密には一致しないこの感情の、ある特殊で
特有な変様としての)を、普遍的な人倫的諸概念から実際にアプリオリに導き出した。[26] しかしそこでは、われわれ
は経験の限界を踏み超えることもできたのであり、主体の超感性的な性状に基づく原因性を、すなわち自由の原因
性を呼び寄せることができたのである。しかしながら、そこですらわれわれは、もともと原因としての人倫的なも
のの理念からこの感情を導出したわけではなく、たんに意志規定がこの理念から導き出されたのであった。しかし、
なんらかの仕方で規定された意志における心の状態は、それ自体すでに快の感情であり、この感情と同一である。 V61
それゆえ、この心の状態は、結果として快の感情から生じるのではない。このように結果として生じることは、あ
る善いものとしての人倫的なものの概念が、法則による意志規定に先行する場合にだけ、想定されなければならな
いであろう。そうなると、概念と結合しているような快は、たんなる認識としてのこの概念から導き出されること
になろうが、そのようなことは徒労に終るであろう。

ところで、美感的判断における快はこれと類似した事情にある。ただ異なるのは、ここでは快はたんに観照的で
あって、客観についての関心を引き起こすことはないが、これに反して道徳的判断における快は実践的[27]であるとい C292
うことだけである。ある対象がそれによって与えられる表象の際には、主観の認識諸力の戯れにおけるたんに形式
的な合目的性の意識は、快そのものである。なぜなら、この意識は、主観の認識諸力が活気づけられることに関し
て、主観の活動性の規定根拠*を含み、それゆえ、規定された認識に制限されずに、認識一般に関してある内的原因 W138
性(合目的的である原因性)を含むのであり、したがって美感的判断のうちに表象の主観的合目的性のたんなる形式

を含むからである。この快もまた、けっして実践的ではない。つまり、快適さの感受的根拠に基づく快でもなく、また表象された善いものの知性的根拠に基づく快でもない。しかしそれでもこの快は、原因性を自分のうちにもつ。すなわち、それは、表象そのものの状態と認識諸力の営みとをそれ以上の意図なく保持する原因性である。われわれは、美しいものを観察する際しばしとどまる。なぜなら、この観察は自分自身を強め再生産するからである。これは、対象の表象における魅力が繰り返し注意を呼び覚まし、その際、心は受動的であるような場合にしばしとどまることと類比的である(しかしそれでも、それと同じではない)。

第一三節　純粋な趣味判断は魅力や感動には依存しない

すべての関心は趣味判断を損ない、趣味判断からその公平性を奪い去る。とりわけ関心が、理性の関心のように、合目的性を快の感情に先行させるのではなく、合目的性を快の感情に基づかせる場合には、そうである。このことは、あるものが楽しみを与え、あるいは苦痛を与えるかぎり、あるものについての美感的判断のうちではつねに起こることである。それゆえ、このように触発されている諸判断は、普遍妥当的な満足を要求することがまったくできないか、それとも上述の種類の感覚が趣味の規定根拠のうちに見出される度合に応じて、それだけ要求できなくなるか、のいずれかである。趣味は魅力と感動(28)の混入を満足のために必要とする場合、それどころか、こうした混入を趣味の賛同の尺度とする場合、趣味はつねにまだ未開である。

それにもかかわらず、魅力は、美感的な普遍的満足に寄与するものとして美に(美は、もともとたんに形式に関わるべきものであるにもかかわらず)しばしば数え入れられるだけでなく、それどころか魅力は、それ自体で美であると称され、したがって満足の実質が形式と称される。これは誤解であり、この誤解は、それでもなおある真実なものを根底にもつ他の多くの誤解と同様に、これらの概念を入念に規定することによって除去されるのである。魅力と感動が少しも影響を及ぼさず(たとえ、それらが美しいものについての満足と結合されようとも)、それゆえ、たんに形式の合目的性を規定根拠としてもつにすぎない趣味判断は、純粋な趣味判断である。

第一四節　実例による説明

美感的判断は、理論的(論理的)判断と同様に、経験的判断と純粋判断とに区分することができる。経験的判断は、ある対象または対象の表象の仕方について快適さないし不快適さを述べ、純粋判断は、それらについて美を述べる判断である。経験的判断は、感官判断(実質的な美感的判断)であり、純粋判断だけが(形式的判断として)本来の趣味判断である。

それゆえ趣味判断は、たんに経験的な満足が趣味判断の規定根拠に混入されないかぎりでのみ、純粋である。しかしこうした混入は、あるものが美しいと言明されるべき判断に魅力や感動が関与する場合には、いつでも起こるのである。

ところで、ふたたび多くの異論が現れる。それは結局、魅力をたんに美の必然的要素であると見せかけるだけでなく、魅力がそれだけですでに美と呼ばれるのに十分である、と見せかけるという異論である。たんなる色、たとえば芝生の緑、たんなる音(響きや雑音とは区別された)、たとえばヴァイオリンの音は、大多数のひとによってそれだけで美しいと言明される。たとえ、両者〔たんなる色や音〕は、たんに表象の実質を、すなわちもっぱら感覚を根底に置くようにみえ、それゆえ、ただ快適であると呼ばれるに値するにすぎないとしても、そうである。しかしながら、それでも色や音の感覚は、両者が純粋であるかぎりでのみ、正当にも美しいとみなされる資格があることに、同時に気づかれるであろう。このことは、すでに形式に関わる規定であり、また、これらの表象について確実に普遍的に伝達される唯一のものである。なぜなら、諸感覚そのものの質はすべての主観では一致しており、またある色の快適さは他の色に優っており、あるいはある楽器の音の快適さは他の楽器の音よりも優れていることがあらゆるひとに同一*の仕方で判定される、と想定されるのは困難だからである。

オイラー(29)とともに、音が響きのうちで振動する空気であるのと同じく、色は等時的に継起するエーテルの振動(pulsus 搏動)である、と想定してみる。また、これがもっとも重要なことであるが、心はたんに感官によって器官を活気づけるよう及ぼす振動の結果を知覚するだけでなく、反省によって諸印象の規則的な戯れ(したがって、さまざまな表象の結合における形式)もまた知覚する(私はこれをまったく疑っていない)、と想定してみる。このように想定するならば、色や音はたんなる諸感覚ではなく、すでに諸感覚の多様なものを統一する形式的規定であり、その場合には、色や音は、それだけでも美に数え入れられることができるであろう。

しかし、単純な感覚の仕方における純粋なものは、そうした感覚の仕方の一様性が異質な感覚によって妨害され中断されることがなく、またたんに形式に属することを意味している。なぜなら、この際、あの感覚の仕方の質(この感覚の仕方がはたして、またどのような色を表象するか、あるいははたして、またどのような音を*表象するか)は、捨象されうるからである。それゆえ、すべての単純色〔原色〕は、これらが純粋であるかぎり、美しいとみなされる。混合色はこの特権をもたない。それは、まさしく混合色は単純でないがゆえに、ひとが混合色を純粋と呼ぶべきか、それとも不純と呼ぶべきかの判定の尺度をもたないという理由によるからである。

ところが対象の形式のゆえに、対象に付与される美に関して言えば、その美が魅力によっていっそう高められうると考えられるかぎり、これはありふれた誤謬であり、正真正銘の完璧な趣味にとってはきわめて有害な誤謬である。もっとも、美に加えて魅力がさらに付与されることはもちろん許される。これは、無味乾燥な満足の他に、対象の表象によって心に対してさらに関心をもたせるためであり、またこのようにして、とりわけ趣味がなお粗野で未熟な場合には、趣味とその開化とを誉めそやすのに役立つためでもある。しかし、魅力が美の判定根拠として注意を引きつけるならば、魅力は実際に趣味判断を損なうのである。というのも、魅力は趣味判断に役立つどころか、むしろ魅力はよそものとして、趣味がなお弱く未熟である場合に、ただそれがあの美しい形式を妨げないかぎりでのみ、寛大に受け入れられなければならないからである。

絵画、彫刻芸術、それどころかすべての造形芸術、〔さらに〕美術であるかぎりでの建築芸術および造園術では、線描[30]が本質的なものである。線描では感覚のうちで楽しませるものが趣味に対するすべての素質の基礎をなすのではなく、たんにその形式によって満足を与えるものが、趣味に対するすべての素質の基礎をなしている。素描を彩る色は、魅力に属する。これらの色は、対象そのものを感覚に対して活気づけることはできるが、しかし対象そのものを観照に値する美しいものにすることはできない。むしろこれらの色は、美しい形式が必要とするものによって、大部分きわめて制限されており、魅力が許される場合ですら、美しい形式によってはじめて高尚にされるのである。

諸感官の(外的諸感官および間接的にはまた内的感官の)諸対象のすべての形式は、形態であるか、それとも戯れ

であるかのいずれかである。戯れの場合には、諸形態の戯れ(空間における、身ぶりと舞踊)であるか、それとも諸
感覚のたんなる戯れ(時間における)であるかのいずれかである。色の魅力や楽器の快適な音の魅力もまた付加され
うるが、諸形態の戯れでは、線描が純粋な趣味判断の本来の対象を形づくり、諸感覚の戯れでは構成が純粋な趣味
判断の本来の対象を形づくる。そして色や音の純粋さ、あるいはまたこれらの多様性とこれらの対照は、美に寄与
するようにみえる。これは、色や音がそれだけで快適であるから、それゆえ色や音が形式についての満足にいわば W142
同種の補足を加える、ということを意味するのではない。むしろ〔このように美に寄与するようにみえることは〕、
色や音がこの形式をいっそう厳密に、いっそう規定的でいっそう完璧にみえるようにして、そのうえ対象そのもの A226
に対する注意を喚起し維持することによって、これらの魅力によって表象を活気づけるからであることを意味する。

装飾(Parerga 付属品)と呼ばれるものですら、すなわち対象の全表象のうちに要素として内的に属するのでは
なく、たんに外的に添加物として属し、また趣味の満足を増大するものですら、やはりその形式によってのみこう
したことを行う。たとえば、絵画の額縁、彫像が身につける衣服、あるいは壮麗な建築物の周囲の柱廊などがそう
である。しかし装飾がそれだけで美しい形式を本質とするのでないとすれば、たとえば黄金の額縁のように、装飾
が、たんにその魅力によって絵画に賛同を勧めるだけのために取り付けられたとすれば、そうなると装飾は虚飾と C296
呼ばれ、真正の美を損なうのである。

感動、すなわちそこでは生命力が瞬間的に阻止され、それに引き続いて生命力がいっそう強力に奔出することを V66
介してのみ快適さが引き起こされるような感覚は、まったく美には属さない。しかし崇高性(これには感動の感情
が結びついている)は、趣味が根底に置くのとは異なる判定の尺度を必要とする。このようにして純粋な趣味判断

は、魅力も感動も、一言で言えば、美感的判断の実質としての感覚も規定根拠としてもたないのである。

第一五節　趣味判断は完全性の概念にはまったく依存しない

客観的合目的性は、ある規定された目的に対する多様なものの関係を介してだけ、それゆえある概念によってだけ認識されることができる。ここからだけでもすでに明らかなように、たんに形式的な合目的性を、すなわち目的のない合目的性を判定の根底にもつ美しいものは、善いものの表象にはまったく依存しないのである。なぜなら、善いものは、客観的合目的性を、すなわちある規定された目的に対する対象の関係を前提するからである。

W143

客観的合目的性は、外的合目的性、すなわち対象の有用性であるか、それとも内的合目的性、すなわち対象の完全性であるかのいずれかである。ある対象についての満足は、この満足のゆえにその対象をわれわれは美しいと呼ぶのであるから、対象の有用性の表象に基づくことはできない。このことは、上述の二つの項目から、十分にみてとることができる。なぜなら、それに基づくとすると、対象についての満足は、美についての判断の本質的条件であるような、対象についての直接的な満足ではないことになるだろうからである。ところが客観的な内的合目的性、すなわち完全性は、美の述語にすでにいっそう近いものがあり、それゆえ著名な哲学者たち[31]によってすら、「完全性が混乱した仕方で考えられる場合には」という但し書きの制限のもとで、完全性は美と同一であるとみなされていたのである。趣味の批判では、美が実際に完全性の概念に解消されるかどうかを決定することはきわめて重要である。

A227

客観的合目的性を判定するためには、われわれはつねにある目的の概念が必要である。また、〔そのためには〕

C297
V67

(この合目的性が外的合目的性(有用性)ではなく、内的合目的性でなければならない場合には)、対象の内的可能性の根拠を含む内的目的の概念が必要である。ところで目的とは、一般にその概念が対象そのものの可能性の根拠とみなされうるものであるから、ある物について客観的合目的性を表象するためには、それがどのような物であるべきかについての概念が先行するであろう。また、この物における多様なものとこの概念(この概念は物についての多様なものの結合の規則を与える)との合致は、物の質的完全性である。これは量的完全性とはまったく異なっており、量的完全性はそれぞれの物のその種における完璧性として、たんなる量概念(全体性の)にすぎない[32]。量的完全性の場合には、物がなんであるべきかはすでにあらかじめ規定されていると考えられており、ただそのために必要なすべてのものが、物に備わっているかどうかだけが問われる。ある物の表象における形式的なもの、すなわち多様なものと一つのもの(これがなんであるべきかは規定されていない)との合致は、それだけでは客観的合目的性を認識させることはまったくないのである。なぜなら、目的(物があるべきであるもの)としてのこの一つのものは捨象されるのであるから、直観する者の心における諸表象の主観的合目的性以外には残らないからである。また、この主観的合目的性は、なるほど主観における表象状態のある種の合目的性と、この状態のうちである与えられた形式を構想力のうちに把捉する主観の快さとを示すが、ここでは目的の概念によっては考えられていないような、なんらかの客観の完全性を示すわけではないからである。たとえば、私は、森の中で樹木に囲まれている芝生に出会い、また私は、その際一つの目的を表象するのでなければ、すなわちこの芝生はおそらく村人の舞踏に利用されるであろうという目的を表象するのでなければ、たんなる形式によるのでは完全性について少しの概念も与えられることはないのである。しかし目的のない形式的な客観的合目的性というものを、すなわち完全性のたんなる形式を(すべての実質をもたず、また、たとえそれがたんに合法則性一般という理念であろうとも、それに合致させられるものについての概念をもたず)表象することは、まぎれもない矛盾である。

ところで、趣味判断は美感的判断であり、すなわち主観的諸根拠に基づく判断であり、また判断の規定根拠が概念ではありえず、したがってある規定された目的の概念でもありえないような判断である。それゆえ、形式的な主観的合目的性としての美によっては、対象の完全性は、いわゆる形式的ではあるがそれにもかかわらずなお客観的である合目的性としては、けっして考えられないのである。また美しいものと善いものとの概念の区別は、あたかも両者がたんに論理的形式に関してのみ区別されるにすぎず、美しいものの概念*は、たんに完全性の混乱した概念であり、善いものの概念は完全性の判明な概念であるが、他の点では内容と起源からみて同一であるかのような区別である。〔しかし〕この区別は無意味である。なぜなら、そうなると両者の間には種別的差異はなくなり、趣味判断は、あるものが善いと言明される判断とまったく同様に、認識判断であることになろうからである。これは、たとえば普通のひとが、詐欺は不正であると言う場合、自分の判断を混乱した理性諸原理に基づかせ、哲学者は、それを判明な理性諸原理に基づかせる。しかし根本的には、普通のひとも哲学者も、いずれも同一の理性諸原理に基づかせている、と言うようなものである。しかしすでに私が指摘したように、美感的判断は、独自の種類のものであり、客観についての認識(混乱した認識ですら)を断じて与えず、客観についての認識は論理的判断によってだけ生じるのである。これに反して美感的判断は、ある客観がそれによって与えられる表象をもっぱら主観に関係づけ、対象の性状を気づかせるのではなく、対象に携わる表象諸力の規定における合目的的形式だけを気づかせるからである。この判断がまた、美感的と呼ばれるのは、まさに次の理由による。すなわち、この判断の規定根拠は概念で

C298　V68　W145

はなく、心の諸力の戯れにおけるあの調和が感覚されうるかぎりでのみ、こうした調和の感情(内的感官の)であるという理由によるのである。これに反して、混乱した諸概念とこれらの概念を根底にもつ客観的判断とを美感的と呼ぼうとするならば、ひとは感性的に判断するある悟性をもつか、それとも諸概念によってその諸客観を表象する感官をもつことになるであろう。だが両者は、いずれも自己矛盾している。諸概念が混乱していようと判明であろうと、諸概念の能力は悟性である。そして、たとえ美感的判断としての趣味判断には(すべての判断にとってそうであるように)悟性も必要であるとしても、それでも対象の認識の能力として必要なのではなく、主観および主観の内的感情に対する表象の関係にしたがって判断とその表象(概念のない)とを規定する能力として必要なのであり、しかもこの判断がある普遍的規則にしたがって可能であるかぎり、必要なのである。

第一六節　ある規定された概念の条件のもとで対象を美しいと言明する趣味判断は純粋ではない

美には二つの種類がある。すなわち、自由美(pulchritudo vaga 不定的美)であるか、それともたんに付随美(pulchritudo adhaerens 付属的美)である。自由美は、対象がなんであるべきかについての概念を前提せず、付随美は、こうした概念とこの概念にしたがう対象の完全性とを前提する。前者の種類の美は、あれこれの物の(それだけで存立する)美と呼ばれ、他方の美は、ある概念に付随する美(条件づけられた美)として、ある特殊な目的の概念のもとに立つ諸客観に付与される。

花は自由な自然美である。ある花がどのような物であるべきかは、植物学者以外にはほとんど誰も知らない。ま

V 69　W146　A229　C299

た花が植物の生殖器官であることを認識する植物学者ですら、趣味によって花について判断する場合には、こうした自然目的〔花が植物の生殖器官であること〕には少しの顧慮も払わない。それゆえ、この〔趣味の〕判断には、どのような種類の完全性も根底に置かれず、また多様なものの合成が関係するどのような内的合目的性も根底に置かれないのである。多くの鳥類(オウム、ハチドリ、極楽鳥)、海の多数の甲殻類は、それだけで美しいのであり、これらの美は、その目的に関して諸概念にしたがって規定された対象に属するのではまったくなく、自由にまたそれだけで満足を与える。ギリシア風の線描、縁取りや壁紙に取り付けられる葉形装飾などは、それだけではなにも意味していない。すなわち、これらのものは、なにも表象せず、ある規定された概念のもとでの客観を表象せず、〔それゆえ〕自由美である。音楽では幻想曲(主題のない)と呼ばれるもの、それどころか歌詞のない全楽曲もまた、同じ種類の美に数え入れることができる。

自由美の(たんなる形式からみた)判定では、趣味判断は純粋である。〔この判定では〕そのために多様なものが与えられた客観に役立つべきであり、それゆえ客観が表象すべきであるようななんらかの目的についての概念は前提されていない。この目的の概念によっては、形態の観察のうちでいわば戯れる構想力の自由は、制限されることになるだけであろう。

しかしながら、ある人間の美(また、この種類のうちには、男性の美、女性の美、子供の美がある)、ある馬の美、ある建築物(教会、宮殿、兵器庫、ないし園亭としての)の美は、物がどのようなものであるべきかを規定する目的についての概念を前提するのであり、したがって物の完全性の概念を前提しており、それゆえたんに付随美である。ところで快適なもの(感覚の)と、もともと形式にだけ関わる美との結合は、趣味判断の純粋性を妨げるように、善

C300　A230 W147　V70

いもの(すなわち、そのために多様なものがその物の目的にしたがってこの物自身にとって善いもの)と美との結合もまた、趣味判断の純粋性を損なうのである。

ある建築物が教会であるとさえ規定されなかったならば、直観のうちで直接に満足を与える多くのものをこの建築物に取り付けることができるであろう。ある形態が人間でさえなければ、あらゆる種類の渦巻き模様や軽快なしかし規則正しい条線によって、ニュージーランド人が刺青によってそうするように、その形態を美しく飾ることができるであろう。また人間であったとしても、その人間が男性を表象させるのでさえなければ、まして軍人を表象させるのでさえなければ、はるかに繊細な容姿や、いっそう好ましいもっと柔らかな輪郭の顔立ちをもつことができるかもしれないのである。

ところで、ある物における多様なものについての満足は、その物の可能性を規定する内的目的との関係のうちでは、ある概念に基づいた満足である。しかし美についての満足は、概念を前提としない満足であり、それによって対象が与えられる(それによって対象が考えられるのではない)表象と直接に結合しているような満足である。ところで美についての満足に関する趣味判断は、理性判断としてのある概念に基づいた満足における目的に依存させられ、このことによって制限されるならば、この趣味判断は、もはや自由で純粋な趣味判断ではないのである。

なるほど趣味は、美感的満足と知性的満足とのこの結合によって、次の点で得るところがある。それは、趣味が固定され、たとえ趣味が普遍的ではないとしても、それでも合目的的に規定されたある種の諸客観に関して、諸規則が趣味に指定されうるという点である。しかしその場合でも、これらの規則は、趣味の規則ではなく、たんに趣味と理性とを、すなわち美しいものと善いものとを合一可能にする規則にすぎず、この合一可能性の規則によって、美しいものは善いものに関する意図の道具として使用可能となる。この意図とは、自分自身を維持して主観的な普遍的妥当性をもつような心の調和を次の考え方のもとへと従属させようとする意図であり、それは、努力を惜しまぬ決意によってだけ維持されうるが、しかし客観的に普遍妥当的であるような考え方である。しかし、もともと完全性は美によって得られるのではなく、また美も完全性によっては得られないのである。われわれは、ある対象がそれによってわれわれに与えられる表象を、ある概念によって客観と(この客観がどのようなものであるべきかに関して)比較する場合、この表象を同時に主観における感覚と対比させることは避けられないのである。この理由から、これら二つの心の状態が合致する場合には、表象力の全能力は得るところがある。

趣味判断は、規定された内的目的をもつある対象に関して、次の場合にだけ純粋となるであろう。それは、判断者がこの目的について概念をもたないか、それとも判断者の判断のうちでこの目的を捨象するかのいずれかの場合だけである。しかしこの場合、判断者は、たとえかれが対象を自由美であると判定することによって、正しい趣味判断を下したとしても、それにもかかわらず、対象についての美をたんに付随的性状としてみなす(対象の目的に注目する)他の者によって非難され、誤った趣味であると咎められるであろう。とはいえ両者とも、それぞれの仕方で正しく判断しているのである。すなわち、一方は、感官の前にもっているものにしたがって正しく判断しており、他方は、思想のうちでもつものにしたがって正しく判断しているのである。この区別によって、美についての趣味の審判者たちの間の争いの多くは、調停されることができる。それというのも、一方は自由美に固執し、他方は付随美に固執しており、前者は純粋な趣味判断を下し、後者は応用された趣味判断を下していることが、趣味の審判者たちに示されるからである。

第一七節　美の理想について

なにが美しいかを概念によって規定する客観的な趣味規則は、存在することができない。というのも、この源泉から生じるすべての判断は、美感的だからである。すなわち、この判断の規定根拠は主観の感情であって、客観の概念ではないからである。規定された概念によって美しいものの普遍的標識を示すような趣味の原理を求めることは、空しい努力である。なぜなら、求められるものは不可能であり、またそれ自体で矛盾しているからである。感覚(満足または不満足の)の普遍的伝達可能性、しかも概念をもたず生じる普遍的伝達可能性、すなわち、ある種の諸対象の表象におけるこの感情に関してすべての時代と民族とが可能なかぎり一致することは、たとえ薄弱で推察することがきわめて不十分であるとしても、経験的標識である。この標識は、このように実例によって確証された趣味が、諸対象がそのもとですべての人間に与えられる諸形式を判定する際に、深く隠されたすべての人間に共通な一致の根拠から由来するのである。

したがってひとは、趣味の幾つかの産物を範例的なものとみなす。しかしそれは、他のひとびとを模倣することによって趣味が得られるということではない。というのも、趣味は自分固有の能力でなければならないからである。ところが模範を模倣するひとは、上手に模倣するかぎり、なるほど熟練を示すが、しかしそのひとは、この模範をみずから判定しうるかぎりでのみ趣味を示すのである。(原注) しかしここから、次の帰結が生じる。すなわち、趣味の最高の模範つまり原型はたんなる理念であり、この理念を各人は自分自身のうちに生み出さなければならず、この理念にしたがって各人は、趣味の客観であるもの、趣味による判定の実例であるものすべてを、またあらゆるひとの

V73
W150

A232 C302

趣味すらも判定しなければならないのである。理念とは、本来理性概念を意味し、また理想とは、理念に適合したものとしての個別的存在者の表象を意味する。[34] したがって趣味のあの原型は、もちろんある極大についての理性の規定されていない理念に基づいているが、しかしそれでも諸概念によるのではなく、個別的な描出のうちでのみ表象されることができる。この趣味の原型は、むしろいっそう適切には、美しいものの理想と呼ばれることができる。こうした理想をわれわれは、たとえわれわれがこの理想を所有していなくても、それでもわれわれのうちに生み出そうと努めるのである。しかしこの理想は、たんに構想力の理想であろう。それは、まさにこの理想が諸概念に基づくのではなく、描出に基づくという理由からである。しかし描出の能力は構想力である。――ところでわれわれは、どのようにして美のこのような理想に到達するのであろうか。アプリオリに到達するのであろうか、それとも経験的に到達するのであろうか。さらに、どのような種類の美しいものが理想をもちうるのであろうか。

(原注)　言語芸術に関する趣味の模範は、死語および学術語で書かれていなければならない。死語で書くのは、高貴な表現が平板となり、日常の表現がすたれて、新造の表現がほんのわずかの期間しか使われないという、現代語にとって不可避の変動を蒙らずにすむためである。また学術語で書くのは、学術語が流行の気ままな変動から免れ、その不変の規則を保持するような文法をもつためである。 *

まず第一に十分注意されるべきは、理想が求められるべき美は不定的美ではなく、客観的合目的性についての概念によって固定された美でなければならず、したがって、まったく純粋な趣味判断の客観に属するのではなく、部分的に知性化された趣味判断の客観に属さなければならない、ということである。すなわち、ある理想がどのような種類の判定の諸根拠のうちで生じるべきであるとしても、そこには規定された諸概念にしたがう理性のなんらかの理念が根底になければならない。この理念は、対象の内的可能性が基づく目的をアプリオリに規定するような理念である。美しい花、美しい家具、美しい風景の理想のようなものは思い浮かべることができない。しかしまた、ある規定された諸目的に付随する美について、たとえば、美しい住宅、美しい樹木、美しい庭園などについても、理想は表象されないのである。おそらく、これらの目的はその概念によって十分に規定され固定されておらず、したがって合目的性は、不定的美の場合とほとんど同じくらい自由であるからであろう。ただ自分の現存の目的を自分自身のうちにもつものだけ、すなわち人間だけ〔が美の理想をもつことができるの〕である[35]。つまり自分の諸目的をみずから理性によって自分に規定することのできる人間、あるいは、自分の諸目的を外的知覚から受け取らなければならない場合でも、〔これらの目的を〕本質的で普遍的な諸目的と対照して、その際、理性の諸目的との合致を美感的にも判定できる人間、それゆえこの人間だけが美の理想をもつことができる。それは、人間の人格のうちの人間性だけが、英知体として、世界におけるすべての対象のうちで完全性の理想をもつことができるのと同様である。

しかしそのためには、二つの要件が必要である。すなわち第一は、美感的規範理念であり[36]、この理念は、個別的直観（構想力の）である。この直観は、一つの特殊な動物の種に属する物として人間を判定する基準を表象する。第二は、理性理念である。これは、理性理念が感性的に表象されることができないかぎり、人間性の諸目的を人間の形態を判定する原理とする。これらの目的は、現象におけるそれらの結果としてのこの形態によってあらわにされるのである。規範理念は、特殊な類に属する動物〔人間〕の形態のためには経験から自分の諸要素を受け取らなければならない。しかしこの形態の構成における最大の合目的性は、〔人間という〕この種のあらゆる個々のものを美感*

W151

的に判定する普遍的基準として役立つにちがいないであろう。このような最大の合目的性は、次のような形像である。それは、自然の技巧の根底にいわば意図的に置かれ、これに対して適合するのは全体における類だけであって、一つひとつの個別的なものには適合しないような形像である。この合目的性すなわち形像は、それでもたんに判定者の理念のうちにあるが、しかしこの理念は、その諸々の釣り合いとともに美感的理念として、ある模範のうちで C 304 完全に具体的に描出されうるのである。そこで、このことがどのようにして生じるかを多少とも明らかにするため V 75 W152 に(というのも、誰が自然からその秘密を完全に聞き出すことができるであろうか)、われわれは心理学的説明を試みることにしよう。

次の〔二つの〕ことを認めることができる。〔第一に〕構想力は、われわれにはまったく把握できない仕方で、諸概 A 234 念を指示する記号を折にふれて、遠い過去からすら呼び戻すことができるだけでなく、さまざまな種類の、ときには同一種類の本当に無数の対象から対象の形像と形態とを再生することもできる。〔第二に〕それどころか構想力は、心が比較をもくろむときには、あらゆる点から推測して実際に、たとえ十分に意識されていなくとも、ある形像をいわば他の形像と重ね合わせて、同じ種類の多くの形像の合同によって、すべてのものに共通の尺度として役立つ平均的なものを取り出すことができるのである。あるひとは、これまでに千人の成年男性を見てきている。ところでそのひとが、比較という仕方で評価されるべき規範的な大きさについて判断しようとすれば、(私の意見では)構想力は、多数の形像(おそらくあの千というすべての形像)を互いに重ね合わせるのである。またこの場合に、視覚的描出からの類比を適用することが私に許されるとすれば、大多数の形像が合一する空間の中で、そしてその場所がもっとも濃く塗られた色で彩られた輪郭の内部で平均の大きさが見分けられる。この平均の大きさは、身長および身幅からみて、最大の体格と最小の体格という両極端から等しく隔たっている。そして、これこそ美しい男性にふさわしい体格である。(ちょうど同じことは、千人すべてを測定し、身長は身長で、身幅(また厚さ)はそれだけで合計し、総計を千で割れば、機械的に取り出すことができるかもしれない。しかしながら、構想力は、こうした諸形態の幾重もの把捉から内的感官の器官の上に生じる力学的効果によって、まさにこのことを行うのである。)ところで、同様の仕方でこの平均的な男性に対しては平均的な頭部、この頭部に対しては平均的な鼻などが求められるとすれば、この形態は、この比較が行われる土地での美しい男性の規範理念の根底にあるわけである。したがって、こうした経験的諸条件のもとでは、黒人は必然的に白人とは異なる形態の美の規範理念をもつはずであり、中国人は、ヨーロッパ人とは異なる規範理念をもつはずである。美しい馬や犬(ある種属の)の模範についても、事情はまったく同じであろう。――この規範理念は、規定された諸規則としての、経験から得られた釣り合いから導き出されたのではない。そうではなく、この規範理念にしたがってはじめて判定の諸規則が可能となるのである。規範理念は、個体についてのさまざまな仕方で異なるすべての個別的な諸直観の間で浮動するような類全体にとっての形像である。自然は、この形像を同一の種における自然の諸産出の原型として根底に置いたが、しかし個別的なものでは、〔この原型に〕完全に到達するにはいたらなかったようにみえる。規範理念は、この類における美の完全な原型ではけっしてないのであり、すべての美の疎かにできない条件をなす形式にすぎず、したがってたんに類の描出における正しさにすぎない。規範理念は、ポリュクレイトスの[37]『ドリュフォロス』がそう呼ばれていたように、規則である(同様に、ミュロンの[38]『牝牛』もまた、その類のうちで規則として使用されることができた)。規範理念は、まさにこのゆえに、なんら独特な性格的なものを含むことはできない。というのも、そうでなければ

A235　C305　V76 W153

規範理念は、類にとっての規範理念ではないだろうからである。規範理念の描出は、美によって満足を与えるのではなく、この描出が、この類のある物がそのもとでのみ美しくありうる条件に矛盾しないという理由だけで満足を与えるのである。この描出は、たんに教則どおりであるにすぎないのである。(原注)

(原注)　画家が自分のモデルになってほしいと思うような完全に規則的な顔つきは、普通なにも語っていないことが見出されるであろう。なぜなら、このような顔は、なんら性格的なものを含んでおらず、それゆえ、一人の人物に独特なものというよりも、むしろ類の理念を表現しているからである。この種の性格的なものは、誇張されるならば、すなわち規範理念(類の合目的性)そのものを損なうならば、戯画と呼ばれる。経験も示すように、あのまったく規則的な顔つきは、内面では、ただ凡庸な人間をほのめかすのが通例である。察するところ(自然は外面では内面の釣り合いを表現する、と想定することが許されるとすれば)、その理由は、心の素質の一つでも、たんに欠点のない人間を形成するのに要求されるような釣り合いを超えていないとすれば、天才と呼ばれるものについては、なにも期待することが許されないからである。天才のうちでは、自然は唯一の心の力に有利なように、自然による心の諸力の普通の比例から逸脱するようにみえるのである。

美しいものの規範理念は、すでに述べた諸理由からもっぱら人間の形態について期待してよい美しいものの理想から、それでもやはり区別される。ところで、人間の形態については、この理想は人倫的なものの表現に本質をもち、この人倫的なものがなければ、この対象は、普遍的にそのうえ積極的に(教則どおりの描出ではたんに消極的にだけでなく)、満足を与えることはないであろう。人間を内的に支配する人倫的諸理念の可視的な表現は、経験からだけ受け取ることはできる。しかしこうした人倫的諸理念は、われわれの理性が最高の合目的性の理念のうちで人倫的に善いものと連結するすべてのもの、たとえば、心の善良さ、純粋さ、強さ、平静さなどと結合している。この結合を身体的な表出(内面の結果としての)のうちでいわば可視的にするためには、この結合をただ判定しよう

C 306　　V 77　W154

とするひとでは、ましてこの結合を描出しようとするひとでは、なおさら理性の純粋な諸理念と構想力の大きな力とは合一している必要がある。美のこうした理想の正しさは、この理想がその客観についての満足のうちに感官の魅力を混入することを許さず、それにもかかわらず、その客観に対する大きな関心を引き起こさせる、という点で証明される。そうであるとすれば、このことは、こうした尺度にしたがう判定がけっして純粋に美感的ではありえず、また美の理想にしたがう判定が趣味のたんなる判断ではないことを証明しているのである。

この第三の契機から帰結する美しいものの説明

美は、ある対象の合目的性がある目的の表象をもたず対象について知覚されるかぎり、この対象の合目的性の形式である。(原注)

(原注)　ひとは、この説明に反対して、次のような異議申し立てを行うかもしれない。すなわち、ひとが、諸物についてある目的を認識せずに、ある合目的的形式を認めるような諸物が存在する、という申し立てである。たとえば、古墳からしばしば発掘される柄を付けるためと思われる穴を備えたような石器である。これらの石器は、たとえその形態のうちに目的の分からないある合目的性を判明に表しているとしても、それにもかかわらず、これらの石器は、だからといって美しいとは言明されない〔とひとは反対する〕のである。しかしながら、ひとがこれらの石器を技術作品とみなしていることは、ひとがこれらの石器の形をなんらかの意図と、ある規定された目的とに関係づけていることを認めさせるのにすでに十分である。したがって、またこれらの石器を直観しても、直接的満足はまったく生じない。これに反して、ある花、たとえばチューリップは、美しいとみなされる。なぜなら、ある種の合目的性は、われわれがこれを判定する場合のように、どのような目的ともまったく関係づけられておらず、このようなある種の合目的性が、この花の知覚では見出されるからである。

対象*についての満足の様相に関する趣味判断の第四の契機

第一八節　趣味判断の様相とはなにか

あらゆる表象について私は、表象が(認識として)快と結合していることは少なくとも可能である、と言うことができる。私が快適と呼ぶものについては、それが私のうちに現実に快を引き起こしている、と私は言う。しかし美しいものについては、それが満足とのある必然的な関係をもっている、とひとは考えている。ところで、この必然性は特殊な種類の必然性である。すなわち、それは、私によって美しいと呼ばれる対象についてのこの満足をあらゆるひとが感じるであろうということが、アプリオリに認識されうる理論的な客観的必然性ではない。またそれは、実践的必然性でもない。実践的必然性では、自由に行為する存在者に規則として役立つある純粋な理性意志の諸概念によって、この満足はある客観的法則の必然的帰結であり、端的に(それ以上の意図をもたず)ある種の仕方で行為すべきであるということ以外のなにも意味しないのである。そうではなくて、この必然性は、美感的判断のうちで考えられる必然性として、たんに範例的と呼ばれうるにすぎない。すなわち、指示することのできないある普遍的規則の実例とみなされるある判断に対して、すべてのひとが賛同することの必然性である。美感的判断は、客観的判断でもなければ、認識判断でもないのであるから、この必然性は規定された諸概念から導き出されることはできず、それゆえ確然的[39]ではない。ましてこの必然性は、経験の普遍性〔一般性〕(ある種の対象の美についての判断

C 307　A 237　W156　V 79

があまねく一致するという）から、推論されることはできない。というのも、経験は、そのために十分なだけ多くの証拠を提供することが困難であるだけでなく、これらの判断の必然性という概念は、経験的諸判断に基礎づけられないからである。

C308

第一九節　われわれが趣味判断に付与する主観的必然性は条件づけられている

趣味判断は、あらゆるひとに賛同をあえて要求する。そして、あるものを美しいと言明するひとは、あらゆるひとが当面の対象に賛意を与えるべきであり、その対象を同様に美しいと言明すべきである、と欲する。それゆえ、美感的判断におけるこの当為〔べき〕は、判定に必要とされるあらゆる与件にしたがったとしても、ただ条件づけられて言い表されるにすぎない。ひとは、他のあらゆるひとの賛同を求める。なぜなら、ひとは、それに対するすべてのひとに共通なある根拠をもっているからである。ひとはまた、その事例が賛意の規則としてのこうした根拠のもとに正しく包摂されていることをつねに確信しさえすれば、そのような賛同を当てにすることもできるであろう。

W157

第二〇節　趣味判断が主張する必然性の条件は共通感覚の理念である

もしも趣味判断が（認識判断と同様に）ある規定された客観的原理をもっているとすれば、この原理にしたがって趣味判断を下すひとは、自分の判断の無条件的必然性を要求するであろう。もしも趣味判断が、たんなる感官趣味の判断のように、あらゆる原理をもたないとすれば、ひとは、この判断の必然性にまったく思いつかないであろう。

A238

それゆえ趣味判断は、ある主観的原理をもっていなければならない。この主観的原理は、なにが満足を与えるか、それとも不満足を与えるかを諸概念によってではなく、感情によってのみ、それでも普遍妥当的に規定する。しかしこうした原理は、共通感覚[40] Gemeinsinn としてだけみなされうるであろう。この共通感覚は、これまた時として共通感覚(sensus communis)とも呼ばれる常識〔普通の悟性〕とは、本質的に区別される。それというのも、常識は、感情にしたがって判断するのではなく、たとえ普通は曖昧に表象された諸原理としての諸概念にすぎないとしても、つねに諸概念にしたがって判断するからである。

それゆえ、ある共通感覚が存在する(しかしこの共通感覚によってわれわれは、外的感官を理解しているのではなく、われわれの認識諸力の自由な戯れから生じる結果を理解している)という前提のもとでのみ、繰り返すが、こうした共通感覚という前提のもとでのみ、趣味判断は下されることができるのである。

第二一節　共通感覚は根拠をもって前提されることができるかどうか

認識および判断は、これらにともなう確信とともに、普遍的に伝達されることができなければならない。というのも、そうでなければ、認識および判断に客観との合致は帰せられないだろうからである。〔そのときには〕認識および判断は、まさしく懐疑論が望んでいるように、ことごとく表象諸力のたんに主観的な戯れにすぎなくなるであろう。しかし、認識が伝達されるべきであるとすれば、心の状態も、すなわち認識一般に向かう認識諸力の調和もまた、しかも表象から認識をつくるために、この表象(これによってわれわれにある対象が与えられる)にふさわしい釣り合いも、普遍的に伝達されることができなければならない。なぜなら、認識することの主観的条件としての

V 80　C 309　W 158

この調和がなければ、認識は結果として生じることはできないであろうからである。このことは、与えられた対象が諸感官を介して構想力を多様なものの合成のために活動させ、しかし構想力が悟性を諸概念における多様なもの*の統一のために活動させるときには、実際にいつでも生じるのである。しかし認識諸力のこの調和は、与えられる諸客観の差異に対応してさまざまな釣り合いをもっている。しかしそれにもかかわらず、ある調和が存在しなければならない。この調和では、（一方を他方によって）活気づけるためにこの内的関係は、認識（与えられた諸対象の）一般に関連して、〔構想力と悟性という〕二つの心の力に対してもっとも好都合な関係でなければならない。また、この調和は、（諸概念にしたがってではなく）感情による以外には規定されることができないのである。ところで、この調和そのものは、普遍的に伝達されうるのでなければならず、したがって、この調和の感情（ある与えられた表象に際して）もまた、普遍的に伝達されることができなければならないが、しかし感情の普遍的伝達可能性は、共通感覚を前提するのであるから、そこで共通感覚は、根拠をもって想定されることができるであろう。しかもこの場合に、共通感覚は、心理学的観察に基づくのではなく、われわれの認識の普遍的伝達可能性の必然的条件として想定されうるのであって、この必然的条件は、あらゆる論理学と懐疑的ではない認識のあらゆる原理とのうちで前提されなければならないのである。

第二二節　趣味判断のうちで考えられる普遍的賛同の必然性は、共通感覚という前提のもとで客観的と表象される主観的必然性である

われわれがあるものを美しいと言明するすべての判断のうちで、われわれはひとに異なる意見をもつことを許さ

V81　A239　C310

ない。それにもかかわらず、われわれの判断は、諸概念に基づくのではなく、われわれの感情にだけ基づいている。それゆえわれわれは、この感情を個人的感情としてではなく、共通の感情として根底に置くのである。ところで、このことのために、この共通感覚は経験に基礎づけられることはできない。というのも、この共通感覚は、ある当為〔べき〕を含む判断にそうした権限を与えようとするからである。すなわち、この共通感覚は、あらゆるひとがわれわれの判断と合致するであろうと言うのではなく、あらゆるひとがわれわれの判断と合致すべきである、と言うのである。それゆえ、共通感覚はたんなる理想的規範である。私は、ここでは私の趣味判断をこの共通感覚の判断の一つの実例として指示するのであり、この共通感覚のゆえに私は、私の趣味判断に範例的妥当性を付与する。このようなたんなる理想的規範の前提のもとでひとは、この規範に合致する判断と、この判断のうちで表現されているある客観についての満足とを、あらゆるひとに対して正当にも規則とすることができるであろう。なぜなら、この原理は、ただ主観的ではあるが、それにもかかわらず主観的＝普遍的(あらゆるひとに必然的な理念)と想定されており、さまざまに異なる判断者の間の一致に関して言えば、その原理のもとに正しく包摂したことが確実でありさえすれば、客観的原理と同様に普遍的賛同を要求しうるであろうからである。

共通感覚というこの未規定な規範は、われわれによって現実に前提されている。つまり、われわれが趣味判断をあえて下すという僭越は、このことを証明している。実際に、こうした共通感覚は経験の可能性の構成的原理として存在するのかどうか。それとも理性のいっそう高次の原理は、まず最初にいっそう高次の諸目的のために共通感覚をわれわれのうちに生み出すことを、われわれに対する統制的原理とするにすぎないのか。それゆえ、趣味は一つの根源的で自然的な能力であるのか。それとも趣味は、さらに獲得されるべき人為的な能力の理念にすぎず、したがって普遍的賛同の要求をともなう趣味判断は、実際は感官のあり方のこうした一致を生み出すべき理性の要求にすぎず、また当為は、すなわちあらゆるひとの感情が各人の特殊な感情と合流することの客観的必然性は、この点で一致を生じうる可能性を意味するにすぎず、趣味判断は、この原理の適用について一実例を提示するにすぎないのか。このことをわれわれは、ここではまだ探究しようとはせず、また探究することもできない。さしあたりわ*れわれは、趣味能力をその諸要素に分解し、これらの要素を最後に共通感覚の理念のうちで合一すること*だけが必要なのである。

C 311　W 160

第四の契機から帰結する美しいものの説明

美しいのは、概念をもたず必然的な満足の対象として認識されるものである。

*　*　*

分析論第一章に対する一般的注解

上述の分析から結果を引き出すならば、すべては趣味の概念に帰着することが明らかである。すなわち、趣味とは、構想力の自由な合法則性と関連する対象の判定能力である。ところで趣味判断のうちでは、構想力は自由な状態で考察されなければならないとすれば、構想力は、まず第一に、それが連想の諸法則に服している場合のように、

V 83

再生的ではなく、生産的で自発的として(可能な諸直観の任意な諸形式の創造者として)想定される。また、たとえ構想力は諸感官の与えられた対象を把捉する際に、この客観の規定された形式と結合され、そのかぎり自由な戯れ(詩作におけるように)が欠けているとしても、それでもやはり、次のことは十分に把握される。それは、もしも構想力が自由に任されているとすれば、構想力は悟性の合法則性一般と一致して企てるであろうような、多様なものの合成を含むそうした形式を、この対象が構想力に提供することができることである。しかしながら、構想力が自由であって、しかもそれだけで合法則的であることは、すなわち構想力が自律をともなうということは矛盾している。法則を与えるのは悟性だけである。しかし構想力が、ある規定された法則にしたがって振舞うよう強制されるとすれば、構想力の産物は、形式に関しては、この産物がどのようにあるべきかは諸概念によって規定される。しかしそうなるとこの満足は、上述のように、美しいものについての満足ではなく、善いもの(完全性、いずれにしてもたんに形式的な完全性)についての満足であり、この判断は、趣味による判断ではない。それゆえ、法則のない合法則性だけが、そして構想力と悟性との主観的合致だけが、表象がある対象についての規定された概念に関係づけられる場合の客観的合致をもたずに、悟性の自由な合法則性(これはまた、目的のない合目的性とも呼ばれる)と両立することができるのであり、趣味判断の特有性と両立することができるようになる。

ところで、円形、正方形、正六面体などの幾何学的に規則正しい諸形態は、趣味の批判者たちによって普通は、美のもっとも単純なもっとも疑う余地のない実例として挙げられる。それにもかかわらず、これらの形態が規則正しいと呼ばれるのは、あの形態に規則(この規則にしたがってのみ、その形態は可能である)を指定するある規定された概念のたんなる描出とみなされる以外には、その形態は表象されえないという、まさにこの理由によるからである。それゆえ、上述の諸形態に美を付与する批判者たちの判断か、それとも概念をもたない合目的性が美に必要であると認めるわれわれの判断か、両者のうちのいずれかが誤っているのでなければならない。

曲がりくねった輪郭よりも円形の方にいっそう満足を見出すために、また歪んだ不等辺のいわば奇形な四角形よりも等辺等角の四角形の方にいっそう満足を見出すためには、趣味のあるひとが必要であるとは、誰ひとり容易に認めないであろう。なぜなら、そのためには常識だけが必要であり、趣味はまったく必要ないからである。たとえば、ある場所の大きさを判定したり、あるいは区分に際して諸部分相互の関係および諸部分と全体との関係を分かりやすくするという、ある意図が認められる場合には、規則正しい形態が、しかももっとも単純な種類の形態が必要である。また満足は、その形態の眺めに直接基づくのではなく、その形態があらゆる可能な意図のために使用可能であることに基づくのである。四方の壁が斜めの角度からなる部屋、こうした種類の庭園の芝生、動物の形態(たとえば片目であること)および建築物や花壇の形態における左右対称がまったく欠けていることですらも、不満足を与える。なぜなら、それは、これらの物のある規定された使用に関して実践的に反目的的であるだけでなく、さまざまな可能な意図における判定にとっても反目的的だからである。このことは、趣味判断の場合には生じない。趣味判断が純粋である場合には、それは使用や目的を顧慮せずに、満足または不満足を対象のたんなる観察と直接に結合するのである。

ある対象についての概念に導く規則正しさは、なるほどその対象を唯一の表象のうちに把捉し、多様なものをその対象の形式のうちで規定するための不可欠の条件(conditio sine qua non)である。このような規定は、認識に関する一つの目的であり、この規定はまた、認識と関連してつねに満足(満足は、たんに蓋然的にすぎない各々の意図の実現にもともなう)と結合している。しかしこの場合、この満足は、たんにある課題を満たす解決の是認にすぎず、またわれわれが美しいと呼ぶものによる、心の諸力〔構想力と悟性〕の自由な未規定的＝合目的的な楽しみではない。このような楽しみの場合には、悟性は構想力に仕えるのであって、構想力が悟性に仕えるのではないのである。

ある意図によってのみ可能なある物については、たとえば建築物や動物の場合ですら、左右対称を本質とする規則正しさは、目的の概念をともなう直観の統一を表現しなければならず、同時に認識に属している。しかし、表象諸力の自由な戯れ(それでもその際、悟性は妨害を蒙らないという条件のもとで)だけが保持されるべきであるとすれば、たとえば遊園地、室内装飾、さまざまな趣味豊かな調度などでは、束縛として現れる規則正しさはできるかぎり避けられる。したがって、庭園におけるイギリス趣味や、家具でのバロック趣味は、構想力の自由をむしろグロテスクに近づくほどまでに駆りたて、また規則のすべての束縛からこのように離れることのうちに、趣味が構想力の企てのうちで自分の最大の完全性を示しうるまさにそうした事例を与えるのである。

すべての硬直した規則正しいもの(数学的な規則正しさに近いもの)は、反趣味的なものをそれ自体でもつ。すなわち、こうしたものは、それを観察して長い間楽しませることはない。こうしたものが認識ないしある規定された実践的目的を明確に意図していないかぎり、こうしたものは退屈させるのである。これに反して、構想力が巧まず合目的的に戯れることができるものは、われわれにとってつねに新鮮であり、ひとはそれを眺めて飽きることを知らない。マースデンは、[41]スマトラについての記述のなかで次のように注釈を加えている。すなわち、あの地では自然のさまざまな自由美が、観る人をいたるところで取り巻いており、したがって観る人にとっては、もはやほとん

A243 C314　W163　V85

ど魅力をもたない。これに反して、胡椒園では、この植物が絡みついている支柱が平行線をなして、その間に並木道を作っており、こうした胡椒園に、観る人が森林のなかで出会うとき、観る人にとって胡椒園ははるかに魅力をもっていた、と。そしてこのことから、外見上不規則な野生の美は、規則正しい美を見飽きたひとにとってだけ、目先を変えるために満足を与えるにすぎない、とマースデンは結論づけている。しかしながら、マースデンは、試みに一日を胡椒園で過ごしさえすれば、次のことに気づくであろう。それは、悟性が規則正しさによって、悟性はつねに必要とする秩序との調和のうちに移されるならば、対象はもはや悟性を楽しませず、むしろ構想力に対して煩わしい束縛を加える。これに反して、人為的な諸規則の束縛に服さないあの地〔スマトラ〕での贅沢なまでに多様性を浪費する自然は、マースデンの趣味に絶えず養分を与えることができる、ということである。――われわれが音楽的規則にしたがわせることができない鳥のさえずりですら、音調芸術のすべての規則にしたがって唱われる人間の歌声と比べてみても、より多くの自由を含んでいるように思われるのであり、それゆえ趣味にとってより多くのものを含んでいるように思われる。なぜなら、人間の歌声はしばしば、また長い間繰り返されると、ひとは、それに〔鳥のさえずりよりも〕はるかに早く飽き飽きするからである。しかしながら、ここでわれわれは、おそらく愛らしい小動物の楽しさに対するわれわれの共感を、小鳥のさえずりの美しさと取り違えているのである。小鳥のさえずりは、人間によって（ナイチンゲールの鳴き声について、時折そうしたことがみられるように）、きわめて正確に模倣されるとすれば、われわれの耳にはまったく没趣味であるように思われるのである。

さらに、美しい対象は諸対象（これらは、しばしば遠方にあるためもはや判明に認識できない）の美しい眺望とは区別されなければならない。諸対象の美しい眺望では趣味は、構想力がこの眺望の視野のうちで把捉しているもの

V86　W164

に定着しているというよりも、むしろ構想力がその際創作する機会をもつものに、すなわち目を打つ多様性によって心がたえずめざまされながら、* 心が楽しむ本来の空想に定着している。たとえば、暖炉の炎あるいはさらさら流れる小川がさまざまに変わる形態を眺めるときに、それはみられる。この両者は、少しも美ではないにもかかわらず、構想力の自由な戯れを保持しているのであるから、それでも構想力にとって魅力をともなっているのである。

A 244
C 315

第二章　崇高なものの分析論

第二三節　美しいものの判定能力から崇高なものの判定能力への移行

美しいものと崇高なものは、両者がそれだけで満足を与えるという点で一致する。[1] さらに両者は、感官判断も、また論理的＝規定的判断も前提せず、反省判断を前提するという点で一致する。したがってその満足は、快適なものの感覚のように、感覚に依存せず、また善いものについての満足のように、ある規定された概念にも依存しない。しかしそれにもかかわらず、この満足は、たとえそれがどのような概念であるかは規定されていないとしても、それでも概念に関係づけられている。したがって、その満足は、たんなる描出ないし描出の能力に結びつけられており、このことによって描出の能力ないし構想力は、与えられた直観の際には悟性ないし理性という概念の能力を促進するものとして、これらの概念の能力と一致している、とみなされる。したがって、この両種の判断は、個別的判断であり、たとえたんに快の感情を要求するにすぎず、対象の認識を要求しないとしても、それでもあらゆる主観に関して普遍妥当的である、と告げる判断である。

しかしながら、美しいものと崇高なものとの間の著しい差異もまた、きわ立っている。自然の美しいものは、制限を本質とする対象の形式に関わる。これに反して崇高なものは、形式のない対象でも見出されうる。この対象について、あるいはこの対象をきっかけとして無限定性が表象され、しかもこの無限定性の総体が付け加えられて考

W165

A244
C315
V87
W164

えられるかぎり、見出されうるのである。したがって、美しいものは、規定されていない悟性概念の描出とみなされ、しかし崇高なものは、規定されていない理性概念の描出とみなされるようにみえる。それゆえ、美しいものについての満足は質の表象と結合するが、しかし崇高なものについての満足は量の表象と結合している。また、崇高なものについての満足は、その種からみて美しいものについての満足とはきわめて異なっている。すなわち、後者(美しいもの)は、生の促進の感情を直接ともなっており、したがって魅力および戯れる構想力と合一しうるのに対して、前者(崇高の感情)は、間接にのみ生じる快である。つまりこの快は、生命諸力の瞬間的な阻止と、それにただちに続くそれだけいっそう強力な生命諸力の流出という感情によって生み出されるのであり、したがって感動として、構想力の働きにおける戯れではなく、むしろ厳粛さであるようにみえる。したがって崇高なものはまた、魅力とは相容れない。そして心は対象によってたんに惹きつけられるだけでなく、相互にたえず反発もされるのであるから、崇高なものについての満足は、積極的な快というよりも、むしろ讃嘆ないし尊敬を含み、言い換えれば消極的快と呼ばれるに値する。

しかし、崇高なものと美しいものとのもっとも重要な内的差異は、おそらく次のことにある。それは、当然のことながらここでまず第一に、自然の諸客観について崇高なものだけをわれわれが考察するならば(つまり、芸術の崇高なものは、つねに自然との合致の諸条件に制限されているので)、自然美(自立的な)は、その形式のうちにある合目的性をともなっており、この合目的性によって対象は、われわれの判断力に対していわばあらかじめ規定されているようにみえるのであって、こうして自然美は、それ自体で満足の対象をなす。これに反して、*理屈を弄することなくたんに把捉することのうちで崇高の感情をわれわれのうちに引き起こすものは、その形式からみてわれわれの判断力に対して反目的的であり、われわれの描出能力に不適合であって、構想力に対していわば暴力的であるようにみえるとしても、しかしそれにもかかわらず、それだけますます崇高であると判断されるのである。

しかしここから、たとえわれわれはまったく正当にも自然の多くの対象を美しいと呼びうるとしても、なんらかの自然の対象を崇高と呼ぶならば、われわれは総じて正しく表現していないことがただちに分かる。というのも、それ自体で反目的的なものとして把捉されるものが、どうして賛同の表現によって示されうるであろうか。われわれは、対象が心のうちで見出されうる崇高性の描出に役立つ、ということ以上には言えないのである。というのも、本来の崇高なものは、感性的形式のうちに含まれていることはできず、ただ理性の諸理念にだけ関わるのであり、これらの理念は、たとえこれらに適合する描出は可能でないとしても、まさに自分が感性的に描出されることはこのように不適合であることによって生き生きとされ、心のうちに呼び起こされるからである。たとえば、暴風雨に逆巻く広大な大洋は、崇高と呼ばれることはできない。その眺めは物凄いのである。そして、心はこうした眺めの直観によってそれ自身崇高な感情へと規定されるべきであるとすれば、すでに多くの理念によって心が満たされていなければならない。それというのも、心は感性を離れて、いっそう高次の合目的性を含む諸理念に携わるよう刺激されるからである。

自立的な自然美は、われわれに自然の技巧をあらわにする。この技巧は、われわれがその原理をわれわれの全悟性能力のうちには見出しえないような諸法則にしたがう体系として、自然を表象させる。すなわちこの原理とは、諸現象に関する判断力の使用に関係するある合目的性の原理*である。そのためこれらの現象は、たんにその目的のないメカニズムにおける自然に属するものとして判定されるだけでなく、技術との類比に属するものとしても判定

V 89　C 317　A 246　W 167

されなければならない。それゆえ、自然美は、自然の諸客観についてのわれわれの認識を現実に拡張するのではないが、しかし自然についてのわれわれの概念を、すなわちたんなるメカニズムとしての自然についてのわれわれの概念を技術としての同一の自然についての概念へと拡張するのである。このことは、こうした形式の可能性に関する深遠な探究へと促す。しかし、われわれが自然について崇高と呼び慣れているもののうちには、自然の特殊な客観的諸原理とこれらの原理に適合する自然の諸形式とへ導くものは、まったく存在しない。むしろ自然は、その混沌のうちで、あるいはそのきわめて粗野でもっとも無規則な無秩序と荒廃のうちで量と力とだけがそこに認められるかぎり、崇高なものの諸理念をもっとも多く引き起こすのである。こうしたことから、われわれは、次の〔二つの〕ことを知る。〔第一に〕自然の崇高なものの概念は、自然における美しいものの概念よりもはるかに重要ではなく、その諸帰結は豊かではないのである。〔第二に〕また崇高なものの概念は、自然そのもののうちで総じて合目的的なものを指示するのではなく、自然にはまったく依存しないある合目的性をわれわれ自身のうちで感じさせるために、ただ自然の諸直観の可能な使用のうちにのみ合目的的なものを指示するのである。自然の美しいもののためには、われわれは、われわれの外に根拠を求めなければならない。しかし崇高なもののためには、たんにわれわれの内に、そして自然の表象のうちへと崇高性をもちこむ考え方のうちに根拠を求めなければならない。これはきわめて必要な暫定的注意である。この注意は、崇高なものの諸理念を自然の合目的性の理念からまったく分離するのであり、また崇高なものの理論を自然の合目的性の美感的判定のためのたんなる付録とするのである。なぜなら、崇高なものの理論によっては、自然における特殊な形式は表象されず、構想力が自然の表象について行う合目的的使用だけが展開されるにすぎないからである。

第二四節　崇高の感情の探究の区分について

崇高の感情に関連して、諸対象の美感的判定の諸契機を区分することに関して言えば、この分析論は、趣味判断の分析のうちで行われたのと同一の原理にしたがって進められることができよう。というのも、美感的な反省的判断力の判断として、崇高なものについての満足も、美しいものについての満足と同様に、量に関しては普遍妥当的でなければならず、質に関しては関心をもたないのでなければならず、関係に関しては主観的合目的性を表象しなければならず、様相に関してはこの主観的合目的性を必然的として表象しなければならないからである。それゆえ、この方法は、この点では前章における方法と異ならないであろう。ただ、考慮しなければならないことがあるとすれば、われわれは美感的判断が客観の形式に関わった前章では質の探究から始めたが、しかしここでは、われわれが崇高と呼ぶものに帰属しうる無形式性を手がかりとして、崇高なものについての美感的判断の第一契機として、量から始めるであろう、という違いである。しかし、その理由は前節から明らかである。

しかし、崇高なものの分析は、美しいものの分析が必要としなかった一つの区分を必要とする。すなわち、数学的に崇高なものと力学的に崇高なものとの区分である。(2)

というのも、美しいものについての趣味が平静な観照のうちにある心を前提し保持するのとは異なり、崇高の感情は、対象の判定と結合された心の運動(3)〔動揺〕をその性格としてともなっている。しかしこの運動は、主観的に合目的であると判定されるべきだからである(なぜなら、崇高なものは満足を与えるからである)。したがってこの運動は、構想力によって認識能力または欲求能力のいずれかに関係づけられる。しかし、この両方の関係のうちで

A 247
W 168
V 91

は、与えられた表象の合目的性は、この二つの能力に関してのみ(目的ないし関心をもたず)判定されるからである。このとき、前者の合目的性は構想力の数学的調和として客観に帰せられ、後者の合目的性は構想力の力学的調和として客観に帰せられるのであり、それゆえ、いま述べた二つの仕方で客観は崇高であると表象されるのである。

A　数学的に崇高なものについて

第二五節　崇高という名称の説明[4]

われわれは、端的に大きいものを崇高と呼ぶ。しかし、大きいことともある大きさであることとは、まったく異なる概念である(大きい magnitudo と大きさ〔量〕quantitas)。同様に、あるものが大きいと単純に(simpliciter)言うことは、あるものが端的に大きい(absolute, non comparative magnum 比較的に大ではなく、絶対的に大)と言うのとは、またまったく別のことである。後者は、あらゆる比較を超えて大きいあるものである。——ところでしかし、あるものが大きい、小さい、あるいは中くらいであるという表現は、なにを意味しようとするのであろうか。こうした表現によって示されるものは、純粋悟性概念ではない。まして感官直観ではない。同様に理性概念でもない。なぜなら、この表現によって示されるものは、*認識の原理をまったくともなっていないからである。それゆえ、それは判断力の概念でなければならないか、それともこうした概念から由来しており、また判断力と関連した表象の主観的合目的性を根底に置いていなければならない。あるものがある量〔大きさ〕(quantum 量)であるこ

W169　C319

A 248

V 92

とは、他の諸物とのあらゆる比較も行わず、その物そのものから認識されることができる。すなわち、それは同種的なものの多が合して一を形成する場合である。しかし、あるものがどれだけ大きいかは、また量をもつなにか別のものをそのものの尺度としてつねに要求する。しかし、量の判定では、たんに数多性(数)だけでなく、単位(尺度)の大きさも問題であり、また後者の量は、つねにふたたび自分がそれと比較されうるなにか別のものを尺度として必要とするのであるから、われわれは、諸現象のすべての量の規定は量についての絶対的概念を断じて提供することはできず、つねに一つの比較概念を提供することができるだけであることが分かる。

　ところで、私があるものは大きいと単純に言うとすれば、私はまったく比較を、少なくとも客観的尺度による比較を念頭に置いていないように思われる。なぜなら、このことによって対象がどれだけ大きいかは、まったく規定されないからである。しかし、たとえ比較の尺度はたんに主観的であるとしても、この判断は、それにもかかわらず普遍的賛同*を要求する。この男性は美しいという判断、またかれは大きいという判断は、たんに判断する主観に制限されているのではなく、理論的諸判断と同様に、あらゆるひとの賛同を要求するのである。

　しかし、あるものを単純に大きいと表示する判断では、この対象がある量をもつということだけでなく、この量が同時にこの対象に、他の多くの同種のものに優先して特に付与されるが、それでもこの優先〔する理由〕を規定的に指示するのではないこともまた、主張されている。したがって、もちろんこの判断の根底には、あらゆるひとにとってまさに同一の尺度として想定されうると前提されるある尺度が置かれている。しかしこの尺度は、量の論理的(数学的に規定された)判定に使用されうるのではなく、たんに量の美感的判定に使用されうるだけである。なぜなら、この尺度は、たんに主観的に量を反省する判断の根底にある尺度だからである。ところでこの尺度は、たと

A249　C320　W170

えば、われわれに既知の人間、ある種の動物、樹木、家屋、山岳などの平均的大きさのように経験的であることもあろう。あるいは、アプリオリに与えられた尺度であることもあろう。このアプリオリに与えられた尺度は、判定する主観の欠陥によって具体的描出の主観的諸条件に制限されている。たとえば、実践的なもののうちでは、ある種の徳の量とか、ある国での公的自由および正義の量というようなものである。あるいは理論的なもののうちでは、実施された観察や測定などの正確さや不正確さの量などである。

ところで、ここで次のことに注目すべきである。たとえわれわれは客観に対して関心をまったくもたないとしても、すなわち客観の現存がわれわれにとってどうでもよいとしても、それでも客観のたんなる量は、客観が無形式的とみなされる場合ですら、ある満足をともないうるのであって、これは普遍的に伝達可能であり、したがってわれわれの認識諸能力の使用における主観的合目的性の意識を含むような満足である。しかしこの満足は、反省的判断力が認識一般に関して合目的的に調和していると認められる美しいものの場合のように、客観についての満足ではけっしてなく（なぜなら、この客観は無形式でありうるからである）、構想力それ自体の拡張についての満足なのである。

われわれが（上述の制限のもとで）ある対象について、それは大きいと単純に言うとすれば、これは数学的＝規定的判断ではなく、その対象の表象についてのたんなる反省判断であり、この対象の表象は、量を評価する際のわれわれの認識諸力のある種の使用に対して主観的に合目的的である。そしてこの場合、われわれはこの表象と一種の尊敬をつねに結びつけるが、これは、われわれが単純に小さいと呼ぶものとある軽蔑を結びつけるのと同様である。ところで、諸物が大きい、あるいは小さいとみなす判定は、すべてのものに対して、また諸物のすべての性状に対してすら下される。それゆえわれわれは、美すらも大きい、あるいは小さいと呼ぶのである。この理由は、われわれが判断力の指令にしたがって直観のうちで描出する(したがって美感的に表象する)ものはどのようなものでも、ことごとく現象であり、したがってまたある量であることに求められることができる。

しかしわれわれは、あるものをたんに大きいと呼ぶのではなく、端的に、絶対的に、あらゆる点で(あらゆる比較を超えて)大きいと呼ぶならば、すなわち崇高と呼ぶならば、われわれはこのもののために、これに適合する尺度は、このものの外に求めることを許さず、たんにこのものの内にのみ求めることを許すということがただちに洞察される。このようなものは、たんに自分自身と等しい大きさである。それゆえ、崇高なものは自然の諸物のうちに求められうるのではなく、もっぱらわれわれの諸理念のうちにのみ求められうるということが、このことから帰結する。しかし、崇高なものはどのような理念のうちにあるかは、その演繹のために保留されなければならない。

上述の説明は、崇高とは、それと比較すれば他のすべてのものが小さいあるものである、とも表現されうる。ここで容易に次のことが分かる。〔第一に〕自然のうちで与えられうるものは、われわれによってどれほど大きいと判定されようとも、別の関係から考察すれば、無限に小さいものにまで貶められることができないようなものはなにも存在できないのである。〔第二に〕また逆に、なおいっそう小さな尺度と比較すれば、われわれの構想力に対して宇宙大にまで拡大されないような小さいものはなにも存在できない、ということである。望遠鏡は前者を気づかせるために、また顕微鏡は後者を気づかせるために多くの豊富な材料をわれわれに提供している。それゆえ、この立場から考察すれば、諸感官の対象となりうるものは、なにも崇高と呼ばれることはできない。しかし、われわれの構想力のうちには無限の前進への努力があり、だがわれわれの理性のうちには実在的理念としての絶対的総体性への要求がある。まさにこの理由から、感性界の諸物の量を評価するわれわれの能力は、この理念に対して不適合であるということですら、われわれのうちのある超感性的能力の感情を喚起する。そして判断力が後者(この感情)のためにある種の諸対象について当然行使する使用こそが、〔したがって〕諸感官の対象ではなく、この使用こそが端的に大きいのであり、この使用に比べれば、他のあらゆる使用は小さいのである。したがって、反省的判断力を働かせるある種の表象による精神の調和が崇高と呼ばれるべきであるが、しかし客観は崇高と呼ばれるべきではないのである。

それゆえ、われわれは、崇高の説明の上述の諸定式に対して、さらに次の定式を付け加えることができる。すなわち、崇高とは、それを考えうることだけでも諸感官のあらゆる尺度を凌駕している心のある能力を証明するものである。

第二六節　崇高なものの理念のために必要な自然諸物の量評価について

数概念(ないし代数学における数記号)による量評価は数学的である。しかし、たんなる直観(目測による)における量評価は美感的である。ところでわれわれは、なるほどあるものがどれだけ大きいかについての規定された概念を数(いずれにしても無限に進行する数系列による接近)によってのみ手に入れることができるが、こうした数の単位が尺度である。また、そのかぎりで論理的量評価はすべて数学的である。しかしながら、尺度の量はそれでも既知であると想定されなければならないのであるから、そこでもしも、ふたたびこの尺度の量は、その単位が別の尺度でなければならないような数によってのみ、したがって数学的にのみ評価されなければならないとすれば、われわれはけっして第一の尺度ないし根本尺度をもつことはできず、したがってまたある与えられた量について規定された概念をもつことはできないであろう。それゆえ、根本尺度の量の評価は、この量が一つの直観のうちで直接に把捉され、構想力によって数概念の描出に用いられうるという点にのみ成り立つのでなければならない。すなわち、自然の諸対象の量評価は、すべて結局は美感的である(言い換えれば、主観的に規定されるのであって、客観的に規定されるのではない)。

ところで、数学的量評価に対しては最大の量は存在しない(というのも、数の威力は無限に及ぶからである)。しかし美感的量評価に対しては、もちろんある最大の量が存在する。そこで私は、この最大の量について、こう言うのである。すなわち、それが、それ以上のより大きな尺度が主観的に(判定する主観にとって)不可能な絶対的尺度として判定されるならば、それは崇高なものの理念をともなっており、数による数学的量評価が(その際、あの美感的根本尺度が構想力のうちで生き生きと保持されていないかぎり)引き起こしえないような感動を生み出す、と。なぜなら、数学的量評価は、つねに他の同種のものとの比較によって相対的な量を描出するにすぎないが、美感的量評価は、心がその量を一つの直観のうちで把捉しうるかぎり、量を端的に描出するからである。

ある量 Quantum を尺度として、あるいは数による量評価のための単位として使用しうるために、その量を直観的に構想力のうちへ受け入れるには、把捉(apprehensio)と総括(comprehensio aesthetica 美感的総括)という、この能力〔構想力〕の二つの働きが必要である。把捉に関してはなんら困難はない。というのも、把捉に関しては無限に進むことができるからである。しかし総括は、把捉が進めば進むほど、ますます困難になり、まもなくその最大限に達する、すなわち量評価の美感的に最大の根本尺度に達する。というのも、把捉の進行につれて、感官直観

V 96
W 174　A 252　C 323

の最初に把捉された部分表象は、構想力がいっそう多くの部分表象の把捉へと進むことによって、構想力のうちですでに消滅しはじめるほどまでに達するならば、構想力は、一方で獲得したのと同じだけのものを他方では喪失し、このような総括のうちには、構想力がそれ以上超え出ることのできない最大の大きさがあるからである。

サヴァリは、(5) エジプトについての報告のなかで、ピラミッドの大きさから申し分のない感動を受けるためには、ピラミッドにあまり近づいてもならず、同様にあまり遠ざかりすぎてもならない、と述べている。これは、上述のことから説明することができる。というのも、ピラミッドから遠ざかりすぎる場合には、把捉される諸部分（積み重なったピラミッドの石）は曖昧にしか表象されず、諸部分の表象は主観の美感的判断に少しの効果も及ぼさないからである。しかし、近づきすぎる場合には、眼は〔ピラミッドの〕基底から頂点までの把捉を完成するために、幾らかの時間を必要とするが、この把捉のうちでは、構想力が後続する部分を受け入れてしまう前に、先行する部分はつねに一部分が消滅してしまい、総括はけっして完璧にならないのである。――まったく同じことは、ローマの聖ピエトロ寺院に一歩踏み入れたときに観る人を襲うと言われる、狼狽ないし一種の当惑を説明するのにも十分である。というのも、ここにはある全体の理念を描出するために、観る人の構想力がこの理念*に対して適合していないというある感情があって、この感情のうちで構想力は、自分の最大限を達成して、それを拡大しようと努力するにもかかわらず、自分自身のうちへとあと戻りする。しかし構想力は、このことによってある感動的な満足〔の状態〕へと置かれるからである。

私は、ここではまだこの満足の根拠についてなにも述べようとは思わない。しかし、この満足は、これが期待されることのもっとも少ないある表象と結合している。すなわち、この表象は、量評価では判断力に対してこの表象

C 324

が不適合であることを、したがってまたこの表象が主観的に合目的的ではないことをわれわれに気づかせるのである。私はただ、次のことだけを注意しておく。それは、美感的判断が純粋に(理性判断としての目的論的判断と混合せずに)与えられなければならず、またこの判断について美感的判断力の批判に完璧に適合する実例が与えられるべきであるとすれば、〔まず〕ひとは崇高なものを、人間の目的が形式および大きさを規定している技術の諸産物(たとえば、建築物、円柱など)について示してはならない。また、ひとは崇高なものを、その概念がある規定された目的をすでにともなっているような自然諸物(たとえば、既知の自然規定をもった諸動物)について示してもならない。〔さらに〕ひとは崇高なものを、天然のままの自然について(しかもこの天然のままの自然についても、これがそれだけでは魅力も、また実際の危険から生じる感動もともなっていないかぎりでのみ)、たんに大きさを含むかぎりで示すべきである。というのも、この種の表象のうちで自然は、途方もないもの(さらに華麗なものや物凄いもの)をなにも含んでいないからである。把捉される量は、それが構想力によって一つの全体へと総括されることができさえすれば、どれほど拡大されてもよい。ある対象が途方もないのは、この対象の概念をなすような目的をこの対象の量によって無にしてしまう、という場合である。しかし、巨大と呼ばれるのは、すべての描出に対してほとんど大きすぎるような(相対的に途方もないものに近接した)、*ある概念のたんなる描出である。なぜなら、ある概念を描出するという目的は、その対象の直観がわれわれの把捉能力に対してほとんど大きすぎることによって、いっそう困難になるからである。――しかし、崇高なものについての純粋判断は、それが美感的であり、なんらかの悟性判断ないし理性判断と混合されるべきでないとすれば、客観の目的を規定根拠としてけっしてもってはならないのである。

A253　V97　W175

＊　＊　＊

たんに反省的な判断力に対して関心をもたず満足を与えるべきすべてのものは、その表象のうちに主観的な合目的性を、またそのようなものとして普遍妥当的な合目的性をともなっていなければならず、しかしそれにもかかわらず、ここでは対象の形式の合目的性は(美しいものの場合のように)判定の根底にはないのであるから、そこで次のことが問題となる。すなわち、この主観的合目的性はどのようなものであるか。また、たんなる量評価のうちで、しかもある量についての概念を描出する際に、構想力というわれわれの能力が適合できなくなるまで駆り立てられた量評価のうちで、普遍妥当的な満足に根拠を与えるためには、この主観的合目的性はなにによって規範として指定されるのであろうか。

構想力は、量の表象のために必要な総括*ではなにかに妨げられることなく、おのずから無限に進行する。しかし悟性は、数概念によって総括を導くのであり、そのために構想力は図式を提供しなければならない。また、論理的量評価に属するものとしてのこの手続きのうちには、ある目的(あらゆる測定はこのような目的である)についての概念にしたがう客観的に合目的なものは存在するが、しかし美感的判断力に対して合目的的で気に入るものは、なにも存在しない。また、こうした意図的な合目的性のうちには、尺度の量を、したがって一つの直観へと多を総括することの量を構想力という能力の限界にまで駆り立て、構想力が描出のうちで到達しうるかぎりの限度にまで押し進めるよう強いるものは、なにも存在しない。というのも、悟性は量を評価(算術での)する際に、諸単位の総括を十という数まで押し進める(十進法では)にしても、あるいはたんに四まで推し進める(四進法では)かは、まっ

C 325
V 98
W 176
A 254

たく同じことに達するからである。だがそれ以上の量の産出は、合成では、あるいは量が直観のうちで与えられている場合には、把捉のうちでは、ある想定された進行の原理にしたがってたんに前進的に(総括的にではなく)行われるのである。こうした数学的量評価では、単位として一目で捉えうるある量、たとえば一フース[6]や一ルーテを構想力が選ぼうとも、あるいは一ドイツ・マイレとか、さらに把捉は可能であるとしても構想力の直観への総括は不可能であるような(ある数概念への論理的総括 comprehensio logica によっては可能であるが、美感的総括 comprehensio aesthetica によっては不可能な)地球の直径を選ぼうとも、悟性は等しく使用され、満足させられるのである。両者の場合とも、論理的量評価は妨げられず、無限に進行するのである。

ところが、心はみずからのうちで理性の声に耳を傾けるのである。理性の声は、すべての与えられた量に対して、けっして全体的には把捉されることはできないが、それにもかかわらず(感性的表象のうちで)全体的に与えられたと判定される量に対してすらも、総体性を要求する。したがってこの理性の声は、一つの直観への総括を要求し、また前進的に増大する数系列のあのすべての項に対して描出を要求して、無限なもの(空間および経過した時間)すらもこの要求の例外とせず、むしろこの無限なもの(常識の判断では)を全体的に(その総体性に関して)与えられたものと考えることを避けがたくするのである。

しかし無限なものは端的に(たんに比較的ではなく)大きい。これと比較すれば、他のすべてのもの(同じ種類の大きさの)は小さいのである。しかしもっとも重要なのは、無限なものを一つの全体として考えることだけでもできるということが、諸感官のすべての尺度を凌駕する心のある能力を暗示しているということである。というのも、それを一つの全体として考えるためには、一つの総括が必要であろうが、この総括は、無限なものに対して、数で指示しうる一定の関係をもっているにちがいないある尺度を、単位として提供するであろう。だが、このことは不可能だからである。しかし、それでも与えられた無限なものを矛盾なく考えることだけでもできるためには、それ自身超感性的なある能力が、人間の心のうちにあることが必要となる。というのも、この能力と次のようなヌーメノンというこの能力の理念とによってのみ、感性界の無限なものは、純粋に知性的な量評価のうちでは一つの概念のもとで全体的に総括されるからである。このヌーメノンは、それ自身は直観を許さないが、しかしそれでも、たんなる現象としての世界直観の根底に基体として置かれており、たとえ感性界の無限なものは、数概念による数学的量評価ではけっして全体として考えられることができないとしても、そうなのである。超感性的直観の無限なものを(その英知的基体のうちに)与えられたものとして想定しうる能力ですら、感性のすべての尺度を凌駕しており、また数学的評価の能力と比較してすら、あらゆる比較を超えて大きいのである。もちろんこれは、認識能力のための理論的意図ではないが、しかしそれでも別の(実践的)意図では感性の制限を踏み超える能力があると感じている心の拡張としてである。

それゆえ、その直観がこれらの無限性という理念をともなうような自然の諸現象のうちでは、自然は崇高である。ところでこのことは、われわれの構想力がある対象の量評価では最大の努力を尽くしてすら、それが不適合であること以外には生じることはできない。ところでしかし、数学的量評価に対して構想力は、その評価にとって十分な尺度を与えるために、あらゆる対象に対処することができる。なぜなら、悟性の数概念は、前進することによって、それぞれ与えられた量にそれぞれの尺度を適合させることができるからである。それゆえ、美感的量評価がなければならず、この評価のうちでは、前進的な把捉を直観の一つの全体へと把握する構想力の能力を踏み超えるような総括*への努力が感じられる。その際同時に、前進には限界のないこの能力は、悟性の最小の浪費によって量評価に役立つ根本尺度を捉えて、これを量評価に用いることに対して不適合であることが知覚される。ところで、自然の本来の不変な根本尺度は、自然の絶対的全体である。この全体は、現象としての自然にあっては総括された無限性である。しかしこの根本尺度は、自己矛盾する概念であるから（終わりのない前進の絶対的総体性は不可能であるから）、構想力が総括する自分の全能力をそこでは無益に浪費するような自然客観のこのような量は、自然の概念をある超感性的基体（この基体は、自然の根底にあり、同時にまたわれわれの考える能力の根底にある）へと導かなければならない。この基体は、諸感官のすべての尺度を超えて大きいのであり、したがって対象というよりも、むしろ対象の評価における心の調和を崇高と判定させるのである。 A256

それゆえ、美感的判断力は、美しいものを判定する際に、自由な戯れにおける構想力を悟性と関係づけ、悟性の諸概念一般（諸概念を規定せずに）と合致させるのである。これと同様に、美感的判断力は、ある物を崇高なものと W179 判定する際に、〔構想力という〕この同じ能力を理性と関係づけ、理性の諸理念（どのような諸理念であるかは規定されていない）と主観的に合致させるのであり、すなわち、ある心の調和を生み出すのである。この心の調和は、規定された諸理念（実践的な）の感情に対して及ぼす影響が引き起こすであろうような心の調和に適合しており、またそのような心の調和と和合しているのである。

このことからまた、真の崇高性は判断者の心のうちにのみ求められなければならず、この判定は判断者のこうし V101 た心の調和を惹起する自然客観のうちに求められてはならないことが分かる。氷のピラミッドを頂いて、荒々しく無秩序に重なり合う不恰好な山岳群、あるいは陰惨な荒れ狂う大洋などを誰が崇高と呼ぼうとするであろうか。しかし心は、〔次のような場合に〕自分自身の判定のうちで自分が高められたと感じるのである。それは、心がこれらのものを観察する際に、これらの形式を顧慮せず、構想力と理性とに自分を委ねることによって、つまり規定された目的をまったくもたず構想力と結合されてはいるが、構想力をたんに拡張するにすぎない理性とに自分を委ねることによって、それでも心*は、構想力が全力を挙げても構想力は理性の諸理念に不適合である、と認める場合である。

たんなる直観における自然の数学的に崇高なものの諸実例をわれわれに提供するのは、比較的大きな数概念というよりも、むしろ大きな単位が構想力に対して尺度として〔数系列を短縮するために〕われわれに与えられるようなすべての場合である。われわれが成人の身長を目安にして測るある樹木〔の高さ〕は、いずれにしても、ある山〔の高さ〕を測る尺度を与える。また、この山が一マイレほどの高さであるとすれば、この山〔の高さ〕は、地球の直径を直観的に示すために、地球の直径を表す数の単位に役立ちうる。地球の直径は、われわれに既知の惑星系〔太陽系〕の単位に役立ちうる。この惑星系は、銀河系の単位に役立ちうる。また測り知れない多数*のこうした銀河系は星雲と呼ばれ、これらの星雲は、おそらくまた、相互にこのような一つの体系を形成しているであろう。こうした銀河系は、ここでは限界をわれわれに予想させないのである。ところで、こうした測り知れない全体を美感的に判定する際には、崇高なものは、数の量にあるというよりも、むしろわれわれが前進すればするほどいっそう大きな単位に達するということにある。このことに寄与するのは、宇宙構造の体系的区分である。この区分は、自然におけるすべての大きなものを次第に小さなものとしてわれわれに表象させる。しかしもともとこの区分は、まったく限界をもたないわれわれの構想力と、それとともに自然とを構想力が理性の諸理念に適合した*ある描出を提供すべき場合に、これらの理念と比較するならば、消えてしまうほど小さなものとして表象させるのである。

第二七節　崇高なものの判定における満足の質について

われわれの能力が、われわれに対して法則である理念の達成に不適合であるという感情は、**尊敬**である。ところで、われわれに与えられるようなそれぞれの現象を、一つの全体の直観へと総括するという理念は、理性の法則によってわれわれに課せられている理念である。理性は、絶対的全体以外には、あらゆるひとに対して妥当し不変であるような規定された尺度を認めない。しかし、われわれの構想力は、与えられた対象を直観の一つの全体へと総括するという構想力に課せられた総括に関して（したがって理性の理念を描出するために）、最大の努力を尽くすにもかかわらず、自分の制限と不適合とを証明するが、それでも同時に、法則としての理念との適合を実現すべきであるという自分の使命も証明している。それゆえ、自然における崇高の感情は、われわれ自身の使命に対する尊敬であり、われわれはこの尊敬を、ある種の詐取(7)（われわれの主観のうちの人間性の理念に対する尊敬を客観に対する尊敬と取り違えること）によって、自然の客観に対して証明するのである。このことは、われわれの認識諸能力の理性使命が感性の最大の能力に優る卓越性を、われわれに対していわば直観的に示すのである。

それゆえ、崇高の感情は、美感的量評価では構想力が理性による評価に不適合であることから生じる不快の感情であり、また、その際同時に呼び起こされた快でもある。この快は、理性諸理念へと向かう努力がそれでもわれわれに対して法則であるかぎり、最大の感性的能力〔構想力〕が不適合であるという、まさにこうした判断が、理性諸理念と合致することから生じる快である。すなわち、諸感官の対象としての自然がわれわれに対して大きいものを

W181　C329　V102

含むすべてのものを理性の諸理念と比較して小さいと評価することは、われわれに対して法則(理性の)であり、われわれの使命に属する。また、こうした超感性的使命の感情をわれわれのうちに引き起こすものは、あの法則と合致する。ところで、量評価のための単位を描出する際に、構想力の最大の努力は、なにか絶対的に大きいものと関係することであり、したがってまた、この絶対的に大きいものだけを量の最上の尺度として想定する理性の法則と関係することである。それゆえ、すべての感性的尺度が理性の量評価に不適合であるという内的知覚は、理性の諸法則とのある合致であり、また、われわれの超感性的使命の感情をわれわれのうちで引き起こす不快である。この超感性的使命にしたがえば、感性のあらゆる尺度が*理性の諸理念に不適合であると見出すことは、合目的的であり、したがって快なのである。

心は自然の美しいものについての美感的判断のうちでは、平静な観照を保っている。ところが心は、自然における崇高なものの表象のうちでは、自分が動揺させられるのを感じる。この運動〔動揺〕は(とりわけその発端では)、ある震動と比較されることができる。すなわち、それは、まさに同一の客観の反発と牽引の急速な交替と比較されることができる。構想力に対して超絶的なものは(構想力は直観の把捉のうちでは、この超絶的なものへと駆り立てられる)、いわば深淵であり、構想力はそこで自分自身を喪失することを恐れる。しかしそれでも、それは、超感性的なものについての理性の理念に対しては超絶的ではなく、構想力のこうした努力を生み出すことが合法則的である。したがってそれは、たんなる感性に対して反発的であったのと、ちょうど同じ程度にふたたび牽引的である。しかし判断そのものは、この際つねに美感的にとどまる。なぜなら、この判断は、客観についてのある規定された概念を根底にもつことなく、たんに心の諸力(構想力と理性)の主観的な戯れだけを、これらの力の対照によってすら調和的であると表象するからである。というのも、美しいものの判定では、構想力と悟性とは両者の一致によって、心の諸力の主観的合目的性を生み出すが、ここでは構想力と理性とは両者の抗争によって、こうした主観的合目的性を生み出すからである。すなわち、それは、〔崇高なものの場合には〕われわれが純粋な自立的な理性をもっているという感情、あるいは量を評価するある能力をもっているという感情である。この能力の卓越性は、量（感性的諸対象の）の描出のうちでそれ自身限界をもたないような能力でも不十分であるということ以外には直観的に示されないのである。

ある空間の測定（把捉としての）は同時にその空間を描くことであり[8]、したがって構想における客観的運動であり、一つの前進である。これに反して、多を思想の単一性へと総括するのではなく、多を直観の単一性へと総括することは、したがって継起的に把捉されたものを一瞬間へと総括することは、一つの背進である。この背進は、構想力の前進のうちで時間条件をふたたび廃棄して、同時存在を直観的に示すのである。それゆえ、総括は（時間継起は内的感官とそれぞれの直観*との条件であるから）構想力の主観的運動であって、この主観的運動によって構想力は内的感官に威力を加えるのであり、この威力は、構想力が一つの直観へと総括する量が大きくなればなるほど、ますます著しくならなければならない。それゆえ、把捉するのにかなりの時間を必要とする量のための尺度を、個別的直観のうちへと受け入れようとする努力は、一つの表象の仕方である。これは、主観的にみれば反目的的であるが、しかし客観的には量の評価に必要であり、したがって合目的的であるような表象の仕方である。しかもその際、構想力によって主観に加えられるこの同じ威力は、心の全体的使命に対して合目的的であると判定されるのである。

崇高の感情の質は、この感情*がある対象についての美感的判定能力に対する不快の感情であり、しかしそれでも

C 331
W 183
A 259
V 104

この不快は、この判定能力では同時に合目的的であると表象されることにある。このことは、主観に固有の無能力が同一主観の無制限な能力の意識を目覚めさせ、心がこの無制限な能力をあの無能力によってのみ美感的に判定しうることによって可能なのである。

論理的量評価では、時間および空間における感性界の諸物の測定が前進することによって、いつか絶対的総体性へと到達するのが不可能であることは客観的である、と認識された。すなわち、無限なものを全体的に与えられた*ものとして考えることは不可能である、と認識されたのであって、たんに主観的であるとして、言い換えれば、無限なものを把捉することの無能力として認識されたのではなかった。なぜなら、ここでは、一つの直観への総括の程度が尺度として着目されるのではまったくなく、すべては数概念に帰着するからである。しかしながら、美感的量評価では、数概念は廃棄されるか、そうでなければ変更されなければならず、また尺度の単位への構想力の総括は(したがって量概念の継続的産出の法則についての概念を回避して)それだけで美感的量評価に対して合目的的である。——ところで、ある量が、一つの直観へと総括するわれわれの能力のほとんど極限にまで到達し、それでも構想力は数量によって(この数量に対してわれわれは、われわれの能力が限界をもたないことを意識している)、いっそう大きな単位へと美感的に総括するよう促されるとすれば、われわれは、心のうちで美感的に限界のうちに閉じ込められていることを感じる。しかし、この不快は、それにもかかわらずわれわれの理性の能力のうちで限界をもたないものとの、すなわち絶対的全体の理念との適合に向けて、構想力が必然的に拡張されることに着目するならば、合目的的として表象され、したがって構想力の能力の非合目的性は、理性諸理念とこれらの覚醒とに対してそれでも合目的的として表象されるのである。しかし、まさにこのことによって、この美感的判断そのものは、諸

V 105

A 260

理念の源泉としての理性に対して、すなわちすべての美感的総括がそれに対しては小さいような、そうした知性的総括の源泉としての理性に対して、主観的に合目的的となる。そして対象は、崇高なものとして、不快を介してのみ可能である快とともに受け入れられるのである。

B　自然の力学的に崇高なものについて

第二八節　力としての自然について

力[9]とは、大きな障害に卓越している能力である。この同じ力は、力をそれ自身所有しているものの抵抗にすら卓越するならば、威力と呼ばれる。自然は、美感的判断のうちでわれわれに対して威力をもたない力とみなされるならば、力学的に崇高である。

自然がわれわれによって力学的に崇高であると判定されるべきであるとすれば、自然は恐怖を引き起こすものとして表象されなければならない(たとえ逆に、恐怖を引き起こすあらゆる対象がわれわれの美感的判断では崇高と認められるわけではないとしても)。というのも、美感的判定(概念をもたない)のうちで障害に優る卓越性は、抵抗の大きさにしたがってのみ判定されうるからである。ところが、われわれが抵抗しようと努めるものは禍悪であり、またわれわれの能力がそれに対抗できないと知るならば、それは恐怖の対象である。それゆえ、美感的判断力に対して自然は、恐怖の対象とみられるかぎりでのみ力とみなされうるのであり、したがって力学的に崇高である

W184　C332　V106

とみなされうるのである。

しかしひとは、ある対象を前にして恐怖せずに、それを恐るべきものとみなしうる。すなわちわれわれは、その対象にわずかでも抵抗しようとする場合をたんに思い浮かべてはみるが、その際に、すべての抵抗がまったく空しく終わるにちがいない、というように対象を判定する場合である。そこで有徳なひとは、神を恐怖することなく、神を恐れる。なぜなら、有徳なひとには神および神の命令に抵抗しようとする場合は起こる気づかいがない、と考えているからである。しかし、有徳なひとが、それ自体としては不可能ではないと考えるこうしたすべての場合に、そのひとは神を恐るべきものと認識しているのである。

恐怖を抱くひとは、自然の崇高なものについてまったく判断することができない。これは、傾向性や欲望に囚われているひとが美しいものについて判断できないのと同様である。恐怖を抱くひとは、自分に怖れを吹き込む対象をみることを避ける。また、本気で戦慄を覚えたとすれば、この戦慄について満足を見出すことは不可能である。したがって、不安が止むことから生じる快適さは喜びである。しかしこの喜びは、危険からの解放によるのであるから、もはや同じ危険に我が身をさらすまいという決意をともなう喜びである。実際、ひとはあの恐怖の感覚を追想するのをけっして好まず、ましてそうした機会をみずから求めようとはしないであろう。

急峻な張り出した、いわば威嚇するような岩石、電光と雷鳴をともなって大空に湧きあがり近づく雷雲、すさまじい破壊的な威力のかぎりを尽くす火山、惨憺たる荒廃を残して去る暴風、怒濤逆巻く際限のない大洋、強大な水流の高い大瀑布などは、これらのものの力と比較してわれわれの抵抗の能力を取るに足らないほど小さなものにする。しかし、われわれが安全な場にいさえすれば、これらの眺めは恐るべきものであればあるほど、ますます心を

A 261　W 185　C 333　V 107

引きつける。そしてわれわれは、これらの対象を好んで崇高と呼ぶ。なぜなら、これらの対象は魂の強さを通常の程度を超えて高揚させ、われわれのうちにあるまったく別の種類の抵抗の能力を発見させて、この抵抗の能力が、自然の外見上の全威力に匹敵しうるという勇気をわれわれに与えるからである。

　というのも、われわれは、自然が測り知れないことについて、また自然の領域の美感的量評価に釣り合った尺度を採るにはわれわれの能力が不十分であることについて、われわれ自身の制限を見出したのであるが、それにもかかわらず、われわれは、同時にわれわれの理性能力について非感性的な別の尺度を見出したのであり、この尺度は、あの無限性そのものを単位として含み、この尺度と比べれば自然におけるすべてのものは小さいような尺度である。したがって、われわれの心のうちには、測り知れないあり方をする自然そのものに優る卓越性すら見出したからである。それと同様に、自然の力の抵抗しがたさもまた、自然存在者としてみられたわれわれに対して、われわれの自然的な無力を認識させるのではあるが、しかし同時に、われわれを自然の力に依存しないものとして判定する能力と自然に優る卓越性とをあらわにする。われわれの外の自然によって脅かされ、危険に陥らされることがありうる自己保存とはまったく別の種類の自己保存は、この卓越性に基づいている。その際、たとえ人間は、あの〔自然の〕威力に屈服しなければならないとしても、われわれの人格のうちの人間性[10]は、おとしめられずにいるのである。このようにして自然は、われわれの美感的判断では恐怖を引き起こすかぎり崇高と判定されるのではなく、自然がわれわれの力(この力は自然ではない)をわれわれのうちに呼び起こすのであるから、崇高と判定されるのである。〔この力によって〕われわれが気づかうもの(財産、健康、生命)は卑小であるとみなされるのであり、したがってわれわれとわれわれの人格性とにとって自然の力は(われわれは、これらの財産、健康、生命などに関しては、もちろんこの自然の力に服している)、それにもかかわらず、われわれの最高の原則とこれらの原則の保持ないし放棄が問題となる場合には、われわれが屈服しなければならない威力とはみなされない*のである。それゆえ、自然がここで崇高と呼ばれるのは、自然が構想力を高揚させ、自然にすら優る心の使命に固有な崇高性を心が感じられるようにできるような事例を描出させるという、たんにこの理由によるのである。

精神を鼓舞するこうした満足を感じるためには、われわれは自分が安全であることを知らなければならず、したがって、その危険は本気に取ることではないのであるから(そのように思われがちであるが)、われわれの精神能力の崇高性もまた同様に本気に取ることではないことがあるかもしれない。このようなことによって、この自己尊重はなにも失うものはないのである。というのも、ここでは満足は、われわれの能力の素質がわれわれの本性のうちにあるかぎり、この能力のそうした場合にあらわにされる使命にのみ関わるからである。もっとも、この能力の発展と訓練は、われわれに委ねられており、また課せられている。そしてここに真理がある。人間は自分の反省をそこまで拡張するとき、たとえ人間が、自分の現在の現実的な無力をどれほど意識しようとも、ここに真理がある。

この原理は、あまりにもこじつけ的で屁理屈であるようにみえ、したがって美感的判断に対して超絶的であるようにみえる。しかしながら人間の観察は、それとは反対のことを証明しており、たとえこの原理はつねに意識されているわけではないとしても、この原理がきわめて普通の〔美感的な〕諸判定の根底にありうることを証明している。というのも、未開人にとってすら、最大の讃嘆の対象であるものはなんであろうか。それは、ものに動じず恐怖することなく、それゆえ危険を避けず、しかも同時に十分に熟慮して用意周到に仕事に当る人間である。もっとも開化した〔社会〕状態でも、軍人に対するこうした格別の尊敬は残っている。ただ異なるのは、軍人はそれに加えて、

V108

W187

同時に柔和や同情のようなあらゆる平和の徳を証明し、さらにそのひと自身の人格に対するしかるべき配慮すらも証明することが求められるのである。なぜなら、まさにこれらの点で、危険に挫けない軍人の心の不屈さが認識されるからである。したがって、政治家と将軍とが比較され、両者のどちらが優れて尊敬に値するかについてどれほど争われようとも、美感的判断は将軍の側に判決を下す。戦争ですら、秩序を維持し市民的諸権利を神聖視して行われるならば、それ自体ある崇高なものをともなうのであり、このようにして戦争を遂行する国民が危険にさらされ、この危険のもとで勇敢に奮戦すればするほど、国民の心構えをそれだけでますます崇高なものにする。これに反して、長期にわたる平和は、たんなる商人根性を支配的にし、しかしそれとともに卑しい利己欲、臆病、柔弱を支配的にして、国民の心構えを低劣にさせるのがつねである。[11]

崇高が力に付与されるかぎり、崇高の概念のこの解明に対しては、次のような反論が生じるようにみえる。すなわち、われわれは雷雨、暴風雨、地震などのうちに神の怒りが描出されており、しかし同時に神の崇高性も、また描出されていると表象するのがつねである。その際、それでもこうした力の諸作用に対して、またこうした〔神の〕力の意図に対してすらわれわれの心が卓越していると想像するのは、愚かであると同時に冒瀆でもあろう、という反論である。この場合、こうした対象の現象にふさわしいような〔心の状態は〕、また通常この種の自然の出来事に際して、こうした対象の理念と結合しているのをつねとするような心の状態は、われわれに固有な本性の崇高性の感情ではなく、むしろ屈服であり、意気消沈であって、全面的な無力の感情であるようにみえる。総じて宗教では、ひれ伏すこと、頭をたれ、罪におののき、不安にみちた態度と声で礼拝することが、神の前で唯一のふさわしい振舞であるようにみえる。それゆえ、ほとんどすべての民族もこのように振舞ってきており、いまもなおそれを守っているのである。しかしながら、こうした心の状態は、宗教およびその対象の崇高性の理念とそれ自体で必然的に結合しているのではけっしてない。人間が実際に恐れを抱くのは、そのひとが自分の忌まわしい心術によって、その意志が反抗しがたく同時に正しいある力に背いていることを意識することによって、人間が恐れる原因を自分のうちに認めるからである。このような人間は、神の偉大さを讃嘆するような心の状態にあるのではまったくないのであり、そうあるためには、平静な観照のためのある〔調和的〕気分とまったく自由な判断とが必要である。人間が自分の正直で神意に沿う心術を意識している場合にのみ、あの力の諸作用は、そのひとのうちに〔神という〕この存在者の崇高性の理念を呼び起こすのに役立つのである。それは、人間がこの存在者の意志にふさわしい心術の崇高性を自分自身のうちに認識し、このことによって、この存在者の怒りの爆発とはみなすことのない自然のそうした諸作用に対する恐怖を超えて、人間が高められるかぎりでのことである。人間の欠陥は、通常善い心術を意識する場合に、人間本性の脆弱さによって容易に言い繕うことができるかもしれない。こうした人間の欠陥を容赦なく判定することとしての謙虚さですら、すすんで自責の苦痛に服するという崇高な心の状態であり、これによって自責の原因を徐々に根絶やしにすることができる。このようにしてはじめて、宗教は迷信から内的に区別される。迷信は、心のうちに崇高なものに対する畏敬を植えつけるのではなく、圧倒的な力をもつ存在者に対する恐怖と不安を植えつける。怖れおののく人間は、この存在者の意志に屈服しているのを認めるが、それでもこの存在者の意志を尊重することはない。もちろんこのことから生じうるのは、善い行状の宗教ではなく、恩寵の懇願と媚びにほかならないのである。(12)

それゆえ、崇高性は、自然の物のうちには含まれておらず、われわれの心のうちにのみ含まれている。われわれは、われわれの内の自然に対して卓越していると意識することができ、このことによってわれわれの外の自然(それがわれわれに影響を及ぼすかぎり)に対しても卓越していると意識しうるかぎり、そうなのである。この感情をわれわれのうちに呼び起こすすべてのものには、われわれの諸力を奮い立たせる自然の力も属する。こうしたすべてのものは、その場合に(本来的ではないが)崇高と呼ばれる。そして、われわれのうちのこの理念の前提のもとでのみ、またこの理念と関連してのみ、われわれはあの存在者の崇高性の理念に到達することができる。この存在者は、自然のうちでこの存在者が証明するその力によって心からの尊敬をわれわれのうちに引き起こすだけでなく、それにもまして、この力を恐怖することなく判定し、またわれわれの使命をこの力を超えて崇高であると考えるわれわれのうちに置かれたそうした能力によっても、心からの尊敬をわれわれのうちに引き起こすのである。

第二九節　自然の崇高なものについての判断の様相について

美しい自然には無数の諸物が存在する。われわれは、これらの物についてあらゆるひとに対して判断がわれわれの判断と一致することを率直にあえて要求することができるのであり、また特別な誤りを犯すことなく、この一致を期待することができる。しかし、自然における崇高なものについてのわれわれの判断に関しては、われわれは、それほど容易に他のひとに受け入れられることを期待できないのである。というのも、自然諸対象のこうした卓越性について判断を下しうるためには、たんに美感的判断力の開化だけでなく、この判断力の根底にある認識諸能力のはるかに大きな開化が必要であるように思われるからである。

心は崇高の感情と調和するためには、諸理念に対する心の感受性が必要である。というのも、自然がこれらの理

V111　C337　A265

念に不適合であることのうちにこそ、したがって、これらの理念の前提と、自然をこれらの理念のための図式として扱う構想力の緊張という前提とのもとでのみ、感性に対して威嚇的なものが成り立つのであり、それでもこの威嚇的なものは、同時に魅力的でもあるからである。なぜなら、この威嚇的なものは、理性が感性にふるう威力であって、感性を理性本来の領域(実践的領域)に適合するよう拡張して、感性に対して深淵である無限なものを感性に望見させるためだからである。実際、人倫的諸理念が発達していなければ、開化によって準備されたわれわれが崇高と呼ぶものは、未開の人間にはたんに威嚇的にみえるだけであろう。未開の人間は、破壊のうちで証拠立てられる自然の威力や、それと比べれば自分の力が無となり消えてしまうような自然の大規模な力でみてとるのは、辛苦、危険、困惑ばかりであろう。これらは、人間を取り巻き、人間はそこに閉じ込められたままであろう。そこで善良で、ともかく思慮のあるサヴォアの農夫は(ソシュール氏(13)が物語るように)、氷に被われた山岳〔アルプス〕のすべての愛好家を躊躇せず愚かものと呼んだのである。あの観察者〔ソシュール〕が、そこでみずからをさらす危険を冒したのは、たいていの旅行家が普通そうであるように、たんに道楽からであるとか、あるいはいつかこの危険についての身震いさせるような旅行記を公表できるためであったとすれば、あの農夫の言葉はまったく誤っていた、と誰が言えるであろうか。しかしあの観察者の意図は、人間を教化することにあった。また、この卓越した人物は、魂を高揚する感覚をもっており、さらにその上にこの感覚を旅行記の読者にも与えたのである。

しかし、自然の崇高なものについての判断は開化が(美しいものについての判断よりもいっそう)必要であるからといって、それでもこの理由によってこの判断は、まさに開化によってはじめて生み出されたのでもなければ、たんに因襲上社会に導き入れられたのでもけっしてない。そうではなくて、この判断は、その基礎を人間の本性のうちにもっており、しかも常識とともに同時にあらゆるひとにあえて要求され、またあらゆるひとに必要であるとされうるもののうちに、すなわち(実践的)諸理念に対する感情、言い換えれば道徳的感情の素質のうちにもっているのである。

ところで、崇高なものについての他のひとびとの判断がわれわれの判断に賛同する必然性は、上述のことに基づいている。この必然性をわれわれは、われわれの判断のうちに同時に含ませているのである。というのも、われわれは、われわれが美しいと認める自然の対象の判定のうちで無頓着なひとに対しては趣味が欠けていると非難する。これと同様にわれわれは、われわれが崇高であると判断するものに対して無感動なままでいるひとについては、そのひとは感情をもっていない、と言うからである。しかしわれわれは、この両者をあらゆる人間に要求し、またそのひとが幾らかでも開化されている場合には、そのひとにこの両者を〔備えていると〕前提する。ただ異なるのは、われわれは、判断力が趣味のうちでは構想をたんに諸概念の能力としての悟性に関係づけるのであるから、ただちにあらゆるひとに趣味を要求するが、しかしわれわれは、判断力が感情のうちでは構想力を諸理念の能力としての理性に関係づけるのであるから、ある主観的前提(しかしわれわれは、この前提をあらゆるひとにあえて要求してかまわない権利があると信じている)のもとでのみ、すなわち人間における道徳的感情という前提のもとでのみ感情を要求する。こうしてまた、われわれは、この美感的判断にも必然性を付与するのである。

美感的諸判断のこの様相のうちに、すなわち美感的判断があえて主張する判断の必然性のうちに、判断力の批判に対する一つの主要契機が存在している。というのも、この必然性は、まさに美感的諸判断についてアプリオリな原理があることを知らせるのであり、そうでなければ美感的諸判断が楽しみと苦痛の感情のもとに(いっそう繊細

な感情という無意味な形容詞をともなうだけで）埋もれたままであるような経験的心理学〔の領域〕から引き上げ、
美感的諸判断とまたこれらの判断を介して判断力とを、アプリオリな諸原理を根底にもつものの部類に配置し、し V113
かもそうしたものとしてこれらを超越論的哲学のうちへと引き入れるからである。

美感的反省的判断の解明に対する一般的注解

快の感情に関連して対象は、快適なものか、美しいものか、崇高なものか、（端的に）善いものか、これらのいず
れかに数え入れられなければならない（iucundum, pulchrum, sublime, honestum）。

快適なものは、どこから由来するにしても、またその表象（客観的にみられた感官および感覚の）がどれほど種別
的に異なっていようとも、欲望の動機としてはあまねく一つの種類である。したがって、快適なものが心に及ぼす W192
影響を判定する際には、魅力（同時的および継起的な）の集合だけが問題であり、快適な感覚のいわば総量だけが問
題である。それゆえまた、この感覚は量以外によっては理解されることができない。快適なものはまた、〔人間を〕
開化するのではなく、たんなる享受に属する。——これに反して、美しいものは、客観のある種の質の表象を必要 C339
とする。この質は、理解されることもできるのであり、諸概念へともたらされることができる（たとえ美しいもの A267
は、美感的判断では諸概念へともたらされないとしても）。また、美しいものは、同時に快の感情における合目的
性に注意することを教えることによって、〔人間を〕開化する。——崇高なものは、たんに関係のうちに成り立つ。
この関係のうちで自然の表象における感性的なものは、このもののある可能な超感性的使用に役立つものとして判

定される。――端的に善いものは、それが呼び起こす感情からみて主観的に判定されるならば（道徳的感情の客観として）、端的に強制的な法則の表象による主観の諸力の規定可能性として、アプリオリな諸概念に基づく必然性の様相によって特に〔他から〕区別される。この必然性は、たんにあらゆるひとに対する賛同の要求だけでなく、あらゆるひとに対する賛同の命令もそれ自身のうちに含んでおり、またそれ自体ではたしかに美感的判断力に属するのではなく、純粋な知性的判断力に属する。そしてこの必然性は、たんなる反省的判断のうちではなく、規定的判断のうちで、自然に付与されるのではなく、自由に付与される。しかし、こうした理念による主観の規定可能性は、しかも主観が自分自身のうちで感性について障害を感じながら、しかし同時に障害を克服することによって、感性に優る卓越性を自分の状態の変様として感じることができるような主観の規定可能性は、すなわち道徳的感情である。このような主観の規定可能性は、それでも美感的判断力およびその形式的諸条件と親類関係にあり、それは、この道徳的感情が義務に基づく行為の合法則性を、道徳的感情の純粋性を損なうことなく、同時に美感的として、すなわち崇高あるいはまた美として表象するのに役立ちうるかぎりでのことである。このことは、道徳的感情を快適なものの感情と自然的に結合させようとする場合には、生じることはないのである。

二種類の美感的判断のこれまでの解明から結論を引き出すならば、そこから次の簡単な説明が生じるであろう。

美しいとは、たんなる判定のうちで（それゆえ悟性の概念にしたがう感官の感覚を介さずに）満足を与えるものである。このことから、美しいものはあらゆる関心をもたず満足を与えるのでなければならないことが、おのずから生じる。

崇高であるとは、諸感官の関心に対するその抵抗によって直接に満足を与えるものである。

両者とも、美感的な普遍妥当的判定の説明として、主観的諸根拠に関係する。すなわち、一方は観照的悟性に好都合であるような感性の主観的根拠に関係し、他方は感性に反抗するが、これに反して実践理性の諸目的にかなう主観的根拠に関係する。それでも両者は、同一の主観のうちに合一されて、道徳的感情に関連して合目的的である。美しいものは、あるものを自然ですらも関心をもたず愛するようにわれわれの心を整えるのであり、崇高なものは、あるものをわれわれの(感性的)関心に反抗してすら尊重するようにわれわれの心を整えるのである。

崇高なものは、次のように記述することができる。すなわち、崇高なものとは、その表象が自然の到達しがたさを諸理念の描出として想い浮かべるように心を規定するような、ある対象(自然の)である。

文字どおりに受け取って、論理的にみれば、諸理念は描出されることはできない。しかしわれわれは、われわれの経験的表象能力を自然の直観に(数学的に、または力学的に)拡張する場合に、絶対的総体性の自立性に関わる能力として理性が避けがたく加わり、たとえ徒労な努力であるとしても、諸感官の表象を諸理念*に適合させようとする心の努力を生み出す。この努力と、構想力によってはこの理念は到達しがたいという感情とは、われわれの心の超感性的使命のために構想力が使用される場合に、われわれの心の主観的合目的性を描出することですらあり、また主観的に、自然そのものをその総体性のうちに、ある超感性的なものの描出として考えるようにわれわれに強いる。とはいえこの描出は、客観的になしとげることはできないのである。

というのも、自然には空間および時間のうちに無条件的なものはまったく存在せず、したがってまた、きわめて普通の理性によっても要求される絶対的な量はまったく存在しないことは、われわれがただちに気づくからである。まさにこのことによってわれわれは、われわれが関わるのは現象としての自然だけであり、それでもこの現象そのものがさらに自然自体(これは理性が理念のうちにもつ)のたんなる描出とみなされなければならないことに思いいたる。しかし超感性的なもののこの理念は、たしかにわれわれが、この理念をそれ以上規定できず、したがって自然をこの理念の描出として認識することはできず、ただ考えることができるだけである。この理念は、ある対象によってわれわれのうちに呼び起こされるのであり、この対象の美感的判定は構想力をその限界にまで、それが拡張の限界であれ(数学的に)、あるいは心に及ぼすその力の限界であれ(力学的に)、緊張させるのである。それというのも、この美感的判定は、自然の領域をまったく踏み超えているような心のある使命の感情(道徳的感情)に基づいており、この感情に関して、この対象の表象は主観的＝合目的的と判定されるからである。

実際に、自然の崇高なものに対する感情は、道徳的なものに対する心の調和と類似した心の調和がこの感情と結合することがなければ、おそらく思い浮かんでくることはありえない。また、たとえ自然の美しいものについての直接的快が、同様に考え方のある種の自由さ(14)を前提し、すなわち、この満足がたんなる感官の享受に依存していないことを前提し、またこれを開化するとしても、それでもこのことによって、合法則的な仕事のもとでの自由というよりも、むしろ戯れにおける自由が表象される。この合法則的な仕事は、人間の人倫性の真正な性状であって、そこでは理性が感性に威力を加えなければならないのである。ただ異なるのは、崇高なものについての美感的判断では、この威力は理性の道具としての構想力そのものによって行使される、と表象されるのである。

したがって、自然の崇高なものについての満足もまた、たんに消極的にすぎない(これに反して、美しいものについての満足は積極的である)。すなわち、構想力の自由が構想力そのものによって剝奪されるという感情である。それというのも、構想力は、その経験的使用の法則とは別の法則にしたがって合目的的に規定されるからである。

このことによって構想力は、それが犠牲にするものよりもいっそう大きな拡張と力とを獲得する。しかし、この根拠は構想力そのものには隠されており、構想力は、その代わりに犠牲ないし剥奪を感じ、また同時に構想力が屈服させられている原因を感じるのである。驚愕に近い驚嘆や戦慄、また天高くそびえる山岳群や、深い峡谷とそのうちで荒れ狂う激流、憂うつな瞑想を誘う深い影に被われた荒野などを眺めるとき、観る人の心をとらえる聖なる畏怖は、そのひとが身の安全を知っている場合には、真実の恐怖ではなく、構想力によってそうしたものへと近づこうとする試みにすぎない。それは、まさに構想力というこの同じ能力の次のような力を感じさせるためである。構想力のこの力は、こうした眺めによって引き起こされた心の動揺を心の平静な状態と結合し、こうしてわれわれ自身のうちの自然に対して卓越している力であり、したがってまた、われわれは健在であるという感情に影響を及ぼしうるかぎりでのわれわれの外の自然に対しても、卓越している力である。というのも、連想法則にしたがう構想力は、われわれの安心の状態を物理的に依存させるが、しかし判断力の図式機能の諸原理にしたがうこの同じ構想力は（したがって〔構想力が〕自由に従属するかぎり）、理性とその諸理念との道具であり、しかもこのような道具として、自然の影響に対するわれわれの独立性を主張する力であって、自然の影響からみれば*大きいものを小さいものであるとしてその価値を貶《おとし》め、こうして端的に大きいものを自分の（主観の）固有な使命のうちにのみ置こうとする力だからである。自分を*理性に適合するように（だが理性の規定された概念をもたず）高める美感的判断力のこうした反省は、構想力が最大に拡張されても理性（諸理念の能力としての）に対して客観的に不適合であることによってすら、それでも対象を主観的＝合目的的であると表象するのである。

　さきにすでに述べた(15)のであるが、ここで総じて注意しなければならないことがある。それは、判断力の超越論的

V117
W196
C342

美感論ではもっぱら純粋な美感的諸判断が問題でなければならず、したがってさまざまな実例は、目的についての概念を前提する自然のこうした美しい諸対象ないし崇高な諸対象から取ってこられてはならないのである。というのも、そうしたならば、それは目的論的合目的性か、それともある対象のたんなる感覚(楽しみないし苦痛)に基づいた合目的性となり、したがって、前者の場合には美感的合目的性ではなく、後者の場合にはたんなる形式的合目的性ではないだろうからである。それゆえ、星きらめく空の眺めを崇高と呼ぶ場合、この眺めの判定の根底に理性的存在者が住んでいる諸世界についての諸概念を置き、頭上の空間を満たしているとわれわれがみる輝く諸点を、これらに対してきわめて合目的的に配置された軌道を運行しているそれぞれの太陽とみてはならず、むしろこの空を眺めるとおりに、たんにすべてのものを包括する広大な穹窿〔ドーム〕として眺めなければならない。そしてわれわれは、純粋な美感的判断がこの対象に付与する崇高性を、たんにこうした表象のもとに置かなければならないのである。同様に大洋の眺め〔を崇高と呼ぶ場合〕も、われわれはさまざまな豊かな知識(しかしこうした知識は直接的直観には含まれていない)によって大洋を考えるように、眺めてはならない。たとえば、大洋が水棲動物のいる広大な領域であるとか、陸地のために雲で大気を充たす水蒸気の大貯水池であるとか、あるいはまた、大陸を互いに分離はするが、それにもかかわらず大陸間のきわめて重要な交通を可能にする要素であるとか考えるように、眺めてはならない。というのも、こうしたことはもっぱら目的論的諸判断を与えるだけだからである。そうではなくて、詩人が行うように、大洋をたんに外観の示すところにしたがってみなければならない。たとえば、静かな大洋を眺めるときには、空によってのみ限られている明澄な水鏡として、しかし大洋が荒れているときには、すべてのものを呑みつくそうと脅かす深淵として、それでも崇高であると認めうるのでなければならない。まさに同じことは、人間の形態における崇高なものや美しいものについても言うことができる。この場合、われわれは人間のすべての肢体がそのために現存している諸目的の概念を判断の規定根拠として顧慮してはならない。また、たとえこれらの肢体は諸目的の概念に矛盾せず、実際にも美感的満足の一つの必然的条件であるとしても、われわれは、こうした目的の概念との合致がわれわれの(こうした場合にはもはや純粋ではない)美感的判断に対して影響を及ぼさせてはならない。美感的合目的性とは、自由な状態における判断力の合法則性である。対象についての満足は、われわれが構想力をそこへ置こうとする関係に依存する。ただ構想力は、それ自身だけで心を自由な活動のうちで楽しませるのである。これに反して、感官感覚であれ、あるいは悟性概念であれ、他のなにかが判断を規定すれば、この判断は合法則的ではあるが、しかし自由な判断力の判断ではないのである。

それゆえ、知性的美あるいは知性的崇高性について語るならば、第一に、これらの表現はまったく正しいというわけではない。なぜなら、もしもわれわれはたんに純粋な英知体であるとすれば(あるいは、思想のなかでこうした〔英知体の〕資格をもつものにわれわれを置き換えるだけであるとしても)、これらの美ないし崇高性は、われわれのうちにまったく見出されない美感的な表象の仕方だからである。第二に、たとえ両者は、ある知性的(道徳的)満足の対象として関心に基づいていないかぎり、美感的満足とは合一しうるとしても、それでも両者は、ある関心を引き起こすべきであるという理由により、ふたたび美感的満足と合一することは困難である。このことは、描出が美感的判定における満足と合致すべきであるとすれば、この美感的判定のうちでは、この満足と描出のうちで結合させられる感官の関心による以外にけっして生じないであろう。しかしこのことによって、知性的合目的性は傷つけられ、知性的合目的性は不純にされるのである。

純粋で無条件的な知性的満足の対象は、力をもった道徳法則であり、この道徳法則は、われわれのうちで力を行使し、道徳法則に先立つ心のあらゆる動機を圧倒する。またこの力は、もともとさまざまな犠牲によってのみ美感的に知られるのであるから(これは、たとえ内的自由のためであるとしても、一つの剝奪である。しかしその代わりに、こうした超感性的能力の測り知れない深さを果てしなく及ぶその結果とともに、われわれのうちにあらわにさせる)、その満足は美感的側面からみれば(感性と関連しては)消極的である、すなわちこの〔感性の〕関心に逆らうが、しかし知性的側面からみれば積極的であり、ある〔知性的〕関心と結合している。このことから、知性的なそれ自体で合目的的な(道徳的に)善いものは、美感的に判定されるとき、美しいというよりも、むしろ崇高と表象されなければならず、したがってこの善いものは愛や親しい好意の感情よりも、むしろ尊敬の感情(この感情は魅力を斥ける)を引き起こすことが帰結する。なぜなら、人間の本性はおのずからあの善いものと合致するのではなく、理性が感性にふるう威力によってのみ、あの善いものと合致するからである。逆に、われわれの外の自然やわれわれの内の自然(たとえばある種の情動)において、われわれが崇高と呼ぶものもまた、感性のある種の障害を道徳的諸原則*によって克服する心の力としてのみ表象されるのであり、またこのことによって関心をひくのである。

　私は、後者についてしばらく述べてみたい。情動をともなう善いものの理念は、熱狂と呼ばれる。この心の状態は崇高であるようにみえる。一般には、この心の状態がなければ、偉大なことは遂行されることはできない、と言われるほどである。ところであらゆる情動は、(原注)自分の目的を選択する際盲目であるか、それとも、たとえこの目的が理性によって与えられたとしても、その目的を遂行する際盲目であるか、そのいずれかである。というのも、情動は、自分を諸原則にしたがって規定するために、これらの原則の自由な熟慮を試みることを不可能にするような心の動揺だからである。それゆえ、情動は、どのような仕方でも理性の満足に値することはできない。それにもかかわらず、美感的には熱狂は崇高である。なぜなら、熱狂は諸理念による諸力の緊張であり、これらの理念は、感官諸表象による衝動よりもはるかに強力で持続的に作用する活力を心に与えるからである。しかし、(これは奇異にみえるが)自分のゆらぐことのない諸原則に断固としてしたがう心の無情動(apatheia, phlegma in significatu bono 無感動、よい意味での粘液質)[16]ですら崇高であり、しかもはるかに優れた仕方で崇高である。なぜなら、無情動は同時に純粋理性の満足を味方につけているからである。このような心のあり方だけが高貴と呼ばれる。〔高貴という〕この表現は、その後になって、たとえば建築物、衣服、書体、身のこなしなどの事柄にも適用される。それは、これらの事柄が、驚嘆(期待を超える斬新さの表象における情動)よりも、むしろ讃嘆(斬新さが失われてもやむことのない驚嘆)を引き起こす場合であり、このことは、諸理念がこれらの描出のうちで意図せず技巧を加えず、美感的満足と合致する場合に生じるのである。

V120 C345

(原注)　情動は激情から[17]種別的に区別されている。情動はたんに感情と関係するが、激情は欲求能力に属しており、諸原則による選択意志のすべての規定可能性を困難ないし不可能にする傾向性である。情動は突発的で故意ではないが、激情は持続的で熟慮的である。たとえば、怒りとしての悔しさは情動であるが、しかし憎しみ(復讐欲)としての悔しさは激情である。激情は、けっして、またどのような関係のうちでも崇高と呼ばれることはできない。なぜなら、情動では心の自由は阻止されるが、しかし激情では廃棄されるからである。

C344 V119 W198

勇ましい種類のあらゆる情動(すなわち、あらゆる抵抗を克服するわれわれの諸力の意識(animi strenui 活発な心)を喚起する情動)は、美感的に崇高である。たとえば、怒りがそうであり、絶望(すなわち、憤怒をおびた絶望

C345 V120 W199

であって、気後れした絶望ではない）ですらそうである。しかし、**心を和ませる**種類の情動（抵抗する努力すら不快の対象とする情動（animum languidum 無気力な心））は、高貴なものをそれ自体もたないが、しかし気質の美しいものに数え入れられることができる。したがって、情動にまで強められうる感動もまた、きわめてさまざまである。気力あふれた感動もあれば、情のこまやかな感動もある。情のこまやかな感動は、情動にまで高まるときには、まったくなんの役にも立たない。こうした感動への性癖は感傷と呼ばれる。どうしても慰められたいと欲しない同情を誘う苦痛、あるいは苦痛が想像上の禍悪に関わるとき、この禍悪が空想によって欺かれてあたかも現実の禍悪であるかのように、われわれが故意に関わろうとする苦痛は、柔和なしかし同時に弱々しい魂を証明し、またそれを作りだす。こうした魂は、美しい側面を示し、また空想的とは呼ばれうるが、けっして熱狂的と呼ばれることはできない。〔まず〕小説、哀れっぽい演劇、浅薄な徳の教訓は、いわゆる高貴な心術（誤ってこう呼ばれる）をもてあそびながら、実際には心を萎えさせ義務の厳格な指令に対して無感覚にさせて、われわれの人格のうちの人間性の尊厳と人間の権利（これは人間の幸福とはまったく別のものである）とに対するすべての尊敬を不可能にし、また総じてすべての確固とした諸原則をもつことを不可能にする。〔また〕宗教上の説教ですら、われわれはあらゆる脆弱さをもつにもかかわらず、それでも依然としてわれわれのうちに残されている諸力を傾向性の克服のために試みようとする雄々しい決意を促す代わりに、われわれのうちの悪に抵抗する自分固有の能力に対するすべての信頼を放棄させるような、卑屈で低俗な〔神への〕哀願や媚びを勧めるのである。〔さらに〕また誤った謙虚さも、自己蔑視とめそめそした偽善的な悔悟とたんに受動的な心のあり方のうちに、人間が最高の存在者を満足させる唯一のやり方を置く。これらはすべて、心持の美に数え入れられうるものとはけっして調和せず、それどころか、心持の崇高性

A273　W200　V121　C346

に数え入れられうるものと調和することはないのである。

しかし激しい心の動揺は、教化という名のもとで宗教の諸理念と結合されることがあろう、あるいはたんに開化に属するものとして、社会的関心を含む諸理念と結合されることもあろう。こうした激しい心の動揺もまた、たとえどれほど構想力を緊張させるとしても、純粋な知性的合目的性をともなうもの(超感性的なもの)に対する心の強さおよび決意の意識に、たんに間接的であれ影響を及ぼす心の調和を残さない場合には、崇高な描出という名誉をけっして要求することはできない。というのも、そうでなければ、これらすべての感動は、健康のために好まれる運動に属するにすぎないからである。情動の戯れによるこうした振動に続いて生じる快適な疲労は、われわれのうちのさまざまな生命諸力の均衡の回復に基づく健在の享受である。これは、東洋の逸楽の徒がかれらの身体をいわばマッサージさせて、あらゆる筋肉や関節を柔らかに圧迫屈伸させるときに、きわめて快く感じる享受と結局同じものに帰着する。ただ異なるのは、前者では運動の原理は大部分われわれのうちにあり、後者ではこれに反して、まったくわれわれの外にあるという点だけである。そこで多くのひとは、説教によって教化されたと思い込んでいるが、しかしそこではなんの徳も(善い諸格率の体系も)打ち立てられていない。あるいは多くのひとは、悲劇によって改心させられたと思い込んでいるが、その悲劇は幸いにも退屈しのぎをさせてくれたために喜ばれているにすぎない。*それゆえ、崇高なものは、つねに考え方との関係をもたなければならず、すなわち、知性的なものおよび理性諸理念に感性に対する支配権を与える諸格率との関係をもたなければならないのである。

崇高の感情は、感性的なものに関してはまったく消極的なこうした抽象的な描出の仕方によって失われてしまうのではないか、と心配する必要はない。というのも、たとえ構想力は、感性的なものを超えて自分が頼りにできるものはなにも見出さないとしても、それでも構想力は、まさに自分の制限がこのように除去されることによって、自分が限界づけられていないと感じるからである。それゆえ、〔感性的なものからの〕あの分離は無限なものの描出であり、この描出は、まさにこの理由によってたんに消極的描出以外ではけっしてありえないが、しかしそれでも、この消極的描出は魂を拡張するのである。ユダヤ人の律法書のうちで、「あなたは自分のために、どのような形像も造ってはならない。また天上にあるもの、地上にあるもの、また地下にあるものの、どのような似姿も造ってはならない[18]……」という掟以上に崇高な箇所はおそらくないであろう。この掟だけでも、ユダヤ民族が、文明化した時代に自民族を他の諸民族と比較したとき、自分たちの宗教に対して感じた熱狂を説明することができるのであり、あるいはイスラム教が人心に吹き込むあの誇りを説明することができる。まさに同じことは、道徳法則の表象とわれわれのうちの道徳性への素質とについても妥当する。こうした表象が諸感官に勧めることのできるすべてのものが、この表象から剝奪されるとすれば、その場合この表象は、冷ややかで生気のない是認だけがともなうであろうし、心を動かす力や感動もともなわないであろうと心配することは、まったく誤っている。事実はまさにその逆である。というのも、諸感官がもはやなにも眼前に認めず、それにもかかわらずまぎれもなく消しがたい人倫性の理念が残っている場合には、これらの理念の無力に対する恐怖から、これらの理念のために形像や子供じみた道具立てに助力を求めるよりも、むしろ限界をもたない構想力の活力を抑制して、この活力が熱狂にまで高まらないようにすることが必要であろうからである。したがって、これまでの政府も、宗教がこうした付属物で豊かに装うことを進んで許し、こうして勝手に臣民に対して制限を定め、そこで臣民がたんに受動的なものとして、いっそう取り扱いやすくされうる制限を超えて臣民の魂の諸力を拡張する労苦を省くとともに、しかし同時にこうした能力も臣民から奪い取ろうと試みてきたのである。

　これに反して、この純粋で魂を高揚させるたんに消極的な人倫性の描出は、狂信[19]の危険をもたらすことはない。狂信とは、感性のすべての限界を超えてなにかを**みよう**とする、すなわち、諸原則にしたがって夢みようとする(理性を用いて狂おうとする)、一つの妄想である。〔この危険がないわけは〕人倫性の場合の描出はたんに消極的であるという、まさにこの理由に基づく。というのも、自由の理念の究めがたさは、すべての積極的描出の道をまったく遮断するからである。しかし、道徳法則は、それ自体でわれわれのうちで十分に根源的に規定的であり、そのため道徳法則は、この法則の外に規定根拠を探し回ることをわれわれにけっして許さないのである。熱狂が錯乱と比較されうるとすれば、狂信は偏狂と比較されることができる。このうち偏狂は、とりわけ崇高なものとは少しも和合しない。なぜなら、偏狂は思いわずらい滑稽だからである。構想力は、情動としての熱狂では制御されず、根深い思い悩む激情としての狂信では無規則である。情動としての熱狂は、きわめて健全な悟性を時として襲う一時的な発作であるが、激情としての狂信は、きわめて健全な悟性を狂乱させる病気である。

　素朴(作為のない合目的性)は、崇高なものにおける自然のいわばスタイルであり、そうしてまた第二の(超感性的な)自然である人倫性のスタイルである。この人倫性についてわれわれは、その法則を知るだけであり、この立法の根拠を含むわれわれ自身のうちのこの超感性的能力に、直観によって到達することはできないのである。

　さらに注意すべきことがある。すなわち、美しいものについての満足も、崇高なものについての満足も、普遍的伝達可能性によって他の美感的諸判定から明らかに区別されているだけでなく、この特性によって、社会(満足は社会のうちで伝達される)と関連してある関心を獲得する。しかしそれにもかかわらず、すべての社会からの隔絶状態も、この状態がすべての感性的関心を無視する諸理念に基づく場合にはある崇高なものとみなされる、ということである。自足していること、したがって社会を必要としないこと、それでも非社交的ではないこと、すなわち社会から逃避しないことは、さまざまな必要からのあらゆる解放と同様に、崇高なものに近いものである。これに反して、人間を敵視するという理由から、人間嫌い[20]に基づいて人間を避けることは、あるいは人間を敵視して恐れるという理由から、恐人症(人見知り)に基づいて人間を避けることは、一方では醜く、他方では軽蔑すべきである。それにもかかわらず、一種の人間嫌いがある(きわめて非本来的にこう呼ばれている)。人間嫌いに対する素質は、多くの思慮深い人間の心のうちに年を重ねるにしたがって現れるのがつねである。この人間嫌いは、好意に関して言えば、十分に博愛的ではあるが、しかし長年の悲しい経験によって人間について満足することから遠く隔たっている。こうした人間嫌いを証拠立てているのは、隠遁への性癖、人里離れた田舎で暮らそうとする空想的な願望、あるいはまた(若いひとびとの場合では)、小説家やロビンソン・クルーソー風の物語作家たちが巧みに利用することを心得ているような、他の世間に知られていない孤島で少数の家族とともに生涯を送ることができたらという夢想の幸福である。虚偽、忘恩、不正、また、われわれ自身によって重要で偉大であるとみなされた諸目的でありながら、それらを追求する場合には、人間自身が考えうるあらゆる禍悪を互いに加え合うという子供じみたことは、人間が欲しさえすれば、そうなりうるものの理念とはきわめて矛盾しており、人間をより善いものと認めたい生き生きとした願望にきわめて反するのである。そうであるから、人間を愛することはできないという理由から、せめて人間を憎まないために、すべての社交的な喜びを断念することは、ほんのわずかな犠牲にすぎないようにみえる。この悲しみは、運命が他の人間に及ぼす禍悪についての悲しみではなく(この場合の悲しみの原因は共感である)、人間が自分自身に及ぼす禍悪についての悲しみ（この悲しみは諸原則における反感に基づく）である。この反感に基づく悲しみは、諸理念に基づくのであるから崇高であるが、共感に基づく悲しみは、せいぜい美しいとみなされることができるだけである。――深い学識をもつ才気煥発なソシュールは、アルプス旅行記のなかで、サヴォア連峰の一峰のボノムについて、[21]「ここにはある種の没趣味な悲しみが支配している」と述べている。したがってソシュールは、荒涼とした寂しい場所の眺めが呼び起こすような関心をひく悲しみも知っていたのである。人間は、世間についてもはやなにも聞いたり経験したりしないために、こうした荒涼とした寂しい場所へと身を置きたい、と望む。しかしそれでも、このような場所は、人間にとってきわめてやっかいな居住の地であるほど、まったく荒涼としたところであってはならないのである。――私はただ、次のことを意図して以上の注解を付したのである。それは、憂愁（意気消沈した悲しみではなく）もまた、道徳的諸理念のうちに根拠をもつとすれば、雄々しい情動に数え入れられうるが、しかしそれが共感に基づき、そうしたものとして愛すべきものでもあるとすれば、たんに感傷的な情動に属していることを注意させるためであり、このことによって前者の場合にのみ崇高である心の調和に気づかせるためである。

＊　＊　＊

ところで、崇高と美のたんに経験的な解明はどこへと導いていくかを知るために、いま遂行された美感的判断の超越論的解明をバーク[22]のようなひとやわが国〔ドイツ〕における多くの聡明なひとが行った生理学的解明と比較することができる。この種の論考のうちでもっとも重要な著者と呼ばれるに値するバークは、[原注]この方法によって次のよ

V 125　A 277　C 350　W 205

うな結論を引き出している（バークの著書二一三頁）。「崇高の感情は、自己保存の衝動と、恐怖、すなわち苦痛とに基づいており、この苦痛は、身体の諸部分を実際にかき乱すまでにいたらないのであるから、さまざまな動揺〔運動〕を生み出す。これらの動揺は、大小の脈管から危険で厄介な閉塞を浄化するので、快適な諸感覚を引き起こすことができる。こうした諸感覚は、快ではないにしても、一種の快い戦慄であり、驚愕と入り混じったある種の安静である」。バークは、美を愛に基礎づけている。美をバークは（それでもバークは、愛から欲望を分離しようとしている）、「身体の繊維の弛緩、緊張からの解放、萎縮に帰着させ、したがって、楽しみのあまり生じるある種の軟化、解体、衰弱、壊滅、死滅、溶解」（二五一―二五二頁）に帰着させている。しかもバークは、こうした説明の仕方を確証するために、構想力が悟性と結合してわれわれのうちに美と崇高の感情を引き起こしうるような事例によってそうするだけでなく、構想力が感官感覚とすら結合してこれらの感情を引き起こしうるような事例によってもそうしている。――われわれの心の諸現象のこうした分析は、心理学的所見としてはきわめて見事であり、経験的人間学のもっとも好まれる諸探究のための豊富な素材を提供する。また、われわれのうちのすべての表象は、客観的にはたんに感性的であるにせよ、あるいはまったく知性的であるにせよ、それでも主観的には楽しみないし苦痛と結合されうることは否定できない。たとえ楽しみや苦痛がどれだけ気づかれなくても、そうなのである（なぜなら、すべての表象はことごとく生の感情を触発し、そのいずれの表象も、主観の変様であるかぎり、主観にとって無関心ではありえないからである）。さらにエピクロス[23]が主張したように、楽しみと苦痛は、想像から始まるにしても、それどころか悟性の諸表象から始まるにしても、つねに結局はやはり身体的であることすら否定することはできない。なぜなら、身体的器官の感情を欠く生は、生の現存のたんなる意識ではあるが、しかし健在ないし不

A 278
W206
V 126

健在の感情、すなわち、生の諸力の促進ないし阻止の感情ではないからである。また、心はもっぱらそれだけでまったくの生(生の原理そのもの)であり、〔生の〕障害ないし促進は、心の外に、それでも人間そのもののうちに、したがって人間の身体との結合のうちに求められなければならないからである。

(原注)　バークの著書『美と崇高についてのわれわれの諸概念の起源に関する哲学的探究』のドイツ語訳(リガ、ハルトクノッホ書店、一七七三年)による[24]。　A277 V125 W204

しかし、対象についての満足は、対象が魅力や感動によって楽しませることにもっぱらあるとすれば、われわれが下す美感的判断に賛同することを他のひとにも要求してはならない。というのも、この点について各人が、ただ自分の個人的感覚だけを問題にするのは当然だからである。しかしそうなると、趣味のあらゆる検閲もまた、まったく廃棄されるのである。そこで、他のひとびとが自分たちの判断の偶然的な合致によって与える実例は、われわれが賛同を示すべき命令としなければならないであろう。だがわれわれは、おそらくこうした原理に反抗して、自分自身の健在の直接的感情に基づく判断を自分自身の感覚にしたがわせて、他のひとびとの感覚にしたがわせないという自然の権利を主張するであろう。　C351 A278 V126 W206

それゆえ、趣味判断は、自己中心的とみなされてはならず、その内的本性からみて、すなわち他のひとびとが自分たちの趣味について与える実例のためではなく、趣味判断そのもののために、必然的に多元論的とみなされなければならないとすれば、つまり趣味判断は、あらゆるひとがこの判断に賛成すべきであることを同時に要求してよいような判断として評価されるとすれば、この判断の根底には、なんらかのアプリオリな原理(客観的原理であれ、あるいは主観的原理であれ)が存在しなければならない。この原理は、心の諸変化の経験的諸法則の探知によって　V127

はけっして到達しえないようなアプリオリな原理である。なぜなら、経験的諸法則は、どのように判断されるかを明らかにするだけであり、どのように判断されるべきかを命じるのではなく、しかも、その命令が無条件的であるように命令するのではないからである。ところが趣味判断は、満足をある表象と直接に連結させようとすることによって、こうした命令を前提する。それゆえ、美感的判断の経験的解明は、いっそう高次の探究のための素材を提供するために、つねに端緒となるかもしれない。それでもこの能力の超越論的解明は可能であり、また趣味の批判に本質的に属する。というのも、趣味がアプリオリな諸原理をもたないとすれば、趣味は他のひとびとの判断を裁くことは不可能となるであろうし、またこれらの判断について幾らかでもこうした権利の外観を備えて、是認ないし否認の判決を下すことは不可能となるだろうからである。

W207

* 美感的判断力の分析論に属する残りの部分は、まず第一に次の純粋な美感的判断の演繹を含んでいる。

純粋な美感的判断の演繹

第三〇節　自然の対象についての美感的判断の演繹は、われわれが自然のうちで崇高と呼ぶものに向けられてはならず、美しいものにだけ向けられなければならない

A279
C352
V128

美感的判断は、あらゆる主観に対する普遍的妥当性を要求する。この要求は、なんらかのアプリオリな原理に基づかなければならない判断として、演繹（すなわち美感的判断の〔普遍的妥当性を要求する〕僭越を法的に正当と認

定すること)[25]を必要とする。この演繹は、この美感的判断が、客観の形式についての満足ないし不満足に関わる場合、この判断の解明にさらに付け加えられなければならない。自然の美しいものについての趣味判断とは、このような判断である。というのも、この場合、合目的性はそれでも客観とその形態のうちに自分の根拠をもつからである。たとえこの合目的性は、その客観と他の諸対象との諸概念にしたがう関係を(認識判断のために)指示するのではなく、この形式の把捉が諸概念の能力と諸概念の描出の能力(これは把捉の能力と同じものである)とに適合して心のうちで示されるかぎり、たんにこの形式の把捉にのみ総じて関わるとしても、そうなのである。したがって、自然の美しいものに関しても、自然の諸形式のこうした合目的性の原因に関わるさまざまな問いを提出することができる。たとえば、自然はいたるところで、人間の眼がきわめて稀にしか届かない(しかし、美は人間の眼に対してのみ合目的的である)大洋の底ですら、なぜあのように惜しみなく美を広くまき散らしたのかをどのように説明しようとするのであろうか、などの問いである。

しかしながら、自然の崇高なものは――それについてはわれわれが、客観的合目的性としての完全性についての諸概念が混入していない純粋な美感的判断を下す場合、もしも、これらの概念が混入していれば、この判断は目的論的判断となってしまうであろう――まったく無形式ないし不恰好ではあるが、しかしそれでも、純粋な満足の対象とみなされうるのであり、与えられた表象の主観的合目的性を示すことができる。そこでここでは、この種の美感的判断に対しても、この判断のうちで考えられるものの解明のほかに、なんらかのアプリオリな(主観的)原理に対する判断の要求の演繹がさらに必要とされうるかどうかが問われるのである。

この問いには、こう返答することができる。自然の崇高なものは、ただ非本来的に崇高と呼ばれるだけであり、

A280　C353 V129　W208

本来はたんに考え方に付与されなければならず、あるいはむしろ人間の本性のうちのこの考え方の基礎に付与されなければならない、と。ふだんは無形式的でまた非合目的的な対象の把捉は、この基礎が意識されるために、たんにそのきっかけを与えるだけである。この対象は、このような仕方で主観的＝合目的的に使用されるのであるが、しかしそれ自体として、またその形式のゆえに、このようなもの（いわば species finalis accepta, non data 与えられた目的ではなく、承認された目的の姿）として判定されるわけではない。したがって、自然の崇高なものに関する諸判断についてのわれわれの解明は、同時にこれらの判断の演繹であった。というのも、こうした判断における判断力の反省を分析したとき、われわれはこれらの判断のうちに認識諸能力の〔構想力と理性との〕ある合目的的関係を見出したからである。この関係は、諸目的の能力（意志）の根底にアプリオリに置かれていなければならず、したがってそれ自身アプリオリに合目的的である。するとこのことは、ただちに演繹を含むのであり、すなわち、普遍的＝必然的妥当性に対するこうした判断の要求の正当化を含むのである。

それゆえわれわれは、趣味判断の演繹、すなわち自然諸物の美についての諸判断の演繹のみを試みるだけでよいであろう。そのようにしてわれわれは、全美感的判断力に対する課題を全体として満足させるであろう。

第三一節　趣味判断の演繹の方法について

W209

ある種の判断を演繹するという責務、すなわちある種の判断の適法性を保証するという責務は、その判断が必然性を要求する場合にのみ生じる。これは、判断が主観的普遍性を、すなわちあらゆるひとの賛同を要求する場合にも同様に生じる。それでもこの場合、この判断は認識判断ではなく、ある与えられた対象についての快ないし不快の判断にすぎず、言い換えれば、あらゆるひとに対してあまねく妥当する主観的合目的性をあえて僭越にも要求するのである。この主観的合目的性は、判断が趣味判断であるのだから、事物についての概念に基づいてはならないのである。

主観的普遍性を要求する判断の場合、われわれが直面するのは認識判断ではない。すなわち悟性によって与えられた自然一般の概念を根底に置く理論的認識判断ではなく、理性によってアプリオリに与えられたものとしての自由の理念を根底に置く(純粋な)実践的認識判断でもない。それゆえ、われわれがその妥当性に関してアプリオリに正当化しなければならないのは、ある事物がなんであるかを表象する判断でもなければ、ある事物を生み出すために、私はなにをなすべきかを表象する判断でもない。そうであるから判断力一般のためには、ある対象の形式の経験的表象の主観的合目的性を表現する個別的判断の普遍的妥当性をたんに証明しなければならないであろう。これは、あるものがたんに判定のうちで(感官感覚ないし概念をもたず)満足を与えうることがどのようにして可能であるかを説明するためであり、ある対象の判定が認識一般のために普遍的諸規則をもつのと同様に、どのようにして各人の満足もまた、他のあらゆるひとに対して規則として告げられることが許されるかを説明するためである。

ところでこの普遍妥当性は、他のひとびとが各人の感覚の仕方のために〔賛成〕投票を集め聞き回ることに基づくのではなく、快の感情(与えられた表象についての)について判断する主観のいわば自律に、すなわちその主観自身の趣味に基づくが、それにもかかわらず諸概念から導き出されてはならないとすれば、こうした判断は――趣味判断は実際こうした判断である――二重のしかも論理的な特有性をもっている。すなわち第一に、それはアプリオリな普遍妥当性をもち、しかも諸概念にしたがう論理的普遍性ではなく、個別的判断の普遍性をもつ。第二に、それ

W210　A281　C354 V130

は必然性(必然性はつねにアプリオリな諸根拠に基づかなければならない)をもつ。しかしそれでも、この必然性は、趣味判断があらゆるひとにあえて要求する賛同が、その表象によって強制されうるアプリオリな証明根拠には依存しないのである。

趣味判断は、これらの論理的特有性によってすべての認識判断から区別される。これらの論理的特有性の解明は、ここでわれわれがまずはじめに趣味判断のすべての内容、つまり快の感情を捨象して、たんに美感的形式だけを論理学が指定するような客観的判断の形式と比較するならば、それだけでこの特異な能力〔趣味〕の演繹には十分であろう。それゆえわれわれは、趣味のこうした特徴的な諸特性をまず実例によって究明しつつ明らかにしたいと思う。

第三二節　趣味判断の第一の特有性

趣味判断は、あたかもこの判断が客観的であるかのようにあらゆるひとの賛同を要求して、満足に関して判断の対象を(美として)規定する。

「この花は美しい」と言うのは、あらゆるひとの満足を要求する花自身の口真似をして花の要求を繰り返し言うのと、ちょうど同じ意味である。この花は、花の匂いの快適さによって、どのような要求ももつわけではない。花の匂いはあるひとを喜ばせるが、他のひとには頭痛を起こさせる。ところで、このことから次のように推測される。美は花自身の一つの特性とみなされなければならず、この特性は、ひとびとの頭数とそれだけ多数の感官の差異にしたがうのではなく、この花について判断しようとするとき、ひとびととその感官はこの特性にしたがわなければならないこと以外にありうるだろうか、と。それにもかかわらず、事情はそうではない。というのも、趣味判断は、

W211　A282　C355　V131

ある事物を受け取るわれわれの仕方にそれがしたがうような性状にしたがってのみその事物を美しいと呼ぶのであり、まさにここにこそ趣味判断は成り立つからである。

さらに主観の趣味を証明すべきあらゆる判断には、次のことが要求される。主観は経験によって他のひとびとの諸判断の間を手探りして回り、同じ対象についてのひとびとの満足ないし不満足についてあらかじめ知る必要はなく、自分だけで判断すべきであり、したがって主観は、ある物が実際上一般的に満足を与えるという理由で、自分の判断を模倣として表明してはならず、アプリオリに表明*すべきである。しかし、アプリオリな判断というものは、客観の認識のために判断が原理を含むような客観についてのある概念を含まなければならない、と考えられるかもしれない。しかし趣味判断は、諸概念にはまったく基づいておらず、けっして認識判断*ではなく、たんにある美感的判断にすぎないのである。

したがって若い詩人は、公衆の判断によっても、詩人の友人の判断によっても自分の詩が美しいという確信を曲げようとはしない。また、詩人は公衆や友人の言うことに耳を傾けるとすれば、それは詩人が自分の詩に対する判定を変えるからではなく、たとえ(少なくとも詩人の作品に関して)全公衆が誤った趣味をもっているとしても、それでも詩人が賛同を得たいという自分の欲望のうちに、世間の妄想に(自分の判断に反してすら)やむなくしたがおうとする原因を見出すからである。詩人が自発的に自分の以前下した判断を取り消すのは、ただ後になり自分の判断力が訓練によっていっそう鋭くなった場合だけである。これは、詩人がまったく理性に基づく自分の諸判断に関わる場合でも同様である。趣味は純然たる自律を要求する。他のひとびとの判断を自分自身の判断の規定根拠にすることは他律であるだろう。

V132

C356
W212

古代人の作品が模範として正当に推奨され、その作者が、自分の先例によって民衆に法則を与えるような作者たちの中のある種の貴族にも等しい古典的〔作家〕と呼ばれることは、趣味のアポステリオリな源泉を指示し、あらゆる主観における趣味の自律を否定するようにみえる。しかしながら、古代の数学者たちは、今日まで総合的方法の最高の徹底性と優雅さとのおそらく不可欠な模範とみなされているのであって、このような古代の数学者たちもまた同様に、われわれの側の模倣的理性を証拠立て、また理性が最高の直覚を用いた諸概念の構成による厳密な証明を理性自身から生み出すことはできないという無能力を証拠立てている、と言うことができよう。われわれの諸力の使用は、その使用がどれほど自由であろうとも、また理性(理性は、そのすべての判断をアプリオリな共通の源泉から汲み取らなければならない)の使用ですら、もしもあらゆる主観がつねにまったく粗野な自然の素質から始めるべきであるとすれば、また、もしも他のひとびとが自分たちの試みを携えてあらゆる主観に先行しないとすれば、必ず誤りを犯す試みに陥るであろう。このひとびとの先行する試みは、後続のひとびとをたんなる模倣者にするためではなく、先行するひとびとのやり方によって後続の他のひとびとに手がかりを与え、こうして後続のひとびとが自分自身のうちに諸原理を求め、しばしばいっそう優れたかれら自身の道を歩ませるためである。宗教では、疑いなく各人は自分の振舞いの規則を自分自身から得てこなければならない。なぜなら、各人は自分の振舞いに対してみずから責任を負っており、教師や先行者などの他のひとびとに自分の過失の責めを転嫁することはできないからである。こうした宗教ですら、それでも普遍的諸指令が聖職者または哲学者から得られたとしても、あるいはまた自分自身から得られたとしても、これらの普遍的指令によるのでは徳や神聖性の実例によって得られるほどの成果はけっして得られないのである。歴史上みられるこの実例は、人倫性に固有の根源的な(アプリオリな)理念に基づく徳の自律を不要にさせるのでもなく、この自律を模倣のメカニズムへと変化させるのでもない。模範的な創始者の作品が他のひとびとに及ぼしうるあらゆる影響を表わす正しい表現は、先例に関わる継承であって模倣ではない。これは、創始者自身が汲み取ったのと同じ源泉から汲み取り、自分の先行者からその際振舞い方だけを学びとるのと同じ意味である。しかし、すべての能力や才能のうちで趣味は、その判断が諸概念や諸指令によって規定されることはできないのであるから、開化の進行のうちでもっとも長く賛同を保持し続けてきたものの実例をもっとも多く必要とする。それは、趣味がふたたび無作法なものとなり、最初の試みの粗野な状態へと逆戻りしないためである。

第三三節　趣味判断の第二の特有性

趣味判断は、あたかもたんに主観的であるかのように証明根拠によってはまったく規定可能ではない。

まず第一に、誰かが、ある建築物、ある眺め、ある詩を美しいと認めない場合、そのひとは、それを高く賞賛する百人の声すべてによっても、それに賛同することを内的に強制されることはできない。かれは、自分が没趣味であるとみなされないために、あたかもそれがかれにも満足を与えるかのように装うかもしれない。それどころか、かれは、ある種の諸対象を十分多く知ることによって、自分の趣味を十分養成したかどうかを疑い始めることすらありうる（他のすべてのひとは町であるとみなしているものを遠方からみて森であると認識して信じているひとが、自分自身の視覚の判断を疑うように）。しかしかれは、他のひとびとの賛同が美の判定に対して妥当な証明をまったく与えないことを明確に洞察している。また、他のひとびとがあるいはかれに代わって眺め観察したりすることもありうる。多くのひとが同様な仕方で見たものは、それを別様に見たと信じているかれに対して理論的な、したがって論理的な判断には十分な証明根拠として役立ちうるとしても、しかし他のひとびとに満足を与えたものは、美感的判断の根拠としてけっして役立つことはできない。これらのことをかれは明確に洞察している。われわれに不都合な他のひとびとの判断は、われわれの判断に関して疑念を起こさせることがありうるのは当然であるが、しかし、われわれの判断が正しくないと確信させることはけっしてできない。それゆえ、趣味判断を誰かに強要するような経験的証明根拠は存在しないのである。

第二に、まして規定された諸規則にしたがうアプリオリな証明は、美についての判断を規定することはできない。誰かが私にかれの詩を朗読し、あるいは私を演劇に案内して、それが私の趣味を結局満足させない場合、かれは、自分の詩が美しいことを証明するためにバトゥー[26]やレッシング[27]、あるいはもっと古い時代のさらに有名な趣味の批評家たちや、かれらによって定められたあらゆる規則を引用するかもしれない。また、私を満足させないある章句は、美の諸規則（その箇所で与えられ、普遍的に承認されているような）と十分合致することがあるかもしれない。〔しかしそれでも〕私は耳をふさいで、どんな理由や理屈も聞こうとはしないであろう。そして、私の判断がアプリオリな証明根拠によって規定されるべきであると想定するよりも、むしろ批評家たちのあの諸規則が誤っているか、あるいは少なくともここでは、これらの規則を適用すべき事例ではないと想定するであろう。というのも、私の判断は趣味の判断であるべきであって、悟性ないし理性の判断であってはならないからである。

このことは、この美感的判定能力にまさに趣味という名前が付与されてきた主要な理由の一つであると思われる。というのも、誰かがある料理の全材料を私に語り、材料のそれぞれについていずれも平素私には快適であり、その

A285　C358

うえこの食事が健康によいと推奨することは当然であるとしても、私はこうした理由すべてには耳を傾けず、私の舌と私の口でこの料理を味わい、それにしたがって（普遍的諸原理にしたがってではなく）私の判断を下すからである。 V 135 W215

実際に趣味判断は、つねにどこまでも客観についての個別的〔単称的〕判断として下される。悟性は、満足を与えるという点について、その客観を他のひとびとの判断と比較することによって、普遍的〔全称的〕判断を形成することはできる。たとえば、「すべてのチューリップは美しい」という判断である。しかしこの判断は、この場合趣味判断ではなく、論理的判断であり、この判断は、ある客観と趣味との関係をある種の諸物一般の述語とする。しかし、私が与えられた個々のチューリップを美しいと認める判断、すなわちこのチューリップについての私の満足を普遍妥当的であると認める判断は、ただ趣味判断だけである。しかし、趣味判断のこの特有性は、この判断がたんに主観的妥当性をもつにすぎないにもかかわらず、もしもこの判断が認識根拠に基づき、証明によって強制されうるような客観的判断でありさえすれば、この判断がすべての主観に対してつねに起こりうるような要求をすることにある。

第三四節　趣味の客観的原理は可能ではない

C 359

趣味の原理は、ある対象の概念がある原則の条件のもとに包摂され、ついで推論によってこの対象が美しいことを引き出せるような原則であると理解されるであろう。しかし、これは端的に不可能である。というのも、私はこの対象の表象について直接に快を感覚しなければならず、快は証明根拠によって私に押し付けられることはできないからである。ヒュームが言うように⑵⑻、たとえ批評家たちはすべて、料理人よりもさらにもっともらしい理屈をこねることはできるとしても、それでも批評家たちは料理人と同じ運命にある。批評家たちは、かれらの判断の規定根拠を証明根拠の力から期待することはできず、すべての指令や規則を斥けて、主観自身の状態（快ないし不快の）に対する主観の反省からのみ期待することができる。

しかしそれにもかかわらず、批評家たちは、かれらの判断の規定根拠について理屈をこねることができるのであり、理屈をこねるべきであって、このようにしてわれわれの趣味判断は訂正され拡張される。このことは、ある普遍的に使用可能な方式のうちでこの種の美感的判断の規定根拠を提示することではない。これは不可能である。そうではなくて、これは、このような諸判断における認識諸能力とそれらの仕事とについて探究し、これら相互間の主観的合目的性を実例によって事細かに説明するためである。与えられた表象における主観的合目的性の形式がこの表象の対象の美であることは、上述しておいた。それゆえ、趣味そのものの批判は、ある客観がそれによってわれわれに与えられる表象に関してはたんに主観的である。すなわち趣味の批判は、与えられた表象における悟性と構想力との相互的関係を（先行する感覚や概念と関係せず）、したがって両者の一致ないし不一致を諸規則のもとにもたらし、両者をこれらの条件に関して規定する技術ないし学である。趣味の批判は、このことを実例だけで示す場合には技術であり、こうした判定の可能性を認識諸能力一般としてのこれらの能力の本性から導き出す場合には、趣味の批判は学である。ここでわれわれが問わなければならないのは、もっぱら超越論的批判としての学だけである。この超越論的批判は、趣味の主観的原理を判断力のアプリオリな原理として展開し、それを正当化すべきである。技術としての批判は、趣味が現実にそれにしたがって働く自然学〔生理学〕的な（ここでは心理学的な）、したがって経験的な諸規則を(これらの規則の可能性に関しては熟考せずに)趣味の諸対象の判定に適用することを試み、また美術の諸産物を批判する。これは、学としての批判がこれらの産物を判定する能力そのものを批判するのと同様である。

第三五節　趣味の原理は判断力一般の主観的原理である

趣味判断が論理的判断から区別されるのは、論理的判断がある表象を客観についての諸概念のもとに包摂するが、趣味判断は表象を概念のもとにまったく包摂しないことにある。なぜなら、もしも包摂するならば、必然的な普遍的賛同は証明によって強制されうるだろうからである。それにもかかわらず、趣味判断はある普遍性と必然性を言い立てる点で論理的判断と類似している。しかし趣味判断は、客観についての諸概念にしたがうのではなく、したがってたんに主観的な普遍性と必然性を言い立てるのである。ところで、判断における諸概念はその判断の内容(客観の認識に属するもの)を形づくるが、趣味判断は諸概念によって規定できないのであるから、趣味判断は判断一般の主観的形式的条件にのみ基づいている。すべての判断の主観的条件は、判断する能力そのもの、すなわち判断力である。ある対象がそれによって与えられる表象に関して使用されるためには、判断力は二つの表象力の合致を必要とする。つまり、構想力(直観と直観の多様なものの総括*とのための)と悟性(こうした総括の統一の表象としての概念のための)との合致が必要である。ところで、ここでは客観についての概念はこの判断の根底にないのであるから、この判断は、総じて悟性が直観から諸概念に到達するための諸条件*のもとに構想力そのものを包摂すること(ある対象がそれによって与えられる表象に際して)にのみ成り立つ。すなわち、構想力が概念をもたず図式機能を営むというまさにこの点に構想力の自由は存するのであるから、趣味判断は、自由のうちにある構想力と、合法則性をともなう悟性とが相互に活気づけることのたんなる感覚に基づかなければならず、それゆえある感情に基づかなければならない。この感情は、自由に戯れる認識諸能力の促進のために表象(これによってある対象が与えられる)の合目的性にしたがって、対象を判定させる感情である。また趣味は、主観的判断力として包摂の原理を含む。しかしこれは、諸直観を諸概念のもとに包摂する原理ではなく、諸直観ないし描出の能力(すなわち構想力)を諸概念の能力(すなわち悟性)のもとに包摂する原理であり、それも自由のうちにある構想力が合法則性におけるる悟性と合致するかぎり、そのような包摂の原理である。*

ところで、趣味判断の演繹によってこの権利根拠を発見するために、この種の諸判断の形式的な諸特有性だけが、したがってこの種の諸判断についてたんに論理的形式が考察されるかぎり、われわれを導く手引きとして役立つことができる。

第三六節　趣味判断の演繹の課題について

ある対象の知覚には、この知覚がその経験的述語を含む客観一般についての概念が直接に結合されて、この概念は一つの認識判断となることができるのであり、これによって一つの経験判断を生み出すことができる。ところで、この経験判断を客観の規定として考えるためには、この判断の根底に直観の多様なものの総合的統一についてのアプリオリな諸概念が存在している。また、これらの概念(諸カテゴリー)は演繹を必要としており、これは『純粋理性批判』のうちでも与えられ、どのようにしてアプリオリな総合的認識判断は可能であるかという課題の解決も、これによって果たすことができた。それゆえこの課題は、純粋悟性とその理論的諸判断とのアプリオリな諸原理に関わっていたのである。

しかしまた知覚には、快(ないし不快)の感情と、客観の表象をともなってこの表象に述語の代わりとして役立つ満足とが直接に結合されることができるのであり、こうして認識判断ではない美感的判断が生じることができる。この判断は、たんなる感覚判断ではなく、この満足を必然的としてあらゆるひとにあえて要求する形式的な反省判断であるとすれば、この判断の根底には、アプリオリな原理としてあるものが存在しなければならない。そしてこの原理は、たんに主観的原理であるとしても(客観的原理はこの種の判断には不可能であるとすれば)、しかしまたこうした原理として演繹を必要とするが、これによってどのようにして美感的判断は必然性を要求しうるかが把握される。ところで、われわれがいま扱っている課題、すなわちどのようにして趣味判断は可能であるかという課題は、実はこの点に基づいている。それゆえこの課題は、美感的諸判断における純粋判断力のアプリオリな諸原理に関わる。言い換えれば、こうした美感的諸判断では、判断力は(理論的諸判断でのように)客観的な悟性諸概念のもとにたんに包摂するのではなく、またある法則のもとに立つのでもなくて、判断力はそれ自身が主観的に対象でありまた法則なのである。

この課題は、また次のように表わすこともできる。すなわち、たんにある対象についての自分自身の快の感情に基づいて、対象の概念には依存せず、この快を他のあらゆる主観のうちで同一の客観の表象に付随しているものとして、アプリオリに、つまり他人の賛同をまつ必要なく判定する判断はどのようにして可能であるか、という課題である。

V139　W219　C362

趣味判断が総合判断であることは、容易に洞察することができる。なぜなら、趣味判断は、客観の概念を超え、客観の直観をすら超えて、まったく認識ではないあるものを、すなわち快(ないし不快)の感情を述語として直観に付け加えるからである。しかし、たとえこの述語(表象と結合された自分自身の快という)は経験的であるとしても、それにもかかわらず、〔趣味判断によって〕要求されるあらゆるひとの賛同に関して言えば、趣味判断はアプリオリな判断であること、あるいはアプリオリな判断とみなされようとすることは、これまた趣味判断の要求の諸表現のうちにすでに含まれている。こうして判断力批判のこの課題は、どのようにしてアプリオリな総合判断は可能であるかという、超越論的哲学の普遍的課題に属しているのである。

第三七節　趣味判断のうちで対象について本来アプリオリに主張されるのはなにか

ある対象についての表象が直接に快と結合されていることは、ただ内的にだけ知覚されうることであり、もしもこれ以上のことを示そうとしなければ、それはたんに経験的判断を与えるだけであろう。というのも、理性のうちには意志を規定するアプリオリな原理が根底にある場合を除けば、私は、表象と規定された感情(快ないし不快の)とをアプリオリに結合することはできないからである。というのも、このように結合されうるとすれば、快(道徳的感情における)は意志を規定するアプリオリな原理からの帰結であるが、しかしまさにこの理由によって、趣味における快とまったく比較されることはできないからである。なぜなら、道徳的感情における快は、ある法則についての規定された概念を必要とするからである。これに反して、趣味における快は、あらゆる概念に先行して、たんなる判定と直接に結合しているべきだからである。それゆえまた、趣味判断はすべて個別的〔単称的〕判断である。なぜなら、趣味判断は満足という判断の述語を概念と結合するのではなく、ある与えられた個別的な経験的表象と結合するからである。

それゆえ、趣味判断のうちで判断力に対する普遍的規則として、あらゆるひとに妥当するものとしてアプリオリに表象されるのは、快ではなく、この快の普遍妥当性である。この普遍妥当性は、心のうちである対象のたんなる判定と結合されたものとして知覚されるのである。私がある対象を快をもって知覚し判定することは、経験的判断である。しかし、私がこの対象を美しいと認めることは、すなわち、こうした満足をあらゆるひとに必然的なものとしてあえて要求してよいことは、アプリオリな判断である。 V140

第三八節　趣味判断の演繹

純粋な趣味判断のうちでは、対象についての満足は対象の形式のたんなる判定と結合されていることが認容されるならば、われわれが心のうちでこの対象の表象と結合していることを感覚するのは、判断力に対する対象の形式の主観的合目的性に他ならない。ところで判断力は、判定の形式的諸規則に関して、あらゆる実質をもたず(感官感覚も概念も欠いて)、たんに判断力一般(これは特殊な感官のあり方にも、特殊な悟性概念にも適合していない*) A290 の使用の主観的諸条件に向けられうるにすぎない。したがって、すべての人間に(可能な認識一般に必要なものとして)前提されうる主観的なものに向けられうるにすぎない。それだから、ある表象と判断力のこれらの条件との W221 合致は、あらゆるひとにアプリオリに妥当すると想定されることができなければならない。言い換えれば、快は、 C364

すなわち感性的対象一般の判定における認識諸能力の関係に対する表象の主観的合目的性は、当然あらゆるひとにあえて要求されうるであろう。(原注)

（原注）　美感的判断力のたんに主観的諸根拠に基づく判断に対する普遍的賛同を要求する権限をもつためには、次の点が認容されるだけで十分である。すなわち、㈠この〔判断力という〕能力の主観的諸条件は、この能力のうちで活動させられている認識諸力と認識一般との関係に関しては、すべての人間では同一である。このことは真でなければならない。なぜなら、そうでなければ、人間は自分たちの諸表象を、また認識すらも相互に伝達できないことになるだろうからである。㈡この判断は、たんにこの関係（したがって判断力の形式的条件）だけを顧慮したのであり、また純粋である。言い換えれば、この判断は、規定根拠として客観についての諸概念も諸感覚も混入していないのである。たとえ規定根拠として混入していないという点に関して誤りがあったとしても、この誤りは、ある法則がわれわれに与える権能をある特殊な事例に間違って適用したことに関わるだけであって、これによって、この権能一般が廃棄されるわけではないのである。

V141

注解

この演繹は、概念の客観的実在性を正当化する必要がないのであるから、きわめて容易である。というのも、美は客観についての概念ではなく、趣味判断は認識判断ではないからである。趣味判断はこう主張するだけである。われわれには、われわれのうちに見出すのと同じ判断力の主観的諸条件をあらゆる人間に普遍的に前提する権限があり、さらにまた、われわれはこれらの条件のもとに与えられた客観を正しく包摂したのである、と。ところで、この包摂の場合、論理的判断力には付随しない不可避の困難があるとしても（なぜなら、論理的判断力では諸概念のもとに包摂されるが、しかし美感的判断力では、客観の表象された形式について相互に調和する構想力と悟性と

A291
W222

のたんに感覚可能な関係のもとに包摂され、この場合に包摂は容易に誤ることがありうるからである)、それでも普遍的賛同を期待する判断力の要求の合法性は、これによって少しも奪われることはない。結局のところこの要求は、主観的諸根拠に基づいてあらゆるひとに妥当すると判断する原理の正しさだけに帰着する。というのも、この原理のもとに包摂する正しさについて生じる困難と疑念に関して言えば、この包摂は、美感的判断一般のこの妥当性に対する要求の合法性を、したがってこの原理そのものを疑わせるものではないからである。このことは、論理的判断力が自分の原理のもとに誤って包摂することが(たとえ〔この包摂は〕そうしばしば起こらず、また容易に起こることはないとしても)、客観的であるこの原理を疑わせるものではないのと同様だからである。しかし、自然を趣味の諸対象の総括としてアプリオリに想定することはどのようにして可能であるかが問われるとすれば、この課題は目的論と関係する。なぜなら、われわれの判断力に対して合目的的諸形式を提示することは、自然の概念に本質的に付随するような自然*の目的とみなされなければならないだろうからである。しかし、この想定の正しさはなおきわめて疑問である。ところが、自然の諸々の美の現実性は経験には明らかである。

第三九節　感覚の伝達可能性について

感覚が知覚の実在的なものとして認識に関係づけられるならば、感覚は感官感覚と呼ばれる。またあらゆるひとがわれわれの感官と同じ感官をもつと想定されるならば、感覚の質の種別的なものは、あまねく等しい仕方で伝達可能であると表象することができる。しかしこのことは、感官感覚について端的に前提されることはできない。そこで、嗅覚の感官を欠いているひとには、この種の感覚は伝達されることができない。また、たとえそのひとが嗅覚の感官を欠いていないとしても、そのひとが、ある花についてわれわれがもつのとまったく同じ感覚をもつかどうかは確実ではない。それどころかわれわれは、まさに同一の感官対象を感覚する際の快適ないし不快適に関しては、人間には相違があると表象しなければならず、こうした諸対象についての快があらゆるひとによって承認されることは、端的に要求されることはできない。この種の快は、感官を通じて心のうちに入り込み、それゆえわれわれは、その際受動的であるから、この種の快は享受の快と呼ぶことができる。

これに反して、ある行為の道徳的性状のためにこの行為について得られる満足は、享受の快ではなく、自発的活動の快であり、この自発的活動が行為する者の使命の理念と適合することの快である。しかし、人倫的感情と呼ばれるこの感情は、諸概念が必要であり、また自由な合目的性を描出せず、むしろ合法則的な合目的性を描出する。それゆえ、この感情は、理性を介する以外に普遍的に伝達されることはできず、また、この快があらゆるひとについて同種的であるべきであるとすれば、きわめて明確な実践的理性諸概念によって普遍的に伝達されうるのである。

自然の崇高なものについての快もまた、理性的な観照の快として普遍的共感を要求はするが、しかしそれでも、すでに別の感情を、すなわちそのひとの超感性的使命の感情を前提する。この感情は、どれほど曖昧であろうとも、ある道徳的基礎をもっている。しかし、他の人間もこのことを顧慮し、自然の荒々しい偉大さを観察してある満足を見出すであろう(この満足は、むしろ威嚇的であるような自然の眺めに実際に帰することはできない)ことを端的に前提する権限を私はもたない。それにもかかわらず私は、あらゆる適切な機会にあの道徳的素質が顧慮されるべきであることを考慮して、あらゆるひとにあの満足をあえて要求することができる。しかし、それは道徳法則を介してのみできるのであり、道徳法則は、それ自身また理性の諸概念に基づいているのである。

これに反して、美しいものについての快は、享受の快でも合法則的活動の快でもなく、また諸理念にしたがう理性的観照の快でもなく、たんなる反省の快である。この快は、およそ目的ないし原則を規準とせず、構想力によるある対象の普通の把捉にともなう。この把捉は、きわめて普通の経験のためにも行使しなければならないような判断力の手続きを介して、直観の能力としての構想力が諸概念の能力としての悟性に関係することによって、行われるのである。ただ異なるのは、判断力は、この〔経験を得る〕場合には、経験的な客観的概念を知覚するために、この手続きをとらなければならないのであるが、あの場合には(美感的判定では)判断力は、たんに表象が両認識能力の自由における調和的な(主観的＝合目的的な)営みに適合していることを知覚するためにだけ、すなわち、その表象状態を快をもって感覚するためにだけ、その手続きをとらなければならないという点にある。この快は、必然的にあらゆるひとの場合に同一の諸条件に基づかなければならない。なぜなら、これらの条件は認識一般の可能性の主観的諸条件であり、趣味のために必要とされるこの両認識能力の釣り合いは、あらゆるひとに前提されてよい普通の健全な悟性にも必要とされるからである。まさにこの理由から、趣味によって判断するひとは(そのひとがこれを意識して誤りを犯さず、実質を形式と取り違え、魅力を美と取り違えることさえなければ)、主観的合目的性を、すなわち客観についての自分の満足を他のあらゆるひとにあえて要求してもよいのであり、また自分の感情を普遍的に伝達可能なものとして、しかも諸概念を介さず想定してもよいのである。

第四〇節　一種の共通感覚としての趣味について

判断力の反省よりも、むしろたんにこの反省の成果が注目されるならば、ひとは判断力にしばしば感官 Sinn という名称を与えて、真理感〔官〕、礼儀感〔官〕、正義感〔官〕などについて語る。とはいえひとは、これらの概念が場を占めうるのは、感官というものではなく、まして感官は普遍的諸規則を発言する資格を少しももたず、むしろわれわれが諸感官を超えていっそう高次の認識諸能力へ高まりうるのでなければ、われわれは真理、礼儀作法、美ないし正義についてこの種の表象をけっして思い浮かべることはできないことを知っており、少なくとも当然知るべきなのである。普通の人間悟性〔常識〕は、たんに健全な(まだ開化されていない)悟性として、人間という名称を要求するものにだけ期待されうるもののうちで最小限度のものとみなされている。それゆえまた、この普通の人間悟性は、共通感覚 Gemeinsinn (sensus communis) という名称が付与されるという、いかがわしい名誉をもっている。しかも、普通〔共通〕gemein という言葉は(この点で実際に曖昧さを含んでいるドイツ語だけでなく、他の多くの国語でも)、いたるところで見出される卑俗なもの das vulgare というほどの意味で理解されており、これを所有していることは、けっして功績でもなければ、長所でもないのである。

　しかし共通感覚 sensus communis は、ある共通の感覚[29] gemeinschaftlicher Sinn の理念、すなわち、次のような判定能力の理念と理解されなければならない。この判定能力は、自分の反省のうちで他のあらゆるひとの表象の仕方を思想のうちで(アプリオリに)顧慮する。それは、いわば総体的な人間理性と自分の判断とを照らし合わせるためであり、これによって、容易に客観的とみなされかねない主観的な個人的諸条件に基づいて、判断に不利な影響を及ぼすかもしれない錯覚から免れるためである。ところでこうしたことは、ひとが自分の判断を他のひとびとの現実的判断というよりも、むしろたんに可能な諸判断と照らし合わせて、われわれ自身の判定に偶然付随する諸制限をたんに捨象して、他のあらゆるひとの立場に自分を置き換えることによって起こるのである。このことはま

W225

V145　A294
C368

た、ひとが表象状態のうちで実質、すなわち感覚であるものをできるかぎり除去し、もっぱら自分の表象ないし表象状態の形式的諸特有性に注意を払うことによって実現される。ところで、反省のこうした操作は、おそらくあまりにも技巧的すぎるので、われわれが共通感覚 gemeiner Sinn と呼ぶ能力にそれを帰することはできないようにみえる。しかしながら、この操作は、抽象的な諸方式として表現される場合にだけ、そのようにみえるのである。普遍的規則として役立つべき判断を求める場合には、魅力と感動を捨象することほどそれ自体として自然なことはないのである。

　普通の人間悟性の次の諸格率は、趣味批判の一部分としてここに属するのではないが、しかし趣味批判の諸原則を解明するために役立つことはできる。それは、こうである。一　自分で考えること。二　他のあらゆるひとの立場に立って考えること。三　つねに自分自身と一致して考えること。第一の格率は、偏見にとらわれない考え方の格率であり、第二の格率は、拡張された考え方の格率であり、第三の格率は、首尾一貫した考え方の格率である。[30] 第一の格率は、けっして受動的ではない理性の格率である。受動的な理性に向かう性癖、したがって理性の他律に向かう性癖は、偏見と呼ばれる。また、あらゆる偏見のうちで最大の偏見は、悟性が自分自身の本質的法則によって自然の根底に置く諸規則に自然*が服従しないと表象することであり、すなわち迷信である。迷信からの解放は啓蒙と呼ばれる。[原注] なぜなら、たとえ啓蒙というこの名称は偏見一般からの解放にふさわしいとしても、それでも迷信は優れて(in sensu eminenti 優れた意味で)偏見と呼ばれるに値するからである。それというのも、迷信がわれわれを陥らせる盲目状態は、それどころか迷信は、盲目状態を責務としてすら要求するが、こうした盲目状態は、他のひとびとに導かれたいという欲求を、したがって受動的な理性の状態を特別目立たせるからである。考え方の第二

W226　C369 V146　A295 W227

の格率に関して言えば、われわれは普通、そのひとの才能が大きな使用（とりわけ強度の使用）に十分でないようなひとびとを偏狭な（拡張されたの反対である〔考え方の〕狭い）ひとと呼ぶことに慣れている。しかしながら、ここでの問題は認識の能力ではなく、この能力を合目的的に使用する考え方にある。その人間の天賦の才が達する範囲と程度とがどれだけ小さくても、それにもかかわらず、他の多くのひとがその中にいわば括弧づけられている判断の主観的な個人的諸条件を乗り越えることができ、* 普遍的な立場（かれは、他のひとびとの立場へと自分を置き換えることによってのみこの立場を規定できる）から、自分自身の判断を反省するならば、この考え方は、拡張された考え方をもつひとであることを示している。第三の格率、つまり首尾一貫した考え方の格率は、達成されるのがもっとも困難である。だから第一の考え方と第二の考え方との結合によってのみ、またこれらの考え方を繰り返し遵守することに熟練した後にはじめて達成されることができる。これらの格率のうち第一の格率は悟性の格率であり、第二の格率は判断力の格率であって、第三の格率は理性の格率である、と言うことができる。——

A294 C368 V145 W226
（原注）　啓蒙は、〔一般的に〕命題としてはin thesi容易であるが、しかし具体的にはin hypothesi困難で徐々に実現されるべき事柄であることは、ただちに分かる。なぜなら、自分の理性について受動的ではなく、つねに自分自身に対して立法的であることは、自分の本質的目的にのみ適合しようと欲して、自分の悟性を超えているものを知ろうと求めない人間にとっては、きわめて容易なことである。しかし、自分の悟性を超えているものを求めようとする努力はほとんど防止できず、またこうした知識欲を満足させることができると多大な確信をもって約束する他のひとびとがなくなることはけっしてないで
V146
あろうから、このたんに消極的なこと（これが本来の啓蒙を成り立たせる）を考え方（とりわけ公衆の考え方）のうちで保持し樹立することは、きわめて困難だからである。(31)

A295 C369 W227
以上の余談によって途切れた話の糸口をふたたび取り上げて、私は次のように言う。趣味は、健全な悟性〔常識〕

がそう呼ばれるよりも多くの権利をもって、共通感覚 sensus communis と呼ばれることができる。また、感官という言葉をたんなる反省が心に及ぼす結果について使用しようとすれば、そのとき感官は快の感情と理解されるのであるから、知性的判断力よりも、むしろ美感的判断力が共通感覚(原注)という名称をもつことができる、と。さらに趣味は、ある与えられた表象についてのわれわれの感情を、概念を介さず普遍的に伝達可能にするものの判定能力であると定義することができるであろう。 W228 V147

(原注)　趣味は美感的共通感覚 sensus communis aestheticus によって、普通の人間悟性は論理的共通感覚 sensus communis logicus によって言い表わすこともできよう。 W227

人間が自分たちの思想を相互に伝達する際の熟練もまた、概念には直観を加え、直観にはふたたび概念を加えて両者が合流して一つの認識になるためには、構想力と悟性とのある関係が必要である。 C370 W228 しかしこの場合には、二つの心の力の合致は規定された諸概念の強制のもとで合法則的である。 A296 ただ、自由のうちにある構想力が悟性を目覚めさせ、また悟性が概念をもたず構想力を規則に適合する戯れのうちに置き換える場合にのみ、この表象は思想としてではなく、心の合目的状態の内的感情として伝達されるのである。

それゆえ趣味は、与えられた表象と(概念を介さず)結合している諸感情の伝達可能性をアプリオリに判定する能力である。

自分の感情のたんなる普遍的伝達可能性は、それ自体ですでにわれわれに対するある関心をともなわなければならないと想定されてよいとすれば(しかし、たんに反省的判断力の性状からこのことを推論する権限はない)、どのようなわけで趣味判断におけるこの感情はいわば義務としてあらゆるひとに要求されるのかが説明されうるであろう。

第四一節　美しいものに対する経験的関心について

趣味判断によってあるものは美しいと言明される。このような趣味判断が規定根拠として関心をもってはならないことは、以上から十分に証明された。しかしこのことから、趣味判断は純粋な美感的判断として与えられた後では、この判断が関心と結合されることはできないという帰結は生じない。それにしても、この結合はつねにただ間接的でありうるにすぎないであろう。言い換えれば、ある対象に対するたんなる反省の満足と、さらにその対象の V148 W229
現存についての快(すべての関心はここに成り立つ)とを連結しうるためには、趣味は、なによりもまずある他のものと結合していると表象されなければならない。というのも、ここでの美感的判断のうちでも、認識判断(諸物一般についての)のうちで言われること、すなわち「可能から存在を推論することはできない a posse ad esse non valet consequentia」ことが妥当するからである。ところで、この他のものは、ある経験的なもの、すなわち人間の本性に固有な傾向性でありうるか、それとも理性によってアプリオリに規定されうる意志の特性としてのある知性的なものでありうる。この両者はいずれも、ある客観の現存についての満足を含むことができるのであり、こ C371
うしてすでにそれだけで、なんらの関心も顧慮せず満足を与えたものについての関心に根拠を置くことができるのである。

美しいものが経験的に関心をひくのは、ただ社会のうちだけである。また、社会への衝動が人間にとって自然であると認容され、だが社会に対する有能性と性癖、すなわち社交性が、社会〔形成〕のために規定された被造物とし A297

ての人間の要件として、それゆえ人間性に属する特性として認容されるとすれば、趣味もまた、ひとが自分の感情すらも他のあらゆるひとに伝達できるようなすべてのものの判定能力として、したがって各人の自然的傾向性が要求するものを促進する手段としてみなされることは、間違いないであろう。

荒涼とした島にひとり取り残された人間は、自分だけのために自分の小屋も自分自身も飾ることをしないであろう。あるいは自分を飾るために花を探したり、まして花を植えたりすることもないであろう。むしろ、ただ社会のうちでのみ、そのひとは、たんに人間であるだけでなく、それぞれ自分の流儀にしたがって一人の洗練された人間になろうと思いつくのである(これは文明化の始まりである)。というのも、このような洗練された人間と判定されるのは、自分の快を他のひとびとに伝達することを好み、それに巧みなひとであって、またある客観についての満足を他のひとびとともに感じることができなければ、その客観に満足しないようなひとだからである。各人は、いわば人間性そのものによって厳しく命じられた根源的契約[32]に基づいているかのように、普遍的伝達を顧慮することをあらゆるひとに期待し要求する。そこでもちろんはじめは、たとえば自分の身体を彩るための染料(カリブ族[33]にみられるアナッタ染料やイロケーゼ族にみられる辰砂)、あるいは花、二枚貝の貝殻、美しい色の羽毛などの魅力が、社会で重視され大きな関心と結びつけられる。しかし時代が進むにしたがって、楽しみ、すなわち享受の満足をともなわない美しい諸形式(丸木舟や衣服などにみられる)は、社会では重視されて大きな関心と結びつけられる。ついに最高度に発達した文明化は、これらの形式から洗練された傾向をもつ主要作品を作り上げるまでになり、諸感覚は、普遍的に伝達される度合いに応じるだけ価値がある、と認められるようになる。この場合に各人は、こうした対象について覚える快はほとんど取るに足りないものであり、それだけでは著しい関心をひかないとしても、

W230　V149

それでもこの快が普遍的に伝達可能であるという理念は、この快の価値をほとんど無限に増大させるのである。

しかしこうした関心は、社会への傾向性によって美しいものに間接的に付随する関心であり、したがって経験的である。このような関心は、ここではわれわれに対して少しの重要性ももたず、われわれは、たとえたんに間接的であるとしても、趣味判断にアプリオリに関係するかもしれないものにだけ重要性を認めなければならない。というのも、このような形式のうちに、それと結合した関心が発見されるとしても、趣味は、われわれの判定能力が感官の享受から人倫的感情[34]へと移行することを発見するだろうからである。しかも、このことによって、趣味を合目的的に働かせるよういっそううまく導かれるだけでなく、あらゆる立法が依存しなければならない人間のアプリオリな諸能力の連鎖の中間項〔判断力〕もまた、このようなもの〔趣味〕として明らかにされるであろう。趣味の諸対象と趣味そのものとに対する経験的関心については、次のように言うことはできよう。傾向性はどれだけ洗練されていようとも、趣味は傾向性に服しているのであるから、経験的関心は、社会のうちで最大の多様性と最高の段階に達するあらゆる傾向性や激情と融合させられやすいのであり、美しいものに対する関心がこの融合に基づいている場合、この関心は、快適なものから善いものへのきわめて曖昧な移行を与えることができるだけである、と。しかし、趣味が純粋性のうちで理解される場合、それでも趣味によってこの移行は促進されることができないかどうかについて、われわれは探究する理由をもつのである。

第四二節　美しいものに対する知性的関心について

内的自然素質が人間を駆り立てるそのあらゆる営みを人間性の最終目的に、すなわち道徳的に善いものに好んで向けようとするひとびとは、美しいもの一般に対して関心をもつことを善い道徳的性格のしるしとみなした。これは善意に基づいていたのである。しかし他のひとびとが経験を引き合いに出してかれらに反対したのは、理由のないことではない。趣味の達人たちは、しばしば、それどころか一般的と言えるほど虚栄心が強く、わがままで、破滅的な激情に身を委ねて、人倫的諸原則に忠実であるという長所を要求しうることについては、おそらく他のひとびとより劣っていると論駁してきたのである。こうして、美しいものに対する感情は道徳的感情と種別的に区別されているだけでなく(現実にもそうであるように)、美しいものと結合されうる関心も、道徳的関心と結びつけられうるのは困難であり、内的親和性によって合一されうることはけっしてないようにみえる。

ところで、芸術の美(私は、装飾のために、したがって虚栄のために自然美を人為的に使用することもこの芸術に数え入れる)に対する関心は、道徳的に善いものに服する考え方を証明するのではなく、それが道徳的に善いものに向かう傾きをもつ考え方だけでも証明するものではない。このことを私は喜んで認める。しかしこれに反して、私はこう主張する。すなわち、自然の美に対する直接的関心をもつことは(自然の美を判定するために、たんに趣味をもつだけでなく)、つねに善い魂の一つの特徴を示している。また、この関心が習慣となるならば、この関心は、自然の観照と好んで結合すれば、道徳的感情に好都合な心の調和を少なくとも指示している、と。しかし、ここで私が本来考えているのは、自然の美しい諸形式であって、これに反して私は、自然がきわめて豊富にこれらの形式とも結合するのがつねである魅力をまだ考察から除外している。このことはよく注意しなければならない。なぜなら、これらの魅力に対する関心も直接的であるとしても、それでもこの関心は、経験的だからである。

ただひとりで(しかも自分が観察したことを他のひとびとに伝達しようとする意図をもたず)野生の花、鳥、昆虫などの美しい形態を観察して、これらを讃嘆し、愛好し、たとえこのことによってそのひとが多少の損害を受け、ましてこのことからかれに利益が生じないとしても、こうした美しい形態が自然一般のうちで失われることを厭うひとは、自然の美に対して直接的な、しかも知性的な関心をもっている。言い換えれば、自然の産物が形式からみてかれに満足を与えるだけでなく、この産物の現存在もまた、かれに満足を与える。但し、その際感官の魅力は、これに関与せず、かれはなんの目的もこれと結合しないのである。

しかし、ここで注意すべきことがある。すなわち、ひとが美しいもののこの愛好家を密かに欺いて、造花（これは自然の花ときわめて類似して製作されうる）を地中に刺して、あるいは巧みに彫刻された鳥を樹木の枝の上に置き、この愛好家がやがてこれらの欺きに気づいたとすれば、この愛好家が以前にこれらに対してもっていた直接的関心は、ただちに消え去るであろう。しかしおそらく別の関心が、つまり自分の部屋を人目につくようこれらで飾り立てようとする虚栄の関心が、直接的関心に代わって現れるであろう、ということである。自然があの美を生み出したというこの思想は、直観と反省にともなっていなければならない。また、ひとがあの美に対してもつ直接的関心は、この思想にのみ基づいている。そうでなければ、あらゆる関心をもたないたんなる趣味判断が残るか、それとも間接的な関心、すなわち社会と関係づけられた関心と結合された趣味判断だけが残る。この関心と結合された趣味判断は、道徳的に善い考え方に対する確実な指示を与えないのである。

自然美は、たとえ形式に関しては芸術美によって凌駕されるとしても、* それでも自然美だけが直接的関心を引き起こすという点では芸術美に優っている。芸術美に対する自然美のこの優越性は、自分の人倫的感情を開化してきたすべての人間の純化された根本的な考え方と合致する。美術の諸産物についてきわめて正確で繊細に判断する十

V151　C374　W233

分な趣味をもつひとは、虚栄心や、いずれにしても社交的な喜びを保っているあの美が見出される部屋をあえて立ち去り、自然の美に向かい、ここでけっして完全には展開することのできないある思想の過程のうちで自分の精神に対していわば悦楽を見出すとすれば、われわれは、このひとのこの選択を尊敬をもって眺め、かれのうちに美しい魂があると前提するであろう。芸術通や愛好家は、これらの対象に対してもつ関心のゆえに、この美しい魂を要求することはできないのである。——ところで、たんなる趣味の判断のうちでは、互いに優劣をほとんど争うことができないこの二種類の客観について、これほど異なる評価の相違はなんであろうか。

われわれは、概念をもたず諸形式について判断し、これらの形式のたんなる判定について満足を見出すという、たんに美感的判断力の能力をもち、この満足をわれわれは、同時にあらゆるひとに対して規則とする。だがこの判断は、関心に基づくのではなく、関心を生み出すのでもない。——他方われわれは、実践的諸格率のたんなる諸形式に対して(これらの格率が普遍的立法の資格をみずからもつかぎり)、ある満足をアプリオリに規定する知性的判断力の能力ももっており、この満足をわれわれは、あらゆるひとに対して法則とする。この場合われわれの判断は、なんらかの関心に基づくことはないが、しかしそれでも関心を生み出すのである。第一の判断における快ないし不快は、趣味の快ないし不快と呼ばれ、第二の判断における快ないし不快は、道徳的感情の快ないし不快と呼ばれるのである。

しかし理性は、諸理念(理性は、これらの理念に対して道徳的感情のうちで直接的関心を引き起こす)が、客観的実在性をもつことに対しても関心をもつ。言い換えれば、理性は、自然が少なくともある暗示を示すか、それともある示唆を与えることに対しても関心をもつのである。すなわち自然は、その諸産物があらゆる関心に依存しないわれわれの満足（この満足をわれわれはアプリオリにあらゆるひとに対して法則として認識するが、この満足を証明に基礎づけることはできない）と合法則的に合致すると想定すべきなんらかの根拠をみずからのうちに含んでいるという暗示ないし示唆である。これらの理由から、理性は、この合致に類似した合致を示す自然のあらゆる現れに対してある関心をもたなければならない。したがって心は、その際自分が同時に関心をもつことに気づかずに自然の美について思索することはできない。しかしこの関心は、類縁性に関して言えば、道徳的である。また、自然の美しいものに対してこの関心をもつひとは、このひとがあらかじめすでに人倫的に善いものに対する自分の関心を十分基礎づけておいたかぎりでのみ、自然の美しいものに対して関心をもつことができる。それゆえ、自然の美が直接に関心をひくようなひとには、少なくとも善い道徳的心術へと向かう素質〔の存在〕を推測すべき理由がある。

道徳的感情との類縁性に基づいて美感的判断をこのように解釈することは、あまりにもわざとらしくみえて、この解釈は、自然がその美しい諸形式のうちで比喩的〔形象的〕にわれわれに語りかける暗号文の真の解読とはみなされない。このようにひとは言うであろう。しかしながら、第一に、自然の美しいものに対するこの直接的関心は、現実には普通よくみられることではなく、考え方が善いものへとすでに成熟しているひとか、あるいはこの成熟に優れて敏感なひとにのみ固有である。そこで、純粋趣味判断は、なんらかの関心に依存せず満足を感じさせ、同時にこの満足を人間性一般にふさわしいものとしてアプリオリに表象する。このような純粋趣味判断と、まさにこれと同じことを諸概念に基づいて行う道徳的判断との類比は、たとえ判明で精緻な熟慮された考察がなくても、道徳的判断の対象に対するのと同様に、趣味判断の対象に対しても直接的関心へと導くのである。ただ異なるのは、趣味判断の直接的関心は自由な関心であるが、道徳的判断の関心は客観的諸法則に基づく関心であるという点だけである。ところで、さらに自然の讃嘆が加わる。それは、自然の美しい諸産物について、たんに偶然によってではなく、いわば意図的に、合法則的な配置にしたがって技術として、また目的のない合目的性として自分を示す自然の讃嘆である。われわれは、この目的を外部には見出さないのであるから、当然この目的をわれわれ自身のうちに、しかも、われわれの現存在の最終目的を形成するもの、すなわち道徳的使命のうちに求めるのである(しかし、こうした自然合目的性の可能性の根拠に関する探究は、目的論のうちではじめて論じられるであろう)。

純粋趣味判断における美術についての満足は、美しい自然についての満足と同じく、直接的関心と結合していない。このことは、これまた容易に説明することができる。というのも、美術は、欺くまでにいたる美しい自然の模倣であるか、それとも意図的にわれわれの満足をあからさまに狙った芸術であるかのいずれかだからである。自然の模倣の場合には、美術は(そのようにみなされた)自然美として効果を与える。しかし満足をあからさまに狙った芸術の場合には、この産物についての満足は、直接には趣味によって引き起こされるであろうが、しかしこの満足は〔その産物の〕根底にある原因に対する間接的関心だけを、つまり芸術に対する間接的関心だけを呼び起こす*であろう。この芸術は、その目的によってのみ関心をひくことができるが、それ自体ではけっして関心をひくことはできない。これは、自然のある客観の美に道徳的理念が連れ添うかぎりでのみ、こうした美によってこの客観が関心をひく場合にも同様である、とおそらくひとは言うであろう。しかし、直接に関心をひくのは、自然の客観ではなく、自然の客観の美がこのように連れ添う資格をもつという自然の美自体の性状であり、それゆえ、このように連れ添うことが自然の美に内的に属しているという自然の美自体の性状である。

美しい自然における魅力は、きわめてしばしば美しい形式といわば融合して見出されるが、この魅力は、光の変

A 302　V 154　C 376　W 235

様(彩色における)に属するか、それとも音の変様(音調における)に属するかのいずれかである。というのも、この両者は、たんに感官感情を許すだけでなく、諸感官のこれらの変様の形式に対する反省も許す唯一の感覚であり、こうしていわば、自然がわれわれに語りかけ、またいっそう高次の意味をもっているようにみえる言語をそれ自身のうちに含む唯一の感覚だからである。たとえば、百合の白い色は心を無垢の理念に調和させるように思われ、また、赤から〔橙、黄、緑、青、藍、〕紫までの七色の順序にしたがって、㈠崇高、㈡大胆、㈢率直、㈣親切、㈤謙譲、㈥不屈、㈦柔和の理念に調和させるように思われる。鳥のさえずりは、悦びや自分の生存に満ち足りていることを告げている。これが自然の意図(35)であるかどうかはともかく、われわれは、少なくともこのように自然を解釈する。しかしこの場合、われわれが美に対してもつこの関心は、美が自然の美であることを是非とも必要とする。また、ひとが〔人為的なものによって〕欺かれて、それが技術にすぎないと気づくや否や、この関心はまったく消滅する。それどころかその場合には、趣味もまた、美しいものを見出すことはできず、視覚も魅力あるものをもはやそこで見出すことはできないのである。柔らかな月の光のもとで、静かな夏の夕暮れに、もの寂しい草むらのなかで鳴くナイチンゲールのうっとりさせる美しい鳴き声にもまして、詩人たちによって高く賞賛されるものはあるだろうか。ところで、こうした歌い手がみつからない場所で、ある愉快な主人が、田舎の空気を味わうためにかれのところに立ち寄った客人たちを大いに満足させるために、ナイチンゲールの鳴き声を(アシやヨシを口に当て)大いに自然のままに真似ることを心得たいたずら好きの若者を草むらに忍ばせて客人たちを欺いた、という実例もある。しかし、これが欺きであると分かるや否や、以前にはきわめて魅力的であると思われたこの鳴き声に耳を傾け辛抱するひとはもはやいないであろう。このことは、他のあらゆる鳴禽類に関してもまったく同様である。われわれは、

V155　C377　W236

美しいものに対して美しいものとして直接的関心をもちうるためには、それは自然でなければならないか、それともわれわれによって自然とみなされなければならない。ましてわれわれは、他のひとびとにすら、それに対して関心をもつべきであると要求してよい場合にはなおさらである。美しい自然に対する感情をもたず(というのも、われわれは美しい自然を観照する際の関心の感受性を美しい自然に対する感情と呼ぶのであるから)、飲食に際してたんなる感官感覚の享受に固執するひとびとの考え方を、粗雑であり下賤であるとわれわれはみなすことによって、こうしたことは実際に行われているのである。

第四三節　技術一般について

(一)　行為(facere)が働きないし作用(agere)一般から区別されるのと同様に、技術[36]は自然から区別され、また技術の産物ないし帰結は、作品(opus)として、結果(effectus)としての自然の産物ないし帰結から区別される。

正しく言えば、自由による産出、すなわちその働きの根底に理性を置く選択意志による産出だけが、技術と呼ばれるべきであろう。というのも、たとえ蜜蜂の産物(規則正しく作られた蜂の巣)が好んで技術作品と呼ばれるとしても、それでもこのことは、この〔産出による〕技術との類比によってのみ生じる。すなわち、蜜蜂は、自分の仕事を固有の理性の熟慮に基礎づけていないことに思いつけば、これは蜜蜂の自然(本能)の産物であり、これは技術として蜜蜂の創造者にのみ帰せられる、とひとはただちに言うのである。

沼沢を注意深く捜し回る際、時折あるように削り整えられた木片を見出すとすれば、これは自然の産物であると言わず、技術の産物である、とひとは言う。つまり、*これを産み出した原因は、ある目的を思い浮かべていたのであり、この産物はその形式をこの目的に負っている。そうでなければ、あるものの表象がそれの原因のうちにそのものの現実性に先行していなければならないとしても（蜜蜂の場合ですらそうであるように）、それでも結果は、その原因によって考えられる必要のないあらゆるものについても、技術を認めることになるであろう。しかし、自然結果からあるものを区別するために、あるものを端的に技術作品と呼ぶ場合、このことではつねに人間の作品が理解されている。

（二）　技術は、人間の熟練として、学からも区別される（なしうることは知ることから区別される）。これは、実践的能力が理論的能力から区別され、また技巧が理論から区別される（測量術が幾何学から区別されるように）のと同様である。したがって、なされるべきことを知りさえすれば、それゆえ、欲求された結果だけを十分に知るならば、ただちになしうるようなものも、技術とは呼ばれない。たとえそれをきわめて完璧に知っているとしても、だからといってただちにそれを造る熟練をまだもたないものだけが、そのかぎりで技術に属する。カンペルは[37]、最良の靴がどのようなものでなければならないかをきわめて精密に記述している。しかしカンペルは、明らかに靴を造ることはできなかったのである[原注]。

（原注）　私の地方では、たとえばコロンブスの卵のような課題が課せられると、普通のひとは、「それは技術ではなく、学〔知識〕にすぎない」と言う。すなわち、それを知ればできるということである。また、かれはちょうど同じことを手品師のいわゆる技術すべてについて言う。これに反して、かれは綱渡り師の技術を技術と呼ぶことはまったく拒まないであろう。

（三）　技術は、手仕事からも区別される。技術は自由な技術と呼ばれ、手仕事は賃金〔のための〕技術とも呼ばれうる。技術は、あたかも遊びとしてのみ、すなわちそれ自身で快適な営みとしてのみ合目的的な成果をあげる（成功する）ことができるかのようにみなされ、手仕事は、労働として、すなわちそれ自身では不快適であり（煩わしく）、ただその結果（たとえば賃金）によってのみ誘惑的である営みとして、したがって強制的に課されうる、とみなされる。同業組合の順位表のうちで、時計工は技術者とみなされるべきであり、これに反して鍛冶工は手職人とみなされるべきであるかどうかを判定するには、ここでわれわれが採るのとは別の観点が必要である。すなわち、これらそれぞれの仕事の根底になければならない諸才能の釣り合いを考慮することが必要である。いわゆる七つの自由な技術[38]〔学芸〕のうちでも、学に数え入れられうる幾つかのものが挙げられているのではないか。また手仕事と比較されうる多くのものが挙げられているのではないか。これらについては、ここでは論じないことにしよう。しかし、すべての自由な技術では、それでもある強制的なものが必要であり、あるいは、そう言われているように、あるメカニズムが必要である。これがなければ、技術では自由でなければならず、それだけが作品に生気を与えるような精神は、まったく身体をもたず、ことごとく雲散霧消するであろうと注意するのは、無用ではない（たとえば、詩芸術では言葉の正確さと豊かさが、また音韻と韻律が〔必要である〕）。それというのも、最近の多くの教育者は、自由な技術からすべての強制を取り除き、それを労働からたんなる遊びへと転化させるならば、かれらはこの自由な技術がもっともよく促進されると信じているからである。

第四四節　美術について

美の学は存在せず、存在するのはただ〔美の〕批判であり、また美しい学は存在せず、ただ美しい技術[39]〔美術〕だけが存在する。というのも、美の学に関して言えば、この学ではあるものが美しいとみなされるか否かは、学的に、

C379　V157　W239

すなわち証明根拠によって決定されるべきであろう。それゆえ美についての判断は、学に属するとすれば、趣味判断ではないことになるであろう。美しい学に関して言えば、そのようなものとして美しくなければならない学は、まったくありえないことである。というのも、学としての美しい学では根拠と証明が問われるとすれば、趣味豊かな表現(Bonmots 洒落)によって片づけられるであろうからである。――美学[40]〔美しい学〕という普通の表現のきっかけとなったのは、疑いもなく次のことに他ならない。つまり、まったく完成した美術のためには、多くの学、たとえば古語の知識、古典作家とみなされる著作家たちの〔作品の〕博識*、歴史、古代遺物の知識などが必要とされることに、ひとびとがきわめて正しく気づいたのである。また、これらの歴史的〔記述的〕な学は、美術に必要な予備と基礎をなすという理由から、一部には、これらのうちには美術(修辞学や詩芸術)の諸産物の知識すらも含まれていたという理由から、言葉の混同によってこれらの学自身が美学と呼ばれるようになったのである。

技術がある可能な対象の認識に適合して、たんにこの対象を実現するために、それに必要な働きをするならば、その技術は機械的技術である。しかし、技術が快の感情を直接に意図するならば、その技術は美感的技術と呼ばれる。この美感的技術は、快適な技術であるか、それとも美しい技術であるかのいずれかである。美感的技術の目的が、たんなる感覚としての表象に快がともなうことであれば、その技術は快適な技術であり、快が認識の仕方としての表象にともなうことであれば、それは美しい技術である。

快適な技術とは、たんに享受が目的とされる技術であり、食卓を囲む仲間を楽しませることができるすべての魅力は、このような類いである。たとえば、愉快に語ること、仲間を忌憚なく生き生きとしゃべらせること、冗談や笑いによって仲間を一種の陽気な気分にさせることなどである[41]。この場合には、よく言われるように、多くのことがうっかりとしゃべり散らされることもありうるのであり、誰も自分が話すことに責任をもとうとはしない。なぜなら、ただその場かぎりの楽しみが狙いであって、熟慮や反復のための持続的な素材は狙いではないからである。(これにはまた、享受のために食卓の装いの仕方、あるいは大宴会の際に演奏される食事向けの音楽も属する。こうした音楽は奇妙なものであって、ただ快適な騒音としてひとびとの心を楽しい気分にさせておくことが目的であり、誰もその楽曲に少しも注意を払わず、こうして隣人同士の自由なおしゃべりを助けるのである。)さらに、時がたつのを忘れるという関心だけをともなう遊びは、すべてこれに属するのである。

これに反して、美しい技術は一つの表象の仕方であって、この表象の仕方は、それ自身だけで合目的的であり、目的はなくても、それでも社交的伝達のために心の諸力の開化を促進するのである。

快の普遍的伝達可能性は、快がたんなる感覚に基づく享受の快ではなく、反省の快でなければならないことを、その概念のうちにすでにともなっている。こうして美感的技術は、美しい技術として感官感覚を基準とするのではなく、反省的判断力を基準とする技術である。

第四五節　美術は同時に自然であるようにみえるかぎりでの技術である

美術の産物については、それが技術であって自然ではないことが意識されなければならない。しかし、この産物の形式における合目的性は、この産物があたかもたんなる自然の産物であるかのように、任意の諸規則のあらゆる強制から自由であるとみえなければならない。われわれの認識諸能力の戯れにおけるこの自由の感情は、それでも同時に合目的的でなければならないが、この感情には、それだけが普遍的に伝達可能で、それでも諸概念に基づかないような快が基づいている。自然は、同時に技術のようにみえた場合に、美しいのであった。そして、この技術は、われわれがそれを技術であると意識しながら、それでもわれわれには自然のようにみえる場合にのみ、美しいと呼ばれることができる。

というのも、自然美に関しても、芸術美に関しても、美しいのは、たんなる判定のうちで（感官感覚のうちでもなく、また概念によってでもなく）満足を与えるものである、とわれわれは一般に言うことができるからである。ところで、技術はつねにあるものを産み出そうとする一定の意図をもっている。しかしこのあるものが、快をともなうべきたんなる感覚（たんに主観的なもの）であるとすれば、この産物は判定のうちでは感官感情を介してのみ満足を与えるであろう。この意図が規定された客観の産出に向けられているとすれば、この意図が技術によって達成されるならば、この客観は諸概念によってのみ満足を与えるであろう。しかしいずれの場合でも、技術は、たんなる判定のうちで満足を与えるのではなく、すなわち、美しい技術としてではなく、機械的技術として満足を与えるであろう。

それゆえ、美術の産物における合目的性は、意図的であるとしても、それでも意図的であるとみえてはならない。すなわち美術は、技術として意識されているとしても、自然のようにみられることができなければならない。しかし、技術の産物が自然としてみえるのは、この産物が諸規則にしたがってのみあるべきものとなることができ、これらの規則と合致するという点できわめて精確であるとみられるが、しかし苦心の跡をとどめず、流派の形式がちらつくことなく、すなわち規則が芸術家の眼前に浮かんでかれの心の諸力を拘束していた痕跡をとどめないことによるのである。

V 160　C 382　A 307

第四六節　美術は天才の技術である

天才とは、技術に規則を与える才能(天与の資質)である。この才能は、芸術家の生得的な産出的能力として、それ自身自然に属するのであるから、次のように表現することもできるであろう。天才とは、生得的な心の素質(ingenium)であり、自然はこの素質によって技術に規則を与える、と。

この定義にはどのような事情があるとしても、また、この定義がたんに恣意的であるか、あるいは天才という言葉と結びつけ慣れてきた概念に適合しているか否か(これは次節で論究されるはずである)はともかく、それでもすでにあらかじめ証明しうるのは、ここで想定された語義にしたがえば、美術は必然的に天才の技術とみられなければならないことである。

というのも、あらゆる技術は、諸規則を前提するのであり、ある産物は技術的と呼ばれるべきであるとすれば、技術の産物は、これらの規則が基礎とされることによってはじめて可能であると表象されるからである。しかし美術の概念は、美術の産物の美についての判断がなんらかの規則から導き出されることを許さない。それは、ある概念を規定根拠としてもつような規則であり、したがって、この産物がどのようにして可能であるかという仕方についての概念を根底に置くような規則である。それゆえ、美術は、美術がそれにしたがって美術の産物を作り上げるべき規則を自分自身で考え出すことはできない。ところで、それにもかかわらず、先行する規則がなければ、ある産物はけっして技術と呼ばれることができないのであるから、主観における自然は(そして主観の諸能力の調和によって)技術に規則を与えなければならない。すなわち、美術は天才の産物としてのみ可能である。

W242

以上から次のことが明らかである。天才とは、㈠そのために規定された規則が与えられることができないものを産出する一つの才能である。すなわち、なんらかの規則にしたがって学ばれうるものに対する熟練の素質ではない。したがって独創性が天才の第一の特性でなければならない。㈡独創的な無意味なものもありうるのであるから、天才の産物は、同時に模範、すなわち範例的でなければならない。したがって天才の産物は、それ自身模倣によって生じたのではないが、それでも他のひとびとに模倣しうるものとして、すなわち判定の基準ないし規則として役立たなければならない。㈢天才は、どのようにして自分の産物を作り出すかを自分で記述したり、学的に指示することはできない。むしろ天才は自然として規則を与える。したがってある産物の創始者は、自分の天才のおかげでそのための諸理念がどのようにして自分のうちに浮かぶかを知らず、これらの理念を任意にないし計画的に考え出して、他のひとびとにもかれらと同様の産物を産み出しうるような指令として伝達する力もないのである。(それゆえ、おそらく天才 Genie という言葉は、守護霊 genius に由来する。すなわち、これは、ある人間に独特な、誕生した際に一緒に授けられた守護指導する精神〔霊〕に由来するのであり、この精神〔霊〕の霊感からあの独創的な諸理念が発したのである。)㈣自然は天才を通じて、学に規則を指令するのではなく、技術に規則を指令する。また、それは技術が美術であるべきかぎりでのみ、このように指令するのである。(42)

第四七節　天才についての上述の説明の解明と確証

天才は模倣精神とまったく対立すべきであるという点では、あらゆるひとが一致している。ところで、学ぶとは模倣することに他ならないのであるから、どれだけ偉大な能力であっても、理解力(受容力)は理解力であるかぎり、やはり天才とみなされることはできない。しかし、またひとが自分で考え創作して、他のひとが考えたものをたんに把捉するだけでなく、さらに技術や学のために多くを発見するとしても、それでもこのことはまた、この(しばしば偉大な)頭脳を(そのひとはたんに学び模倣する以上にはまったくなにもできないのであるから、愚かものと呼ばれるが、これとは反対に)*天才と呼ぶ正当な理由とはならない。なぜなら、まさにこうしたことも、〔学びさえすれば〕学ばれることはできただろうからであり、それゆえやはり諸規則にしたがう探究と省察という自然な方途上にあり、模倣を介した勤勉によって獲得されうるものと種別的に区別されないからである。そこで、ニュートンが自然哲学の諸原理に関するかれの不滅の著書[43]の中で述べたすべては、これらの原理を発見するためにどれだけ偉大な頭脳が必要であったとしても、十分学ぶことができる。しかし、詩芸術のためのあらゆる指令はどれほど詳細であろうとも、その模範はどれほど優れていようとも、才気煥発に詩作することは学ぶことができない。その理由はこうである。ニュートンは、幾何学の初歩の諸原理からかれの偉大で深遠な発見にいたるまでたどらなければならなかったすべてのかれの歩みを、自分自身に対してだけでなく、他のあらゆるひとに対してもきわめて具体的に継承しうるよう明確に示すことができた。ところが、ホメロスやヴィーラント[44]のようなひとは、自分の想像に富みしかも同時に思想に満ちあふれた諸理念がどのようにして自分の頭脳に浮かびまとまるかを示すことはできない。かれ自身はこのことを知らず、それゆえ他の誰にも教えることができないからである。それゆえ、諸学のうちではどんなに偉大な発見者でも、辛苦をきわめた模倣者や弟子とは程度上区別されるにすぎないが、これに反して、自然が美術のために天与の資質を与えたひととは、種別的に区別される。とはいえこれによって、人類がこの多大な恩恵を受けてきたあの偉大なひとびとは、美術のための才能に関する自然の寵児たちと比較して低く評価されるわけ

V 162　C 384　A 309 W 244

ではない。あの〔学の〕才能が形成されたのは、認識と認識に依存するすべての利益との完全性に向かって絶えず進歩増大するためであり、それと同時に、同じ知識を他のひとびとに教えるためであるというこの点にこそ、この才能をもつひとびとが天才と呼ばれる名誉に値するひとびとに対して優れている大きな長所がある。なぜなら、天才にとって技術はどこかで停止するからであり、それというのも、技術にはある限界が置かれており、技術はこの限界を超えてさらに進むことはできず、この限界はおそらくすでに久しい過去に到達されて、もはや拡張されることはできないからである。さらにこうした熟練は伝達されることはできず、自然の手から直接に各人に授けられるものであって、それゆえ、そのひととともに滅びるが、いつかまた自然が別のひとに同様の天与の資質を与えるまで待たなければならない。この別のひとも、自分が意識している才能を類似した仕方で発揮するためには、実例以上のものを必要とはしないのである。

天与の資質が技術(美術としての)に規則を与えなければならないとすれば、この規則はどのような種類の規則であろうか。それは、方式にまとめあげられて、指令として役立つことはできない。というのも、もしもそうすることができるとすれば、美しいものについての判断は諸概念にしたがって規定されうるだろうからである。むしろこの規則は、〔天才の〕所業から、すなわち産物から抽き出されなければならないのであり、他のひとびとは、この産物を手がかりとして自分自身の才能を吟味することができる。その場合、この産物を模倣の模範としてではなく、継承の模範*として役立たせるためである。これがどのようにして可能であるかは、説明するのは困難である。芸術家の諸理念は、自然がかれの弟子に心の諸力の類似した釣り合いを与える場合に、かれの弟子に類似した諸理念を喚起する。したがって美術の模範は、美術を後代に伝承する唯一の伝導手段である。このことは、たんなる記述によって行われることはできないであろう(とりわけ言語芸術の分野では不可能である)。また言語芸術の分野でも、すでに死語となり現在学術語としてのみ保存されている古代語で書かれた模範だけが、古典的となりうるのである。

機械的技術と美術とは、機械的技術が勤勉と学習のたんなる技術として、美術は天才の技術として、互いにきわめて異なっているとはいえ、それでも諸規則にしたがって把握され遵守されうるある機械的なもの、それゆえある教則にかなったものが、技術の本質的条件を形成していないような美術は存在しない。というのも、技術の場合には、なにかが目的として考えられなければならず、そうでなければ、技術の産物は、まったく技術に帰せられることができないからであり、そのときには、それは偶然のたんなる産物にすぎないであろう。しかし、ある目的を実現するためには、規定された諸規則が必要であり、これらの規則から免れることは許されない。ところで、才能の独創性は天才の性格の一つの(唯一の要件ではないが)本質的要件をなすのであるから、浅薄な頭脳の持ち主たちは、自分たちが輝かしい天才であることを示すには、かれらがあらゆる規則の訓練の強制をかなぐり棄てるよりうまいやり方はないと信じ、自分たちを誇示するには調教された馬に乗るよりも、凶暴な馬に乗る方がよい、と信じている。しかし天才は、美術の諸産物に対して豊富な素材を提供できるだけである。この素材の加工と形式とは、判断力の吟味に耐えるようにその素材を使用するために、訓練によって陶冶された才能を必要とする。しかし、あるひとがきわめて入念に理性の探究に関する事柄ですら、まるで天才のように語り断定するとすれば、それはまったく笑うべきことである。奇術師は、自分の周囲に煙霧を張りめぐらして、そこではなに一つ判明に判定できないかわりに、それだけいっそう想像をたくましくさせる。公衆は、自分が洞察の傑作を判明に認識し把握することができないのは、たくさんの新しい真理が自分に投げ与えられているのに、その細部(諸原則の精確な説明と教則にかなった吟味とによる）は、駄作にすぎないようにみえるためである、と心から思い込んでいる。ひとは、そのような奇術師の方を笑うべきか、それともむしろ、こうした公衆の方を笑うべきか正しく知ることがないのである。

第四八節　天才と趣味との関係について

美しい対象を美しい対象として判定するためには、趣味が必要である。しかし美術そのもののためには、すなわちこうした対象を産出するためには天才＊が必要である。

天才を美術のための才能とみなし（このことは天才という言葉の特有な意義がともなう）、この見地から、この才能を形成するために相集まらなければならないような諸能力へと天才を分析しようとすれば、まずはじめに次の区別を厳密に規定する必要がある。それは、その判定が趣味だけを必要とする自然美と、その可能性が（この対象の判定のうちでも、この可能性が顧慮されなければならない）天才を必要とする芸術美との間の区別である。自然美とは美しい物であり、芸術美とはある物についての美しい表象である。

自然美を自然美として判定するためには、私は、その対象がどのような物であるべきかについての概念をあらかじめもつ必要はない。言い換えれば、私は、実質的合目的性（目的）を知る必要はなく、たんなる形式が目的の知識なしに判定のうちでそれだけで満足を与えるのである。しかし対象が技術の産物として与えられ、このようなものとして美しいと言明されるべきであるとすれば、技術はつねに原因（およびこの原因の原因性）のうちにある目的を前提するのであるから、その物はなんであるべきかについての概念が、まずはじめに根底に置かれなければならない。また、ある物における多様なものとこの物の目的としての内的規定とが合致することは、その物の完全性であるから、芸術美の判定では、同時にこの物の完全性が考慮されなければならないであろう。ところが、自然美の(自然美としての)判定では、完全性はまったく問題にならないのである。——なるほど、判定のうちで、とりわけ自然の生きた対象、たとえば人間や馬の判定のうちで、これらの対象の美について判断するためには、客観的合目的性も普通一緒に考慮される。しかしその場合には、この判断ももはや純粋に美感的ではなく、すなわちたんなる趣味判断ではない。自然はもはや、自然が技術として現れるままに判定されるのではなく、自然が現実に(超人間的な技術であるとしても)技術であるかぎりで判定されるのであり、目的論的判断は美感的判断の基礎および条件として役立ち、美感的判断はこれを顧慮しなければならないのである。この場合、たとえば、「このひとは美しい女性である」と言われるとき、実際にひとが考えているのは、「自然は女性の形態のうちに女性の体型にある諸目的を美しく表象している」ということ以外ではない。というのも、この対象は、このようにして論理的に条件づけられた美感的判断によって考えられるためには、たんなる形式を超えてさらにある概念に目が向けられなければならないからである。

美術は、自然のうちで醜く不愉快になるであろうさまざまな物を美しく描くという点で、まさに優越性を示している。[45] 復讐、疾病、戦禍などは、痛ましい災禍として、きわめて美しく描かれることができるのであり、それどころか絵画に表象されることすらできる。ただある種の醜さだけは、これを自然にしたがうままに表象すれば、すべての美感的満足を、したがって芸術美を破滅させてしまう。それは嘔吐をもよおさせる醜さである。なぜなら、まったくの想像に基づくこの異常な感覚のうちでは、われわれが力づくで享受に反抗するにもかかわらず、対象はいわば、あたかも享受を無理強いするかのように表象されるのであるから、この対象の芸術的表象は、われわれの感

C387　A312　V166　W248

覚のうちでこの対象そのものの本性からもはや区別されず、この場合に、こうした芸術的表象は美しいとみなされることが不可能だからである。彫刻芸術の諸産物では、芸術は自然とほとんど見間違えられるほどであるから、彫刻芸術もまた、醜い対象の直接的表象をその造形から排除しており、その代わり、たとえば死を(美しい守護霊のうちで)、戦闘精神を(軍神)マルスによって)、快く感じる寓意や属性[46]によって表象し、したがって理性の解釈を介して間接的に表象することを許すだけであって、たんに美感的判断力に対して表象することを許さなかったのである。

対象の美しい表象については、以上にとどめておく。この表象は、もともとただある概念の描出の形式にすぎず、この形式によってこの概念は普遍的に伝達される美しい表象である。――しかし、この形式を美術の産物に与えるためには、たんに趣味だけが必要である。芸術家は、芸術や自然の多数の実例によって趣味を訓練し是正した後、自分の作品を趣味と照らし合わせて、趣味を満足させるためにしばしば苦しい多くの試みを行った後、自分を満足させるこのような形式を見出す。したがってこの形式は、いわば霊感や心の諸力の自由な高揚に関する事柄ではなく、緩慢にまた辛苦を重ねて改善していく事柄であり、これは、この形式を思想に適合させて、しかも心の諸力の戯れにおける自由を損なわないようにするためである。

しかし趣味は、たんに判定能力であって、産出的能力ではない。また、趣味にかなうものは、だからといって、ただちに美術の作品であるわけではない。趣味にかなうものは、有益な機械的技術に属する産物でありうるか、それとも学にすら属するような規定された諸規則にしたがう産物でありうる。これらの規則は、学習されることができるのであり、また厳格に遵守されなければならないのである。しかし、ひとがこの産物に与える快い形式は、た

V 167　A 313　C 388

だ伝達の媒介者にすぎず、いわば講述の手法にすぎない。講述に関してひとは、ともかく講述が規定された目的に拘束されているとしても、なおある程度自由である。たとえば、食器類や道徳に関する論文も、さらに説教すらも、わざとらしくみえず美術のこの形式をそれ自体で備えていなければならないことをひとは要求する。しかしだからといってひとは、これらを美術の作品とは呼ばないであろう。ところが美術の作品に数えあげられるのは、詩であり、音楽であり、画廊などである。そしてこの場合、美術の作品と称されるものについては趣味を欠いた天才が認められ、また他の作品では天才を欠いた趣味が認められることがしばしばありうる。

W249

第四九節　天才を形成する心の諸能力について

ある種の産物は少なくとも部分的に美術であることを示すと期待されながら、趣味に関しては少しも非難すべきものが見出されないにもかかわらず、これらには精神 Geist が欠けている、と言われることがある。ある詩は、本当に奇麗で優雅であるが、しかし精神が欠けている。ある物語は精確で整然としているが、しかし精神が欠けている。ある厳かな演説は深遠であると同時に華麗であるが、しかし精神が欠けている。多くの会話は楽しくないわけではないが、それでも精神が欠けている。ある婦人について、この婦人は奇麗で話し好きで、礼儀正しいが、しかし精神が欠けている、とすら言うことがある。それでは、ここで精神によって理解されているものは、いったいなんであろうか。

C389

精神とは、美感的意味では心のうちで活気づける原理のことである。しかし、この原理がそれによって魂を活気づけるもの、すなわち、そうするためにこの原理が使用する素材は、心の諸力を合目的的に活動させるものであり、言い換えれば、みずから自分を維持し、自分でそのための諸力を強めるような戯れへと置き換えるものである。

ところで、私はこう主張する。この原理は、美感的諸理念を描出する能力に他ならない、と。しかし、私が美感的理念によって理解するのは、多くを考えさせるきっかけを与えるような構想力のそうした表象である。それでもこの表象には、規定された思想は、すなわち概念は適合することができず、したがってどのような言葉もこの表象に完全に到達することはできず、この表象を理解させることはできないのである。――美感的理念は、理性理念の対応物(対の物)であり、理性理念は逆に、直観(構想力の表象)が適合できない概念であることは、容易に分かる。

すなわち、構想力(産出的認識能力としての)は、これに現実の自然が与える素材から、いわば別の自然を創造することにはきわめて強力である。われわれは、経験がわれわれに対してあまりにも日常的となる場合、構想力を相手に楽しみ、おそらく経験を造り変えることも行う。それは、依然として類比的諸法則にしたがっているのではあるが、それでも、いっそう高く理性のうちにある諸原理にしたがっているのである(また、これらの原理がわれわれには自然的であるのは、悟性が経験的自然を把捉する場合にしたがう諸原理が自然的であるのとまったく同様である)。その際、われわれは連想の法則(この法則はあの〔構想力という〕能力の経験的使用に付随している)から自由であると感じられ、その結果、連想の法則にしたがって自然からわれわれに素材が与えられることはできるが、しかしこの素材は、われわれによってあるまったく別のものに、つまり自然を凌駕するものに加工されることができるのである。

構想力のこうした表象は理念と呼ぶことができる。なぜなら、一方でこうした表象は、経験の限界を超えて横たわっているものに到達しようと少なくとも努力し、こうして理性諸概念(知性的諸理念)の描出に近づこうと努める。

W250　A314　V168

このことは、これらの表象にある客観的実在性の外観を与えるからである。他方では、しかも主要な理由として、
内的直観としてのこうした表象に概念は完全には適合できないからである。詩人は、聖人の住む天国、地獄、永遠、 C 390
天地創造などの不可視の存在者の理性諸理念をあえて感性化しようとする。あるいはまた、経験のうちでたしかに
実例が見出されるもの、たとえば死、嫉妬、あらゆる悪徳、同じく愛、名声なども経験の制限を超えて、最大のも
のを達成した理性の前例に張り合おうとする構想力を介して、自然のうちには実例が見出されない完璧さのうちで V 169 W 251
あえて感性化しようとする。また、美感的諸理念の能力が最大限に示されうるのは、本来この詩芸術のうちである。
しかしこの能力は、それだけとしてみれば、もともと一つの才能(構想力の)にすぎないのである。

　ところで、ある概念の根底に構想力の表象が置かれて、この表象はこの概念の描出に必要であるが、しかしこの A 315
表象は、それだけである規定された概念のうちにけっして総括されないほど多くを考えさせるきっかけを与え、し
たがってこの概念そのものを無際限に美感的に拡張するとすれば、この場合、構想力は創造的であり、知性的諸理
念の能力(理性)を活動させる。すなわち、ある表象をきっかけとして、その表象のうちで把捉され判明にされうる
以上のもの(これもやはり対象の概念に属する)を考えさせるのである。

　与えられた概念そのものの描出を形成するのではなく、たんに構想力の副次的表象として、この概念と連結され
た結果およびこの概念と他の諸概念との類縁性を表現する諸形式は、その概念が理性理念として適合的に描出され
ることはできない対象の(美感的)属性と呼ばれる。たとえば、鉤爪に電光をもつジュピターの鷲は強大な天帝の一
つの属性であり、孔雀は華麗な天妃〔ジュノー〕の一つの属性である。これらは、論理的属性のように、創造の崇高
性と威厳とについてのわれわれの諸概念のうちにあるものを表象するのではなく、別のあるものを表象する。すな

わち、それは言葉によって規定された概念のうちで表現されうるよりも多くのことを考えさせるような、多数の類縁的な表象の上に自分を拡張するきっかけを構想力に与えるものである。また、これらの美感的属性は、論理的描出の代わりとしてあの理性理念に役立つ美感的理念を与える。しかしそれは、本来この美感的理念が相互に類縁的な諸表象の見渡しがたい領野に対する展望を心に開くことによって、心を活気づけるためである。ところが美術は、絵画ないし彫刻芸術（〔美感的〕属性という名称は普通これらのうちで使用される）のうちでのみこのことを行うわけではなく、詩芸術や雄弁術も、これらの作品を活気づける精神をもっぱら諸対象の美感的属性から得てくるのである。これらの美感的属性は、論理的属性と提携して構想力に活力を与え、この場合に、ある概念のうちに、したがってある規定された言語表現のうちに総括されうるよりも多くのことを、たとえ未発展の仕方であるとしても、考えさせるのである。――私は、簡潔にするため二、三の実例だけに限らなければならないのである。

大王フリードリヒ[47]は、自作の詩の一つでこう述べている。「不平なく、思い残すことなく、この世を辞そう。いまわのきわにもなお善行を積んだこの世を残して。太陽は、一日の運行を終えた後でも、なお柔らかな光を大空に拡げる。太陽が大気のうちに贈る最後の光は、この世の福祉を願ういまわの吐息である」と。このように大王は、生涯の終わりにあたってもなお、ある属性によって、世界市民的な心術についての大王の理性理念を活気づけている。この属性は、構想力が（ある晴れわたった夕暮れによって、あらゆる快適さがわれわれの心のうちへと呼び起こされるような美しい夏の日を想起するとき）あの表象に連れ添えられた属性であり、それに対するふさわしい表現は見出されない多くの感覚や副次的表象を喚起させる属性である。他方、逆に、ある知性的概念ですら感官の表象の属性として役立ちうるのであり、こうして超感性的なものの理念によって感官の表象*を活気づけることができ

C 391 W252　V 170　A 316

る。しかしこれは、ただこの超感性的なものの意識に主観的に付随する美感的なものが、そのために使用される場合だけである。こうして、たとえばある詩人(48)は、美しい朝についてこう語っている。「太陽は現れ出た。徳から平安が湧き出るように」と。徳の意識は、ひとが思想のうちで有徳なひとの立場に身を置き換えるだけであるとしても、心のうちに多くの崇高で穏やかな感情を拡げ、また規定された概念に適合する表現が完全に達することはできない悦ばしい未来に対する無際限の展望を拡げるのである。(原注)

(原注)　イシス(49)(母なる自然)の神殿に掲げられたあの銘文にもまして、崇高なことはかつて言われたことがなく、いっそう崇高に思想が表現されたこともないであろう。それは、「われは、現存するもの、現存したもの、そして現存するであろうもののすべてである。およそ死すべきものの誰ひとりとしてわれのヴェールを揚げたものはない」という銘文である。ゼーグナー(50)は、自著『自然論』の巻頭に含蓄に富む装飾画を付してこの理念を利用した。それは、ゼーグナーがこの神殿のなかに導き入れようとした弟子の心を厳かな注意へと気分づけるよう、あらかじめ神聖な畏怖によって弟子の心を満たすためであった。

一言で言えば、美感的理念とは、ある与えられた概念に連れ添えられた構想力の表象である。この表象は、構想力の自由な使用では部分表象のおびただしい多様と結合しているため、この多様に対して、規定された概念を表示する表現は見出されることができないほどである。それゆえ構想力のこの*表象は、ある概念に名づけがたい多くのものを付け加えて考えさせるのであり、この名づけがたいものの感情が認識諸能力を活気づけ、たんなる文字としての言語と精神とを結びつけるのである。

それゆえ、合一して(ある種の関係のうちで)*天才を形成する*心の諸力は、構想力と悟性である。ただ、構想力は認識のために使用される際は、悟性の強制と悟性の概念に適合すべき制限とに服しているが、これに反して、*美感

C392　W253　V171

的意図では構想力は自由であり、これは、概念とのあの一致を超えて、さらに内容豊かな未発展の素材を巧まず悟性に提供するためである。悟性は、この素材を自分の概念のうちでは顧慮しなかったのであるが、しかし悟性はこの素材を客観的に認識に適用するのではなく、むしろ主観的に認識諸力を活気づけるために、それゆえまた間接的に認識に適用するのである。これらの理由により、本来天才の本質は、学が教えることはできず、勤勉も学びえない〔認識諸力間の〕幸運な関係にある。この関係のうちである与えられた概念のために諸理念が見出され、他方、これらの理念のために適切な表現が言い当てられることができる。これらの理念によって生み出された主観的な心の調和は、ある概念にともなうものとして、この表現を通して他のひとびとに伝達されうるのである。このような表現を見出す才能こそ、本来精神と呼ばれるものである。というのも、ある種の表象に際して心の状態における名づけがたいものを表現して、この表現を普遍的に伝達可能にするためには、この表現の成立が言語によるのであれ、絵画術によるのであれ、あるいは彫塑術によるのであれ、ある能力が必要だからである。これは、構想力の迅速に過ぎ去る戯れを把捉して、これを諸規則に強制されず伝達されうるある概念(この概念はまさにこの理由から独創的であり、同時に先行する原理や実例から推論できなかった新しい規則を開示する)のうちに合一させる能力なのである。

*　*　*

以上の分析にしたがって、天才と呼ばれるものに関する上述の説明を顧みるならば、われわれは次のことを見出す。第一に、天才は技術のための才能であって、学のための才能ではない。学のうちでは判明に知られた諸規則が先行して、学における手続きを規定しなければならないのである。第二に、天才は、技術の才能として、産物についてのある規定された概念を目的として前提し、したがって悟性を前提するが、しかしまた、この概念を描出するための素材についての、すなわち直観についてのある(たとえ規定されていないとしても)表象も、したがって構想力と悟性とのある関係も前提する。第三に、天才は、ある規定された概念を描出する際企図された目的の遂行のうちで示されるよりは、むしろこの意図を達成するための豊富な素材を含む美感的諸理念の表明ないし表現のうちで示される。したがって天才は、諸規則のあらゆる教導から構想力が自由であるにもかかわらず、それでもこの与えられた概念の描出に対して合目的的なものとして構想力を表象するのである。最後に第四として、構想力と悟性の法則性との自由な合致における巧まず無意図的な主観的合目的性は、これら二つの能力の次のような釣り合いと調和とを前提する。これは、学の諸規則であれ、機械的模倣の諸規則であれ、諸規則の遵守を引き起こすことができず、たんに主観の本性のみが産み出しうる構想力と悟性という二つの能力の釣り合いと調和なのである。

これらの前提にしたがえば、天才とは、その認識諸能力の自由な使用における主観の天与の資質の模範的な独創性である。こうして天才の産物は(この産物では、可能な学びや訓練に帰せられるべきではなく、天才に帰せられるべきものについては)、模倣の実例ではなく(というのも、この場合には、その産物における天才であるものや、作品の精神を形成するものは失われてしまうだろうからである)、むしろ他の天才に対する継承の実例である。他の天才は、これによって自分自身の独創性の感情に目覚めさせられて、諸規則の強制からの自由を芸術のうちで発揮するのであって、芸術はこれによってそれ自身一つの新しい規則を獲得するのであり、この規則によって天才の才能は、模範的なものとして示されるのである。しかし天才は、自然の寵児であって、こうしたものは、稀有の現象とみなされなければならないのであるから、天才の実例は、他の優れた頭脳の持ち主たちに対しては一つの流派を生み出す。言い換えれば、諸規則があの精神の諸産物とその特有性とから引き出されうるかぎり、これらの規則にしたがう方法的指導を生み出す。しかもそのかぎり、かれらに対して美術は、自然が天才を通じて規則を与えた模倣となるのである。

しかし天才は、理念を弱めずにはおそらく除去できなかったという理由から、ただ奇形として残さなければならなかったものまで、弟子がすべてを模作すれば、こうした模倣は猿まねとなる。こうした勇気は、天才の場合にのみ功績となる。また、表現におけるある種の大胆さと総じて普通の規則からの多くの逸脱とは、天才にはふさわしいことであっても、しかしけっして模倣に値するのではなく、それ自体ではつねに避けるよう努めなければならぬ誤りである。ところが、天才の精神の高揚における模倣しがたいものは、小心な用心深さによって損なわれるであろうから、天才はいわばこの誤りを犯す特権が許されている。わざとらしさ Manierieren は別の種類の猿まねである。すなわち、その際同時に模範的となるだけの才能を所有しないにもかかわらず、自分を模倣者からできるだけ遠ざけるためのたんなる特異性(奇抜さ)一般の別種の猿まねである。——たしかに、自分の表明すべき思想をまとめる仕方(modus)には、総じて二種類ある。その一つは手法(modus aestheticus 美感的な仕方)、他の一つは方法(modus logicus 論理的な仕方)と呼ばれる。手法は描出における統一の感情以外には基準をもたず、しかし方法は描出のうちで規定された諸原理を遵守する。この点で両者は互いに区別される。それゆえ、美術には手法という仕方だけが妥当する。しかしながら、ある芸術産物がわざとらしいと言われるのは、その産物のうちで自分の理念を表明するとき異様さを狙い、理念に適合して行われない場合だけである。自分を普通のひと(しかし精神が欠けた)から区別するだけのために、誇示した(とりすました)、気取った、もったいぶったやり方は、自分の語りに聞き惚れるとか、あたかもまじまじと眺めてもらうために舞台に登場するかのように振舞うとか言われるひとの態度に似ている。これは、つねにかれが未熟者であることを示しているのである。

第五〇節　美術の産物における趣味と天才との結合について

美術の事柄のうちでより重要であるのは、そこで天才が示されることか、それとも趣味が示されることであるかと問われるとすれば、美術の事柄のうちで構想〔力〕は判断力よりももっと重要であるかどうか、と問われるのとまったく同じことである。ところで、ある技術は、天才に関しては、むしろ精神豊かな技術と呼ばれるに値するが、しかし趣味に関する場合にのみ美術と呼ばれるに値するのであるから、趣味は少なくとも不可欠の条件(conditio sine qua non)としてもっとも重要なものであり、技術を美術として判定*する際に注目されなければならない。美のため*には、諸理念が豊かで独創的であることは必ずしも必要ではなく、むしろ構想力が自由でありながら悟性の合法則性に適合することこそ、必ず必要なことである。というのも、構想力はどれほど豊富であっても、構想力が無法則な自由であれば、その豊富さは無意味なものだけを産み出すが、これに反して判断*力は、構想力を悟性に適合させる能力だからである。

趣味は、判断力一般と同様に、天才の訓練(ないし訓育)であり、天才からその翼を切り縮めて、天才を躾けて洗練する。しかし同時に、天才が合目的的であり続けるためには、天才はどこに向かってどの程度まで自分を拡げるべきであるかについて、趣味は天才を指導する。そして趣味は、充実した思想に明晰さと秩序をもたらすことによ

V 175　C 395
W 257

って、諸理念を確固としたものにするのであり、永続的で同時に普遍的賛同を得られるものにし、また他のひとびとによる継承と絶えず進む文化とに耐えうるものにする。それゆえ、ある産物についてこれら二種の特性が衝突して、あるものが犠牲にされるべきだとすれば、犠牲はむしろ天才の側で起こらなければならないであろう。そして美術の事柄のうちで固有の諸原理に基づいて判決を下す判断力は、悟性を損なうよりも、むしろ構想力の自由と豊富さを損なうことを許すであろう。

それゆえ美術には、構想力、悟性、精神、趣味が必要とされるであろう。(原注)

（原注）最初の三つの能力は、第四の能力〔趣味〕によってはじめて合一される。ヒュームは自著『イギリス史』[51]のなかで、イギリス人についてこうほのめかしている。すなわち、イギリス人は、最初の三つの特性が個別的に考察された場合、かれらの作品がこれらの特性の証明に関して世界中のどの民族にも少しも劣らないとしても、それでもこれら三つを合一する特性〔趣味〕では、隣国人のフランス人に遅れをとらなければならないであろう、とほのめかしている。[52]

A320

第五一節　諸美術の区分について

美は（自然美であれ、芸術美であれ）総じて美感的諸理念の表現と呼ぶことができる。ただ異なるのは、美術では、この理念は客観についての概念によって誘発されなければならないが、美しい自然では、対象がなんであるべきかについての概念をもたず、与えられた直観に対するたんなる反省は、あの客観がその表現とみられる理念の喚起と伝達とに十分であるということだけである。

C396
V176
W258

それゆえ、われわれが諸美術を区分しようとする場合、われわれは、少なくとも試みに、人間が話す際に自分をできるだけ完全に、すなわち諸概念に関してだけでなく諸感覚に関しても、互いに伝達するために使用する表現の仕方と芸術との類比以上に好都合な原理を選ぶことはできない。(原注)——この表現は、言葉、態度、音調(音節、身ぶり、抑揚)から成り立つ。これら三種類の表現の結合だけが、話す者の完璧な伝達を行うことができる。というのも、思想と直観と感覚とは、これらの表現によって同時にまた合一されて他のひとびとに移されるからである。

(原注)　読者は、諸美術の可能な区分のためのこの構想を意図された理論として判定しないでいただきたい。これは、なお提供することができて、また提供されるべきさまざまな試みのうちの一つにすぎないのである。

それゆえ、美術にはただ三つの種類だけがある。言語芸術、造形芸術、諸感覚の(外的な感官印象としての)戯れの芸術である。この区分は二分法でも行うこともできよう。そうすると美術は、思想の表現の美術と直観の表現の美術とに区分され、また直観の表現の美術は、ふたたびたんに直観の形式にしたがうものと直観の実質(感覚)にしたがうものとに区分されるであろう。しかしながら、そうなると区分は、あまりにも抽象的で、普通の諸概念にあまり適合しないようにみえるであろう。

(一)　**言語**芸術は雄弁術と詩芸術である。雄弁術は、悟性の仕事を構想力の自由な戯れとして行う芸術であり、詩芸術は、構想力の自由な戯れを悟性の仕事として遂行する芸術である。

それゆえ、雄弁家はある仕事を告げて、聴衆を楽しませるために、あたかもこの仕事がたんに諸理念との戯れにすぎないかのように、それを遂行する。詩人はたんに諸理念との心を楽しませる戯れを告げるにすぎないが、それでもこの戯れは悟性に対して、あたかも悟性がたんに自分の仕事を行う意図をもっていたかのような結果となる。感性と悟性という二つの認識能力は、互いに他を欠くことができないにもかかわらず、それでも強制と相互の妨害がなければおそらく合一することはできない。この二つの認識能力の結合と調和は、無意図的でなければならず、おのずからこのように適合しているとみえなければならない。そうでなければ、それは美術ではない。したがって、美術ではすべてのわざとらしさと苦心の跡をとどめるものは避けられなければならない。というのも美術は、二重の意味で自由な技術でなければならないからである。すなわち美術は、労賃の仕事として、その量が一定の尺度にしたがって判定され、強制され、支払われるような労働ではない。また、*心は仕事に携わりはするが、それでもその際、他の目的を強く望むことなく(労賃には依存せず)満足させられ、鼓舞させられるのを感じているからである。 C 397

それゆえ、雄弁家は、かれが約束しないもの、すなわち構想力の心を楽しませる戯れを与える。しかし雄弁家はまた、かれが約束するもの、さらにかれが告げた仕事であるもの、つまり悟性を合目的的に働かせることを幾分取り去るのである。これに反して、詩人は約束するものが少なく、諸理念とのたんなる戯れを告げるだけであるが、しかし仕事に値するものをなしとげ、つまり戯れつつ悟性に栄養を与えて、構想力によって悟性の諸概念に生気を与えることをなしとげる。したがって、つまるところ雄弁家は、自分が約束する以下だけをなしとげるが、詩人は約束する以上をなしとげるのである。

(二)　**造形**芸術は、あるいは感官直観のうちに(言葉によって呼び起こされるたんなる構想力の諸表象によるのではない)諸理念を表現する芸術は、感官の真理の芸術であるか、それとも感官の仮象の芸術であるかである。 A 322 感官の真理の芸術は彫塑術と呼ばれ、感官の仮象の芸術は、絵画と呼ばれる。両者とも、空間における諸形態を諸理念の表現とする。 V 178 W 260 すなわち、彫塑術は視覚と触覚(もっとも触覚に対して美は関わらない)という二つの感官に対して形態を識別させ、絵画はただ視覚に対して形態を識別させるのである。美感的理念(Archetypon, 原型)は、彫塑術と絵画に対しては構想力のうちに根底がある。しかし、この美感的理念の表現を形づくる形態(Ektypon, 模像)は、その立体的な拡がりのうちに(対象そのものが現存するとおりに)与えられるか、それともこの形態が眼に描き出される仕方にしたがって(平面における外見にしたがって)与えられるかである。あるいは彫塑術であっても、*反省の条件をなすのは、ある現実的目的との関係であるか、それともこうした目的の外観にすぎないのか、そのいずれかである。

造形芸術の第一の種類としての彫塑術には、彫刻芸術と建築芸術とが属する。彫刻芸術は、諸物が自然のうちで現存しうるとおりに、諸物についての諸概念を立体的に描出する(とはいえ美術として美感的合目的性を顧慮して)造形芸術である。建築芸術は、技術によってのみ可能である諸物についての諸概念を、また諸物の形式が自然を規定根拠としてもつのではなく、ある任意の目的を規定根拠としてもつ諸物についての諸概念を、この意図のために、それでも同時に美感的合目的的に描出する芸術である。建築芸術では、技術的な対象のある種の使用が主要な事柄であり、美感的諸理念は、条件としてこの使用に制限されるのである。彫刻芸術では、美感的諸理念のたんなる表現が主要な意図である。そこで人間、神々、動物などの彫像は、前者の種類の彫刻芸術に属するが、*神殿や公共の集会のための華麗な建造物、あるいはまた住宅、凱旋門、円柱、記念碑など、記念のために建てられたものは、建築芸術に属する。さらに、すべての家具(指物師の製作物などや使用を目的とした物)は、建築芸術に数え入れることができる。なぜなら、産物がある種の使用に適合していることは建築作品の本質的要素を形成するからである。これに反して、もっぱら観照のために作られ、それだけで満足を与えるべきたんなる彫刻作品は、立体的描出として自然のたんなる模倣であるが、それでも美感的諸理念を顧慮している。そこで彫刻作品の場合には、感官の真理は、その作品が芸術であり、選択意志の産物であるとはみえなくなるほどにゆきすぎてはならないのである。

造形芸術の第二の種類としての絵画芸術は、感官の仮象を技術的に諸理念と結合して描出する芸術である。私は、この絵画芸術を自然の美しい描写の芸術と自然の諸産物の美しい配置の芸術とに区分したい。自然の美しい描写の芸術は、本来の絵画であり、自然の諸産物の美しい配置の芸術は、造園術となるであろう。というのも、自然の美しい描写の芸術は立体的な拡がりの仮象を与えるだけであって、自然の諸産物の美しい配置の芸術は、この拡がりを実物にしたがって与えるのではあるが、しかしたんにこれらの形式を観照する際の構想〔力〕の戯れのためという目的以外の諸目的に対する利用および使用についての仮象を与えるだけだからである。(原注) 造園術は、自然が大地を眺めに対して描出するのと同じ多様(草、花、灌木、樹木、さらに河川、丘、谷)によって、大地を飾ることに他ならないが、しかし、自然とは別の仕方で、またある種の諸理念に適合して配置する。ところが、立体的な諸物の美しい配置は、絵画と同様に、ただ眼に対してだけ与えられており、触覚はこのような形式について直観的表象を与えることはできない。さらに私は、壁掛けや置物、たんに眺められるためだけに役立つあらゆる美しい調度品による部屋内の装飾を広義の絵画に数え入れたい。同様に、趣味にかなった装身具の芸術(指輪、嗅ぎタバコ入れなど)も、それに数え入れたい。というのも、さまざまな花を植えた花壇、さまざまな装飾品(婦人の飾り立てた装いすらこれに含まれる)で飾られた部屋は、祝儀の折には一種の絵画を形づくる。この種の絵画は、本来絵画と呼ばれているもの(これは歴史ないし自然の知識を教える意図をもっていない)と同様に、たんに眺めるためにそこにあるにすぎず、それは、構想力を諸理念との自由な戯れのうちで楽しませ、規定された目的なく美感的判断力を働かせるためだからである。こうしたあらゆる装飾の細工は、〔製作上〕機械的にきわめて異なり、まったく異なった芸術家を

必要とするであろう。それでも趣味判断は、この芸術における美しいものについて諸形式だけを(目的を顧慮せず)、 A324
眼に現れるとおりに、個別的にあるいはそれらの合成のうちで、諸形式が構想力に及ぼす効果にしたがって判定す
るかぎり、同一の仕方で規定されている。——しかし、なぜ造形芸術が言語における態度に(類比にしたがって)数
え入れられうるかは、次のことによって正当化される。すなわち、芸術家の精神は、これらの形態によって、芸術
家は、なにをどのように考えたかについてある立体的な表現を与え、事柄自身をいわば黙劇的に語らせることによ
って正当化される。これはわれわれの空想のきわめて普通の戯れである。この空想は、生命のない諸物にこれらの C400
形式に適合して精神を吹き込むのであり、この精神がこれらの物のうちから語りかけるのである。

(原注)　造園術は、その諸形式を立体的に描出するとしても、一種の絵画芸術とみなされうることは奇妙にみえる。しかし造 A323 C398 V179 W261
園術は、その諸形式を現実には自然から受け取るのであり(少なくとも最初は、樹木、灌木、草、花を森野から受け取って
きた)、そのかぎり、たとえば彫塑術のように技術ではなく、また、対象やその目的についての概念を(たとえば建築芸術の
ように)諸形式の配置の条件としてもつのではなく、たんに観照における構想力の自由な戯れをこうした条件としてもつだ
けである。したがって造園術は、規定された主題をもたないたんに美感的な絵画(空気、土地、水を光と影によって楽しま
せるよう配置した)と、そのかぎりで一致するのである。——総じて読者は、これをある原理の*もとに、つまりこの場合、 C399
美感的諸理念の表現(言語との類比にしたがう)の原理であるべき原理のもとに、諸美術を結合する試みとしてのみ判定して、
諸美術の〔ある原理からの〕決定的な導出とみなさないでいただきたい。

(三)　**諸感覚の美しい戯れ**の芸術(これらの感覚は外部から生み出されるが、それにもかかわらずこの戯れは普 A324 C400 V180 W262
遍的に伝達できなければならない)は、この感覚が属する感官の調和(緊張)のさまざまな程度の釣り合い、すなわ
ちこの感官の調子にだけ関わることができる。また、この言葉〔諸感覚の美しい戯れの芸術〕のこうした広い語義で

は、この芸術は、聴覚の諸感覚の技術的な戯れと視覚の諸感覚の技術的な戯れとに区分することができる。したがって音楽と色彩芸術とに区分することができる。――ところで注目すべきことがある。すなわち、これら二つの感官は、印象を介して外的諸対象についての概念を得るために必要なだけの印象の感受性の他に、さらにこの感受性と結合した特殊な感覚の能力をもっている。しかしこの感覚の根底にあるものが感官であるか、それとも反省であるのかは、正しく決定することはできない。また、たとえこの感官が、諸客観の認識のための使用に関してはまったく欠陥がなく、むしろ優れて繊細であるとしても、この感受性は、それでも時として欠けることがありうる、ということである。言い換えれば、ある色ないしある音(音響)は、たんに快適な諸感覚であるのか、それともそれ自体すでに諸感覚の美しい戯れであり、このようなものとして美感的判定のうちで形式についての満足をともなっているかどうかを確実に言うことはできないのである。光の振動の速さや、第二の種類〔音〕では空気の振動の速さは、この振動による時間区分の釣り合いを直接に知覚して判定できるわれわれの能力のすべてをおそらくははるかに凌駕している。こうした振動の速さを考慮すれば、この振動がわれわれの身体の弾力的部分に及ぼす効果だけは感覚されるが、この振動による時間区分は気づかれず、判定のうちに引き入れられず、したがって色や音と結合されるのは快適さだけであって、これらの構成の美ではない、と信じなければならないであろう。しかしこれに反して、第一に、音楽におけるこの振動の釣り合いおよびその判定について言われうる数学的なものを考慮に入れるならば、また当然のことながら、色彩の対照を音楽との類比にしたがって判定するならば、そして第二に、稀な実例ではあるが、世の中でもっとも優れた視覚をもちながら色彩を区別できず、もっとも鋭い聴覚をもちながら音調を区別できない人間の実例を参考にするならば、またこのように区別できる人間にとっては、色階や音階におけるさまざまな緊張に際して異なる質(たんに感覚の度だけでなく)を知覚することを参考にするならば、さらに*色階や音階の数は、把握可能な区別に対して規定されていることを参考にするならば、そうすると色や音という両者の諸感覚は、 W264 たんなる感官印象とみなされるのではなく、多数の感覚の戯れにおける形式を判定した結果である、とみなさなければならないであろう。しかし、音楽の根拠の判定にみられる二つの意見が与える相違は、定義を変更して、われわれが行ったように、音楽を諸感覚(聴覚による)の美しい戯れであると説明するか、それとも快適な諸感覚の戯れ V182 であると説明するか、いずれかの違いにすぎないであろう。諸感覚の美しい戯れという説明の仕方にしたがってのみ、音楽はまったく美しい技術〔美術〕として表象されるであろう。しかし、快適な諸感覚の戯れという説明の仕方にしたがえば、音楽は、快適な技術(少なくとも部分的には)として表象されるであろう。

第五二節　同一の産物における諸美術の結合について

雄弁術は、演劇ではその主体および対象の絵画的描出と結合することができる。詩は、歌唱では音楽と結合することができる。ところが歌唱は、同時に歌劇では絵画的(舞台的)描出と結合することができる。音楽における諸感覚の戯れは、舞踏では諸形態の戯れなどと結合することができる。崇高なものの描出もまた、その描出が美術に属するかぎり、韻文の悲劇、教訓詩、聖楽劇では美と結びつくことができる。また、こうした結合では美術はなおいっそう技巧的となる。しかし、いっそう美しくなるかどうかは(このように多様な異なる種類の満足が交錯しあうのであるから)、これらの場合の幾つかについては疑うことができる。それでも、すべての美術における本質的要素は、観察や判定に対して合目的な形式にあり、ここでは快は、同時に開化であって、精神を諸理念に向かわせ A326

て、したがっていっそう多くのこうした快と楽しみとを感じやすくさせる。こうしたすべての美術における本質的要素は、感覚の実質(魅力や感動)にあるのではない。この場合には、たんに享受がめざされており、享受は理念のうちになにも残さず、精神を鈍らせ、対象を次第に嫌悪させて、理性の判断のうちで自分の反目的的な気分を意識することによって、心を自分自身に対して不満にさせ不機嫌にさせるのである。

諸美術はそれだけで自立的満足をともなう道徳的諸理念と多少とも結合されないとすれば、上述のことは諸美術のたどる究極の運命である。そうなると諸美術はただ気晴らしに役立つだけであり、心が自分自身に対する不満を追い払うために、これらの美術を利用すればするほど、ますますこの気晴らしが必要となり、その結果、自分はますますつまらなくなり、自分自身に対してますます不満となる。総じて自然の美は、早くからこれを観察し判定し讃嘆するよう慣れるならば、最初に言及した〔美術本来の〕意図のためにもっとも効果的である。

第五三節　諸美術相互の美感的価値の比較

すべての芸術のうちで、詩芸術(これは、その源泉をほとんどまったく天才に負っており、指令あるいは実例によって指導されることを少しも欲しない)は最上の地位を確保する。詩芸術は次のようにして心を拡張する。それは、詩芸術が構想力を自由にすることによってであり、また与えられた概念の制限内でこの概念と合致する可能な諸形式の無際限な多様のなかから、言語表現が完全には適合しない思想の充実とこの概念の描出とを結びつけ、それゆえ自分を美感的に諸理念にまで高めるような形式を提示することによるのである。詩芸術は心を強める。それというのも、詩芸術は心に、自由で自立的な、自然規定に依存しない心の能力を感じさせるからである。この能力

C402
W265
V183

は、自然がそれ自身では感官に対しても悟性に対しても経験のうちで提示しないさまざまな見方にしたがって、自然を現象として観察し判定する能力であり、それゆえ自然を超感性的なもののために、いわば超感性的なものの図式として使用する能力である。詩芸術は、自分が任意に作り出す仮象と戯れるのであるが、それでもこの仮象によって欺くことはない。というのも、詩芸術は、自分の営みそのものをたんなる戯れであると言明するが、それにもかかわらず、この戯れは、悟性によって、また悟性の仕事のために合目的的に使用されうるからである。——雄弁術は説得の技術、すなわち美しい仮象によって欺く技術(弁論術 ars oratoria として)と理解され、たんなる能弁(流暢さと話しぶり)と理解されないかぎり、それは一種の弁証術である。この弁証術は、判定が下される前に演説家が有利になるよう聴衆の心を捉えて、聴衆から〔判定の〕自由を奪うために必要なだけのものを詩芸術から借用する。それゆえ雄弁術は、法廷にも説教壇にも推奨することはできない。というのも、市民の法や諸個人の権利が問題となる場合、あるいはひとびとの義務の正しい知識と誠実な遵守とのために、かれらの心を永続的に教化し規定することが問題である場合、機知と構想力が溢れるほど豊かな痕跡を窺わせるだけでも、ましてひとを説得し誰かの利益のためにひとを惑わす技術の痕跡を窺わせることは、こうした重要な仕事の尊厳にふさわしくないからである。というのも、たとえこうした雄弁術が、時としてそれ自体で正当な賞賛に値する意図のために使用されることがあるとしても、またその行為が客観的には合法則的であるとしても、それでもこうした仕方では格率と心術が主観的に堕落させられることによって、雄弁術はやはり非難されるからである。それというのも、正しいことを行うだけでは十分でなく、それが正しいという根拠に基づいてのみ実行すべきだからである。また、この種の人間の関心事についてのたんなる判明な概念は、それが実例のうちで生き生きした描出と結合されて、言語の口調の良さの諸規則や理性の諸理念に対する表現の端正さの諸規則（この二つは*合わせて能弁を構成する）に違反しなければ、すでにそれ自体で人間の心に十分な影響を及ぼす。この場合、そのうえ説得の道具立てをつけ加える必要はないほどである。こうした道具立ては、同じく悪徳や誤謬を言い繕い隠蔽するためにも使用されうるのであるから、技術的な策略に欺かれたのではないかという密かな疑念を完全に根絶することはできない。詩芸術では、すべては誠実で率直に行われる。詩芸術は、構想力とのたんなる楽しませる戯れを、しかも形式に関しては悟性の諸法則と一致して行おうとすると言明するのであり、感性的描出によって悟性に不意打ちをかけ、悟性を巻き込もうとは望まないのである。(原注)

（原注）　私は、こう告白しなければならない。美しい詩は、つねに私に純粋な楽しみを与えてくれた。これに反して、古代ローマの民衆演説家、あるいは現代の議会の演説家や説教壇からの説教家のもっとも優れた演説の朗読ですら、いつでもそこには陰険な策略を弄する技術を非難する不愉快な感情が混り込んでいた。この技術は、重大な事柄について人間を機械のようにある判断へと動かす術を心得ているが、この判断は、後で冷静に熟慮すれば、重要な事柄におけるすべての重みが失われなければならないような判断である、と。雄弁と能弁（合わせて修辞術）は美術に属するが、弁舌術（ars oratoria 弁論術）は、自分の意図のために人間の弱点を利用する技術として（この意図はどれほど善いと思われ、また現実にも善いとしても）、まったく尊敬に値しないのである。また、アテナイでもローマでも、弁舌術は国家が破滅へと急ぎ、真の愛国心が消滅した時代にのみ最高の段階に達した。事柄を明晰に洞察して、言葉をその豊富さと純粋さにしたがって意のままに駆使することができ、自分の諸理念の描出に有能で豊かな構想力を用いて、真に善いものに生き生きとした心からの関心を寄せるひとこそ、話し方の巧みな善人 vir bonus dicendi peritus である。(53) すなわち、技術をもたずに、しかも力強さに満ちた演説家である。キケロは、このような演説家になろうと欲したが、しかしこの理想にキケロ自身つねに忠実であったわけではなかったのである。

魅力と心の動揺〔感動〕が問題であるとすれば、私は、詩芸術について、言語芸術のうちで詩芸術にもっとも近く、詩芸術ときわめて自然に合一されうる芸術、すなわち音楽を置きたい。というのも、音楽は、諸概念を欠いて純然たる諸感覚を通じて語るとしても、したがって詩のようになにかを熟慮するため後に残さないとしても、それでも心をいっそう多様に動かし、また、一時的であるとしても、それでも心をいっそう深く動かすからである。しかし、もちろん音楽は開化であるよりも、むしろ享受であり(その際、音楽によって副次的に喚起される思想の戯れは、いわば機械的連想の結果にすぎない)、理性によって判定すれば、他のどの美術よりも価値は少ない。したがって音楽は、あらゆる享受がそうであるように、たえず変化が必要であり、たびたび繰り返されると必ず倦怠の念を起こす。このように普遍的に伝達される音楽の魅力は、次の〔四つの〕ことに基づいているように思われる。〔第一に〕連関する言語のあらゆる表現は、その表現の意味に適合するある音調をもっている。〔第二に〕この音調は、多少とも語る者の情動を指示しており、この情動を相互に聞く者のうちにも生み出し、そこでこの情動が、逆に聞く者のうちにこうした音調をもつ言語のうちで表現される理念を喚起する。〔第三に〕〔音の〕抑揚がいわばあらゆる人間に理解される諸感覚の普遍的言語であるように、音楽は、こうした抑揚をそれだけできわめて力強く働かせるのであり、つまり情動の言語として働かせるのであって、こうして連想の法則にしたがって、この情動と自然に結合している美感的諸理念を普遍的に伝達する。〔第四に〕しかし、このような美感的理念は概念ではなく、規定された思想でもないのであるから、これらの感覚の合成の形式(ハーモニーとメロディー)は、言葉の形式に代わって、これらの感覚の釣り合いのとれた調和を介して(この調和は、音調では音調が同時的に、また継起的に結合されるかぎり、同一時間で空気の振動数の比例に基づいているのであるから、数学的にある種の諸規則のもとにもたらされることができる)、名づけがたい思想充実の連関する全体の美感的理念を、楽曲の支配的情動を形づくる一定の主題に適合して表現するのに役立つだけである。この数学的形式は、規定された諸概念によって表象されないとしても、この形式にのみ満足が依存する。この満足は、互いに随伴ないし継起するこれらの多数の感覚に対するたんなる反省を、あらゆるひとに妥当するその美の条件として、これらの感覚の戯れと連結するのである。そして、この数学的形式だけが、これによって趣味があらゆるひとの判断に対して、あらかじめ判決を下す権利をあえて要求してよいものである。

しかし数学は、音楽が生み出す魅力と心の感動に少しも関与しないことは確かである。むしろ数学は、諸印象の結合および変化にみられる釣り合いの不可欠の条件(conditio sine qua non)にすぎない。この釣り合いによって、諸印象を総括することが可能となり、諸印象は互いに妨げあうのを防ぐことが可能となって、諸印象は互いに調和して諸印象と和合する諸情動によって、心を連続的に感動させて活気づけることへと向かわせ、それによって快適な自己享受へと向かわせることも可能となるのである。

これに反して、諸美術の価値を諸美術が心に与える開化にしたがって評価し、判断力のうちに認識のために集合しなければならない諸能力の拡張を尺度とするならば、そのかぎりで音楽は、たんに諸感覚と戯れるにすぎないのであるから、諸美術のうちで最低の地位を占める(同時に、その快適さにしたがって評価される諸美術のうちでは、おそらく最上の地位を占めるように)。それゆえ造形芸術は、この点ではるかに音楽に優っている。それというのも、造形芸術は、構想力を自由で同時に悟性に適合した戯れのうちに置き換えることによって、同時にある仕事を行うからである。それは、造形芸術が次のような産物を作り上げ、その産物が悟性諸概念と感性との合一を促進さ

C 406　V 187　W 269

せ、こうしていわば上級認識諸能力のみやびを促進させるための持続的でそれ自身だけ*でも好ましい表現手段として、悟性諸概念に役立つことによるのである。音楽と造形芸術というこの二種類の芸術は、まったく異なった歩みをする。すなわち、第一の種類の芸術〔音楽〕は、諸感覚から無規定的な諸理念へと歩み、第二の種類の芸術〔造形芸術〕は、規定された諸理念から諸感覚へと歩むのである。造形芸術は持続的な印象を与え、音楽は一時的な印象だけを与える。構想力は、造形芸術の諸印象を呼び戻して、これらを快適に楽しむことができる。しかし音楽の諸印象は、すっかり消滅するか、それとも、心ならずも構想力によって反復される場合には、われわれにとって快適であるよりも、むしろ煩わしいものとなる。さらに音楽には、みやびという点である種の欠陥がつきまとっている。すなわち、音楽はとりわけ楽器の性状によっては、ひとが望む以上の影響を〔隣近所にまで〕及ぼし、こうしていわば押しつけがましく迫り、したがって音楽の集まり以外の他のひとびとの自由を妨げるという欠陥である。眼に語りかける諸芸術は、こうしたことを行わない。それというのも、これらの芸術の印象を受け入れたくなければ、眼をそらすだけでよいからである。音楽は、広く拡散する匂いによる喜びの場合とほとんど同じ事情にある。香水を含むハンカチをポケットから取り出すひとは、周囲近隣のすべてのひとをかれらの意志に反して苦しめ、かれらが呼吸しようとすれば、同時に〔香水の匂いを〕享受することを強いる。それだから、こうしたことは流行遅れとなったのである。(原注) ——*造形諸芸術のうちでは、私は絵画を優先させたい。それは、一つには絵画が線描芸術として他のすべての造形芸術の根底にあるという理由からであり、一つには、絵画が他の造形芸術に許されているよりも、いっそう深く諸理念の領域のうちに浸透し、これらの理念に応じて直観の分野をいっそう拡張できるという理由からである。

(原注)　家庭内での礼拝にも賛美歌の歌唱を勧めたひとびとは、このような騒々しい(まさにこのことによって、一般に偽善的な)礼拝によって公衆に大きな迷惑を及ぼすことをよく考えなかった。このひとたちは、隣人も一緒に賛美歌を歌うか、それとも隣人の思索的な仕事を放棄するか、いずれかを強いるからである。(54)

第五四節* 注解

たんに判定のうちで満足を与えるものと、楽しませる(感覚のうちで満足を与える)ものとの間には、われわれがしばしば示してきたように、ある本質的区別がある。楽しませるものは、たんに判定のうちで満足を与えるもののように、あらゆるひとにあえて要求できるものではない。楽しみは(たとえその原因が諸理念のうちにあるとしても)、つねに人間の総体的な生の促進の感情、したがってまた身体的健在、すなわち健康の促進の感情にあるようにみえる。したがって、すべての楽しみは、結局身体的感覚であると称したエピクロスは、そのかぎりではおそらく正しくなかったわけではなく、エピクロスが知性的満足を、さらに実践的満足すらも楽しみのうちに数え入れたのは、ただ自分を誤解しただけであった。知性的満足と楽しみとの区別を念頭におけば、次のような事例はよく説明できる。すなわち、どうしてある楽しみは、それを感じるひとに満足を与えないことがありうるのか(乏しくても善良な考えをもつ人間が、かれを愛してはいるがけちな父親の遺産に対してもつ喜びのように)。あるいは、どうしてある強烈な苦痛は、苦痛を受けるひとにそれでも満足を与えうるのか(多大な功績のあった夫の死に対する未亡人の悲しみ)。また、どうしてある楽しみは、そのうえさらに満足を与えうるのか(われわれが従事する学問についての楽しみのように)。さらに、どうしてある苦痛(たとえば憎悪、嫉妬、復讐心)は、そのうえさらにわれわれに満足を与えないのか，という事例である。満足ないし不満足は，ここでは理性に基づいており，是認ないし否認と同じことである。しかし楽しみと苦痛とは，感情にのみ基づき，あるいは(どのような理由に基づくにしても)可能な健在ないし不健在の見込みにのみ基づきうるのである。

諸感覚(これらは意図を根底にもたない)の交替する自由な戯れのすべては，楽しませるのである。なぜなら，この戯れは健康の感情を促進するからである。ところで，われわれは理性による判定では，この戯れの対象について，またこの楽しみについてすら満足をもつこともあり，またもたないこともある。そして，たとえわれわれは対象そのものに対して関心をもたず，少なくとも情動の程度に釣り合う関心ももたないとしても，この楽しみは情動にまで高まることがありうる。われわれは，こうした戯れを，賭け事の戯れ，音調の戯れ〔音楽〕，思想の戯れ〔機知〕に区分することができる。第一の戯れは，虚栄の関心であれ，利己の関心であれ，ある関心を必要とする。しかしこの関心は，われわれがこの戯れを得ようと努める仕方に対する関心と比べれば，はるかに大きいわけではない。第二の戯れは，たんに諸感覚の交替を必要とするだけで，これらの感覚のそれぞれは情動と関係するが，しかし情動の度には関係せず，美感的諸理念を喚起する。第三の戯れは，たんに判断力における諸表象の交替から生まれ，これによって，なんらかの関心をともなう思想は生み出されないが，しかしそれでも心は活気づけられるのである。

関心をもつ意図は，これらの戯れの根底に置かれる必要がなくても，これらの戯れがどれほど楽しいものであるにちがいないかは，われわれの催すあらゆる夜会が示している。というのも，戯れがなければ，およそ夜の催しはほとんど楽しいものになることができないからである。しかしこの場合，希望，恐怖，喜悦，怒り，嘲笑などの諸情動は，瞬間ごとに役割を交替しながら戯れるのであり，これらの情動はきわめて生き生きとしているのであるから、これらによって一つの内的運動として、身体における生の営み全体が促進されるようにみえる。このことは、これらによって生み出された心の活発さが証明するとおりである。とはいえ、これによってなにかが得られるわけではなく、学ばれることもなかった。しかし賭け事の戯れは、美しい戯れではないのであるから、ここではこれを除外しよう。これに反して、音楽と笑いを誘う題材とは、美感的諸理念ないし悟性諸表象をともなった二種類の戯れであって、この悟性諸表象によって結局はなにも考えられず、たんにこれらの交替によってこれらの悟性表象は、それにもかかわらず生き生きと楽しませることができる。これによって、これら二つの戯れは、次のことをかなり明晰に認識させるのである。すなわち、両者における活気づけは、たとえこの活気づけが心のうちの諸理念によって喚起されるとしても、たんに身体的であるということである。また、あの戯れに対応する内臓の運動による健康の感情は、活発な集いのきわめて洗練され才気に満ちたものとして賞賛される楽しみの全体を形づくっていることである。音調や機知の着想における調和の判定は、この調和の美とともに必要な表現手段として役立つだけであって、こうした判定が楽しみを形成するのではない。そうではなくて、身体のうちで促進された生の営み、内臓や横隔膜を動かす情動、一言で言えば、健康の感情(健康の感情は、こうしたきっかけがなければ普通感じられない)が楽しみを形成するのである。* この楽しみは、魂によっても身体を意のままにすることができるのであって、魂を身体の医者として使用することができることによって見出されるのである。

音楽ではこの戯れは、身体の感覚から美感的諸理念(諸情動に対する諸客観の)へと進み、ついでこれらの美感的理念から、しかし合一された力をともなって、ふたたび身体へと戻っていく。冗談(これも音楽とまったく同様に、美しい技術〔美術〕というよりむしろ快適な技術に数え入れられるに値する)では、戯れは思想から始まり、これらの思想は、これらが感性的に表現されようとするかぎり、身体も一緒に働かせる。そして悟性は、自分が期待したものを見出さないこの描出のうちで突然弛緩することによって、ひとは諸器官の振動によって身体におけるこの弛緩の効果を感じるが、この振動は諸器官の平衡の回復を促進して、健康に有益な影響を及ぼすのである。

快活で身体を揺さぶるような大きな笑いを喚起すべきあらゆるもののうちには、ある不合理なもの(それゆえ悟性自身では、それに満足は見出すことができないもの)がなければならない。笑いとは、ある張りつめた期待が突然無に転化することから生じる情動である。[55] この転化は、悟性にとってたしかに喜ばしいものではないが、しかしまさにこの転化が、間接的に一瞬きわめて生き生きと喜びを与えるのである。それゆえこの原因は、表象が身体に及ぼす影響と、身体が心に及ぼす交互作用とにあるのでなければならない。しかもそれは、表象が客観的に楽しみの対象であるかぎりでそうなのではなく(というのも、裏切られた期待はどうして楽しませることができるであろうか)、もっぱら、この転化が諸表象のたんなる戯れとして、身体のうちで生の諸力の平衡を生み出すことによるのである。

あるひとが、次のように語るとしよう。スラート[56]に住むイギリス人の食卓でビール瓶が開けられ、ビールがすっかり泡となって噴き出すのをみたあるインド人は、大変驚いて、盛んに大声を上げた。そこでイギリス人は、「いったいどうしてそんなに驚くことがあるのですか」と問うと、この問いに対してインド人は、「私が不思議なのは、ビールが噴き出すことではなく、あなたがどうしてそれを瓶のなかに閉じ込めることができたのかということです」[57]と答えた。この話を聞くと、われわれは笑い出し、これはわれわれを心から愉快にさせる。しかしその理由は、われわれがこの無知な人間よりも、おそらく賢いと認めるからではない。あるいはそうでなければ、悟性がこの話のなかでなにか満足を与えるものをわれわれに気づかせることにあるのでもない。われわれの期待は張りつめていたのに、それが突然無になって消滅するからである。あるいは、ある裕福な親戚の遺産相続人が、故人のために葬式を真に厳粛に執り行おうとするが、それがどうもうまく行かない、と嘆くとする。なぜなら(遺産相続人が言うには)、「私が、悲しみに沈んでいるようにみせようと、泣き男たちに金をやればやるほど、泣き男たちはますます陽気な様子をみせる」からである。これを聞けば、われわれは大きな声で笑うが、その理由は、期待が突然無に転化することにある。十分注意しなければならないのは、次のことにある。期待は、期待された対象とは積極的な反対のものへと転化してはならず、――というのも、この積極的な反対のものはつねにあるものであり、しばしば悲しませることもありうるからである――そうではなくて、期待は無に転化しなければならないのである。というのも、あるひとがある物語を語って、われわれに大きな期待を呼び起こしながら、結末に至り、その物語が真実ではないとわれわれがすぐに見抜けば、それはわれわれに不満足を与えるからである。たとえば、大きな悲嘆のあまり一夜にして白髪となったと言われるひとびとについての物語などである。これに反して、こうした物語に続いて、お返しに別のいたずら者がある商人の悲嘆をきわめて詳細に語るとする。この商人は、自分の全財産である商品を積んでインドからヨーロッパへの帰途、ひどい暴風雨に出会って積み荷全部を海に投げ捨てなければならなくなり、悲嘆のあまり、その夜のうちにかつらが白髪になったほどであった、と。この物語を聞けば、われわれは笑い出し、これはわれわれを楽しくさせる。その理由は、われわれにとって他の点ではどうでもよい対象をわれわれ自身が摑み損なったことを、あるいはむしろわれわれが追求してきた考えを、まるでボールのように、われわれがそれを摑みしっかり保持しようと思っていたのに、なおしばらくの間あちこちに打ちつけるからである。この場合、こうし

C 410　W 274

た楽しみを呼び起こすのは、嘘つきや愚かな人をあしらうことにあるのではない。というのも、真面目らしく語られた後の物語は、それだけでも一座のひとびとを明るい大きな笑いへと引き込むからである。だが前の話は、普通には注意にすら値しないであろう。

注意すべきは、これらすべての場合に、冗談はつねに一瞬ひとを欺きうるあるものを含んでいなければならないことである。それゆえ、この仮象が無へと消滅すると、心は、この仮象を試すためにふたたび振り返って、こうして急速に前後に継起する緊張と弛緩によって心があちこちに弾かれて、動揺させられる。この動揺は、いわば弦を張りつめていたものからの跳ね返りが突然(徐々に緩められることによるのではなく)起こったのであるから、心の運動と、それと調和する内部的な身体の運動とを引き起こさなければならない。こうした運動は、意志に関わりなく持続して疲労を生み出すが、しかしその際また晴れやかな気分(健康のためになる運動の効果)を生み出すのである。

というのも、われわれのあらゆる思想は、同時に身体の諸器官におけるなんらかの運動と調和的に結合していると想定すれば、心はその対象を考察するために、あるときはあちらの立場へ、あるときはこちらの立場へと突然置き換えられることに対して、横隔膜に伝わるわれわれの内臓の弾力的な諸部分の緊張と弛緩の交替が(くすぐったがり屋のひとが感じるのに似た)どのように対応しうるかが、かなりよく把握されるだろうからである。この場合、肺臓は次々と急速に中断しながら空気を吐き出し、こうして健康に有益な運動を引き起こすが、ある思想についての楽しみの本来の原因は、もっぱらこの運動であって、心のうちに生じていることではない。この思想は、結局のところなにも表象しないのである。――ヴォルテール[58]は、「天は人生の幾多の労苦と均衡を保つために、希望と睡

A334
V192
W275
C411

眠という二つのものをわれわれに与えた」と言った。ヴォルテールは、さらに笑いをこれに数え入れることができたであろう。もっとも、これは理性的な人間に笑いを喚起する手段が容易に得られさえすれば、また笑いに必要な機知と着想の独創性とが稀でさえなければ、という場合のことである。ところが、これが稀であるのと同じくしばしばみられるのは、神秘的な瞑想家たちのように頭を痛めて考え出し、天才たちのように首を痛めて考え出し、あるいは感傷的な小説家たち(またおそらく同様な感傷的な道徳家たちも)のように心を痛めて考え出すような才能である。

それゆえ、私の考えでは、すべての楽しみは、たとえ美感的諸理念を呼び起こす諸概念がそのきっかけであるとしても、動物的な、すなわち身体的な感覚であるというエピクロスの説は、おそらく認められることができるであろう。しかし、このことによって、道徳的諸理念に対する尊敬という精神的感情は少しも損なわれることはない。この精神的感情は、楽しみではなく、楽しみの必要を超えてわれわれを高める自己尊重(われわれのうちの人間性の)である。それどころか、高貴さの点では劣る趣味の感情すら、これによって少しも損なわれることはないのである。

この両者から合成されたものは、素朴さのうちに見出される。素朴さは、人間性にとって根源的に自然な誠実さが、第二の本性となった偽装術に対抗して発露したものである。ひとは、まだ自分を偽装する術を心得ていない単純さを笑うが、それでもここであの偽装術を挫く自然の単純さを喜ぶのである。ひとは、作為的で美しい仮象を慎重に狙った表現という日常の礼儀作法を期待していた。ところが、見よ。そこにあるのは汚れのない無邪気な自然である。これは、ひとが出会うことをまったく予期していなかったものであり、それを窺わせた当人もまったく思ってはいなかったものである。美しいが偽りの仮象は、普通われわれの判断のうちできわめて重要であるが、こうした仮象は、この場合、突然無に転化すること、いわばわれわれ自身のうちに潜むいたずら者が暴き出されること、これらは、互いに相反する二つの方向へと向かう心の運動を次々に生み出し、この運動が同時に身体を健康上有益に揺り動かすのである。しかし、装われたあらゆる礼儀作法よりも限りなく優れているあるもの、すなわち、考え方[59]〔心構え〕の純真さ(少なくとも、この純真さの素質)が、それでも人間の本性のうちでまったく消え去ってはいないことは、判断力のこの戯れへと真面目さと尊重を混ぜ合わせる。しかし、これはごく短期間現れる現象にすぎず、すぐさま偽装術の帳《とばり》がふたたび引きめぐらされるのであるから、そこには同時にある遺憾の念も混じっており、この遺憾の念は慈しみの情である。この慈しみの情は、戯れとしてこうした善意の笑いときわめてよく結び合わされ、現実にまた笑いと普通結びついている。それは同時に、こうした笑いの題材を提供する当人に対して、かれが人間の生き方に関する世間知にまだ長けていないことについて感じる当惑を補償してやるのがつねである。——それゆえ、素朴であろうとする技術は矛盾である。しかしながら、創作上の人物によって素朴さを表象することは十分可能であり、また稀であっても、美しい技術〔美術〕である。素朴さと無遠慮な単純さとは取り違えられてはならない。無遠慮な単純さは、交際の術がなんであるかを心得ていないという理由だけで、自然を作為的に損なうことはないのである。

必ずしも美術の才能に属するわけではないが、笑いから生じる楽しみと類似した精神の独創性に属して快活にさせるものに、陽気な態度[60]も数え入れることができる。よい意味での陽気は、意のままにある種の心の気分へと自分を置き換えることができる才能を意味する。こうした心の気分のうちではすべてのものが普通とはまったく異なっ

A336　W277　V194　C412

て(それどころか逆に)判定されるが、それでもこうした心の気分のうちにあるある種の理性諸原理にしたがって判定される。こうした変化に心ならずも服従しているひとは、気まぐれと呼ばれる。* しかしこうした変化を、意のままに、また合目的的に(笑いを引き起こす対照を介して生き生きと描出するために)受け入れることができるひととこのようなひとの話しぶりは、陽気であると呼ばれる。ところでこの態度は、美しい技術というよりも、むしろ快適な技術に属する。なぜなら、美しい技術の対象は、つねに幾らかの尊厳をそれだけで示さなければならず、したがって、描出のうちである種の真面目さを要求するからであって、このことは、趣味が判定のうちでこのような真面目さを要求するのと同様である。

第二編　美感的判断力の弁証論

A 337
C 413
V 195
W 277

第五五節

およそ判断力が弁証論的であるべきならば、判断力はまず理屈を言い立てなければならない。言い換えると、こ W 278 の判断力の諸判断は、普遍性をしかもアプリオリに要求しなければならない。（原注）というのも、弁証論は、これらの判断の対立のうちに成り立つからである。したがって、美感的感官諸判断（快適なものと快適でないものについて）の不一致は、弁証論的ではない。また趣味の諸判断の抗争も、各人がたんに自分自身の趣味をよりどころとするかぎり、趣味の弁証論を形成するものではない。なぜなら、誰も自分の判断を普遍的規則にしようと考えてはいないからである。それゆえ、趣味に関わりうる弁証論という概念は、その批判の諸原理に関する趣味の批判の弁証論（趣味そのものの〔弁証論〕ではなく）という概念だけが残る。すなわち、この場合には、趣味判断一般の可能性の根拠について互いに抗争する諸概念が、自然的にまた不可避的に現れてくるからである。それゆえ、趣味の超越論的批 V 196 判は、この能力〔美感的判断力〕の諸原理の二律背反が見出されるかぎりでのみ、美感的判断力の弁証論という名称をもちうる一部門を含むであろう。この二律背反は、この能力の合法則性を、したがってまたこの能力の内的可能性を疑問視させるのである。

(原注)　普遍的であると名乗り出る判断は、いずれも理屈を言い立てる判断(1)(iudicium ratiocinans)と呼ぶことができる。と V195
いうのも、そのかぎりでこの判断は理性推論における大前提として役立ちうるからである。これに反して、理性判断(iudicium ratiocinatum)と名づけられうるのは、理性推論の結論として、したがってアプリオリに基礎づけられたものとして考えられる判断だけである。

第五六節　趣味の二律背反の提示

A338 C414 V196

趣味に関する第一の決まり文句(2)は、「各人はそれぞれ固有の趣味をもつ」という命題に含まれている。趣味をもたないひとは誰でも、この命題によって〔他のひとの〕非難に対して自分を守ることができると思っている。これは、この判断の規定根拠はたんに主観的(楽しみないし苦痛)であり、この判断は他のひとびとの必然的賛同を要求する権利をもたない、というのと同じ意味である。

趣味に関する第二の決まり文句は、「趣味については論議されることができない」という命題である。この決まり文句は、趣味判断に対してあらゆるひとに妥当すると表明する権利を認めるひとびとによっても用いられている。 W279 これは次のことを意味する。すなわち、趣味判断の規定根拠は客観的であるかもしれないが、しかしこの規定根拠は、規定された諸概念にもたらされることはできず、したがって判断自身については、たとえ十分に、また当然論争されることはできるとしても、証明によってなにも決定されることはできないことを意味する。というのも、論争することと論議することと(3)は、諸判断相互の間の対立を介してこれらの一致を生み出そうと試みる点では同じであるが、しかし論議することは、このことを証明根拠としての規定された諸概念にしたがって実現しようと望み、したがって客観的諸概念を判断の根拠として想定する点では異なっているからである。しかしこれが実行できないとみなされる場合には、論議することもまったく同じく実行できない、と判定されるのである。

これら二つの決まり文句の間には、ことわざとして流布しているわけではないが、それでもあらゆるひとが心のうちで抱いている一つの命題が欠けていることは、容易に分かる。それは、「趣味については論争されることができる(たとえ論議されることはできないとしても)」という命題である。しかしこの命題は、第一の命題の反対を含んでいる。というのも、論争することが許されるべきものについては、相互に合致するという希望がなければならず、したがって、ひとは判断の次の諸根拠を頼ることができなければならないからである。それは、たんに個人的妥当性をもつのではなく、それゆえたんに主観的にすぎないのではない判断の諸根拠である。それにもかかわらず、この命題には、「各人はそれぞれ固有の趣味をもつ」というあの第一の原則が、まさしく対立している。

それゆえ、趣味の原理に関しては次の二律背反が示される。

(一)　定立　趣味判断は諸概念に基づいていない。というのも、もしも基づくとすれば、趣味判断について論議される(証明によって決定される)ことができるからである。

(二)　反定立　趣味判断は諸概念に基づいている。というのも、もしも基づかないとすれば、趣味判断が異なっているにもかかわらず、趣味判断については論争される(他のひとびとがこの判断と必然的に一致することを要求する)ことすらできないからである。

A 339　C 415　V 197

第五七節　趣味の二律背反の解決

あらゆる趣味判断の根底に置かれた上述の諸原理（これらの原理は、さきに分析論で提示された趣味判断の二つの特有性に他ならない）の抗争を取り除く可能性は、次の〔三つの〕ことを示す以外にはありえない。〔第一に〕この種の判断のうちで客観が関係づけられる概念は、美感的判断力の二つの格率のうちで同一の意味に解されてはいないのである。〔第二に〕判定におけるこの二重の意味ないし観点は、われわれの超越論的判断力にとって必然的である。〔第三に〕しかし一方を他方と混同することから生じる仮象もまた、自然な錯覚として不可避である。

趣味判断はなんらかの概念と関係しなければならない。というのも、そうでなければ趣味判断は、あらゆるひとに対する必然的妥当性をまったく要求できないだろうからである。しかし、だからといって趣味判断は、ある概念に基づいて証明できるわけではない。なぜなら、およそ概念は、規定されうるか、それともそれ自体規定されておらず同時に規定されることができないか、のいずれかだからである。第一の種類の概念は悟性概念であり、悟性概念は、それに対応しうる感性的直観の諸述語によって規定されることができる。しかし、第二の種類の概念は、すべての感性的直観の根底にある超感性的なものについての超越論的理性概念であって、それゆえ、理性概念はそれ以上理論的に規定されることはできないのである。

ところで、趣味判断は諸感官の諸対象に関わる。しかしそれは、これらの対象の概念を悟性に対して規定するためではない。というのも、趣味判断は認識判断ではないからである。したがって趣味判断は、快の感情に関係づけられた直観的な個別的表象として、たんに個人的判断であるにすぎず、そのかぎりで趣味判断は、その妥当性に関して判断する個人にのみ制限されているであろう。すなわち、この対象は私にとって満足の対象であるが、他のひとびとにとっては事情が異なるかもしれない。――各人はそれぞれの趣味をもつのである。

それにもかかわらず、趣味判断のうちに客観の(同時にまた主観の)表象のある拡張された関係が含まれていることは疑いがない。この関係に基づいてわれわれは、この種の判断をあらゆるひとに対して必然的であるように拡大するのであり、それゆえこの関係の根底には必然的になんらかの概念がなければならない。しかしこの概念は、直観によってまったく規定されず、この概念によってはなにも認識されず、したがって趣味判断に対する証明は行われることはできない。しかしこのような概念は、感官客観としての、したがって現象としての対象の(そしてまた判断する主観の)根底にある超感性的なものについてのたんなる純粋理性概念である。というのも、このように顧慮しなければ、趣味判断の普遍的妥当性に対する要求は救われることはできないだろうからである。趣味判断が基づく概念は、たんに混乱した悟性概念[4]にすぎず、たとえばそれに対応して美しいものの感性的直観が与えられうるような完全性についての悟性概念であるとすれば、趣味判断を証明に基づかせることは、少なくともそれ自体では可能であろうが、これはさきの定立と矛盾するのである。

ところで、私が次のように言えば、すべての矛盾は消失する。すなわち、趣味判断はある概念(判断力に対する自然の主観的合目的性についての根拠一般の)に基づいているが、しかし、この概念はそれ自体では規定できず認識には役立たないのであるから、この概念から客観に関してなにも認識し証明することはできない。しかし、趣味判断はまさにこの同じ概念によって、それでも同時にあらゆるひとに対する妥当性を得るのである(もっとも、あらゆるひとの場合には、直観に直接ともなう個別的判断としてではあるが)。なぜなら、趣味判断の規定根拠は、おそらく人間性の超感性的基体とみなされうるものについての概念のうちに存在するからである。

およそ二律背反の解決に際しては、見かけ上互いに抗争しあう二つの命題は、実際には矛盾せず、たとえこれらの命題の概念の可能性の説明はわれわれの認識諸能力を超えているとしても、互いに並存しうる可能性だけが問題である。この仮象は自然的でもあり、人間理性にとって不可避であること、そして、たとえこの仮象は矛盾が解決された後には欺かないとしても、なぜこの仮象はこのようにあり、依然として仮象であり続けるのかという理由もまた、以上から把握することができる。

すなわち、われわれは、ある判断の普遍妥当性が基づかなければならない概念を二つの抗争する判断のうちで同一の意味に解しながら、しかもこれについて二つの対立した述語を語るのである。したがって定立では、「趣味判断は規定された諸概念に基づかない」と言われるであろう。ところが反定立では、「趣味判断は、規定されていない概念であるとしても、それでもある概念(すなわち、諸現象の超感性的基体についての)に基づいている」と言われるであろう。またこの場合、二つの判断の間には抗争は存在しないことになるであろう。

われわれが果しうるのは、趣味の要求と反対要求との間のこの抗争を取り除くこと以上のことではない。趣味の判断が導かれ、吟味され、証明されうるような趣味の規定された客観的原理を与えることは、まったく不可能である。というのも、そうできるとすれば、判断は趣味判断ではないだろうからである。〔趣味の〕主観的原理は、すなわち、われわれのうちの超感性的なものの規定されていない理念は、その源泉がわれわれ自身にも隠されていることの〔趣味の〕能力の謎を解く唯一の鍵としてだけ指示されうるのであるが、しかし、それ以上はなにによっても把握されることはできないのである。

ここに提示された二律背反の根底には、趣味の正しい概念、すなわちたんに反省的な美感的判断力としての趣味の正しい概念が存在する。また、そこでは見かけ上抗争しあう二つの原則は、両者が真でありうることによって互いに合一されたのであるが、またこれで十分である。これに反して、もしも趣味の規定根拠として(趣味判断の根底にある表象が個別性であるために)、あるひとびとによって行われるように、快適さが採用され、あるいは他のひとびとが(趣味判断が普遍妥当性をもつために)したがるように、完全性の原理が採用され、これらにしたがって趣味の定義が設けられるならば、そこから二律背反が生じる。この二律背反は、互いに(たんに矛盾対当[5]的ではなく)対立する両命題が偽であることを示す以外には、調停されることはまったくできない。するとこのように両命題が偽であることは、各命題の基づく概念が自己矛盾であることを証明している。それゆえ、美感的判断力の二律背反の除去は、批判が純粋理論理性の諸々の二律背反の解決に際してしたがったのと類似した歩みをすることが分かる[6]。またこの場合でも、あるいは『実践理性批判』でも、同様に二律背反は、心ならずも感性的なものを超えて眺めさせ、超感性的なもののうちにわれわれのあらゆるアプリオリな能力の合一点を求めるよう強いることが分かる。なぜなら、理性を自分自身と一致させる他の逃げ道は残されていないからである。

注解 I

われわれは、超越論的哲学では諸理念を悟性諸概念から区別する機会をきわめてひんぱんに見出すのであるから、両者の差異に適合した術語を導入することは有益であろう。こうした術語の幾つかを提案しても、それになんら反対されないであろう、と私は信じている。——もっとも一般的な意味での諸理念とは、ある種の(主観的ないし客

V 200　W 283　C 418　A 342

観的)原理にしたがってある対象に関係づけられた諸表象である。それにもかかわらず、これらはその対象の認識になることがけっしてできないかぎりでの、このような表象である。これらの理念は、認識諸能力相互の(構想力と悟性との)合致のたんに主観的原理にしたがって直観に関係づけられ、この場合美感的諸理念と呼ばれるか、それとも客観的原理にしたがってある概念に関係づけられ、それでも対象の認識をけっして与えることはできず、理性諸理念と呼ばれるか、そのいずれかである。後の場合には、概念は超越的概念であって、この概念は悟性概念から区別される。悟性概念には、つねに適合して対応する経験が根底に置かれることができるのであり、それゆえ悟性概念は内在的と呼ばれるのである。

美感的理念は認識になることはできない。なぜなら、この理念はある直観(構想力の)であって、この直観には適合する概念はけっして見出されることはできないからである。理性理念はけっして認識になることはできない。なぜなら、この理念はある概念(超感性的なものについての)を含んでいるが、この概念に適合する直観はけっして与えられることはできないからである。

ところで、美感的理念は構想力の表明不可能な表象と呼ばれ、理性理念は理性の証示不可能な概念と呼ばれることができる、と私は思う。(7) 両者について前提されるのは、両者がまったく根拠なく産出されているのではなく、(理念一般の上述の説明にしたがって)両者が属する認識諸能力のある種の諸原理に(美感的理念は主観的諸原理に、理性理念は客観的諸原理に)したがって産出されていることである。

悟性諸概念は、こうした概念としてつねに証示可能でなければならない(証示することが、解剖学でのようにたんに描き出す〔眼前に見せる〕と理解されるとすれば)。言い換えれば、悟性諸概念に対応する対象はつねに直観(純粋直観ないし経験的直観)のうちに与えられうるのでなければならない。というのも、このことによってのみ悟性諸概念は認識になりうるからである。量の概念は、アプリオリな空間直観のうちに、たとえば直線などの直観のうちに与えられることができる。原因の概念は、物体の不可入性や衝突などについて与えられることができる。したがって、両者は経験的直観によって確証されることができる。言い換えれば、両者の思想は実例で指し示される(証示される、提示される)ことができる。このことはまた、実際に行われなければならない。そうでなければ、思想が空虚でないかどうか、すなわちすべての客観をもたないかどうかを確かめることはできないからである。

論理学では論証可能や論証不可能という表現は、命題に関してのみ使用されるのが普通である。そこでは論証可能とは、間接的にのみ確実な命題という名称によって表示され、論証不可能とは、直接的に確実な命題という名称によって表示されるのがいっそうよいであろう。というのも、これらの命題によって証明可能な真の命題と証明不可能な真の命題とが理解されるとすれば、純粋哲学もまた、これら二種の命題をもつからである。しかしながら証示するという言葉の語義からまるっきり離れようとするのでなければ、純粋哲学は、哲学としてアプリオリな諸根拠に基づいて証明することはできるが、しかし証示することはできない。この語義からすれば(証明であれ、あるいはたんに定義であれ)、証示する(ostendere, exhibere)とは、同時にその概念を直観のうちに描出することにほかならないのである。ところで直観[*]は、アプリオリな直観である場合には、概念の構成と呼ばれるが、しかし直観は、たとえ直観が経験的である場合でも、それでも客観的実在性が概念に保証されるような客観の提示にとどまるのである。こうして解剖学者については、解剖学者があらかじめ論弁的[8]に講述していた概念を、人間の眼という器官を解剖することによって直観的に示す場合に、「解剖学者は人間の眼を証示する」と言われるのである。

以上によって、すべての現象一般の超感性的基体についての理性概念、あるいはまた、道徳法則と関連してわれわれの選択意志の根底に置かれていなければならないもの、すなわち超越論的自由についての理性概念は、すでに種別上証示不可能な概念であり、理性理念であるが、しかし徳は程度上そうした概念である。なぜなら、超越論的自由についての理性概念は、それ自体は質に関して経験のうちで対応するものがまったく与えられることはできないが、徳の理性概念では、あの〔自由の〕原因性の経験の産物は、理性理念が規則として指令する程度にまでは到達しないからである。

理性理念については、構想力は自分の諸直観によって与えられた概念に到達しない。同様に、美感的理念に際して悟性は、自分の諸概念によって構想力が与えられた表象と結合する構想力のまったく内的な直観に到達することはけっしてない。ところで、構想力の表象を諸概念にもたらすことは、その表象を表明することと同じであるから、美感的理念は、構想力の(構想力の自由な戯れにおける)表明不可能な表象と呼ばれることができる。私は、この種の諸理念について、後になお少し詳述する機会をもつであろう(9)。いま私が注意するのは、理性諸理念と美感的諸理念という両種類の理念は、その諸原理をもたなければならず、しかも両者とも理性のうちにもち、理性諸理念は理性使用の客観的諸原理のうちに、美感的諸理念は理性使用の主観的諸原理のうちにもたなければならない、ということだけである。

以上のことにしたがって、**天才**は美感的諸理念の能力によっても説明することができる。これによって、なぜ天才の諸産物のうちでは、技術(美しいものの制作)に規則を与えるものは熟慮された目的ではなく、自然(主観の)であるのかという理由が同時に示される。というのも、美しいものは、諸概念にしたがって判定されるのではなく、諸概念一般の能力との合致に向かう構想力の合目的的調和にしたがって判定されなければならないのであるから、規則や指令が役立ちうるのではなく、次のものだけが役立ちうる。つまり、あらゆるひとに満足を与えなければならないと正当に要求する美術のうちで、あの美感的ではあるがしかし無条件的合目的性に主観的基準として役立つことができるものだけであり、それは、主観におけるたんなる自然であるが、しかし諸規則や諸概念のもとではとらえられることができないものだけである。言い換えれば、主観のすべての能力の超感性的基体(これには悟性概念は到達しない)だけである。したがって、それと関連して*われわれのすべての認識能力を調和させることが、われわれの自然の英知的なものによって与えられた最終的目的であるようなものだけである。このようにしてのみ、客観的原理はそれに指令できないこの合目的性の根底に、ある主観的なしかも普遍妥当的でアプリオリな原理があることも可能となるのである。

注解 II

ここでおのずから以下の重要な注意が生じる。つまり、純粋理性の二律背反には三種類存在する。しかしこれらはすべて次の点で一致しているという注意である。すなわち、これらの二律背反は理性を強制して、諸感官の諸対象を物自体そのものとみなすという、普通きわめて自然な前提を放棄させる。むしろ、それはこれらの対象をたんに現象とみなすようにさせて、これらの対象の根底に、ある英知的基体(これについての概念はたんに理念にすぎず、本来の認識を許さないある超感性的なもの)を置くようにさせるという点である。こうした二律背反がなければ、理性は、自分の思弁の分野を大いに狭めるこうした原理を想定しようとはけっして決断できないであろう。また、そうでなければきわめて輝かしいはずの多くの希望がまったく消滅しなければならない犠牲を払おうとはけっして決断できないであろう。というのも、こうした損失の代償として、それだけますます重要な使用〔の道〕は実践的観点では理性に開かれる現時点ですら、理性は、苦痛を感じないであの諸々の希望から離れ、古い愛着の絆から解放されることはできないようにみえるからである。

二律背反は三種類存在する。その根拠は、悟性、判断力、理性という、それぞれ(上級認識能力として)自分のアプリオリな諸原理をもたなければならない三つの認識能力が存在することにある。それというのも、理性は、これらの原理そのものとこれらの使用とについて判断するかぎり、これらすべての原理に関して、与えられた条件づけられたものに対する無条件的なものを断固要求するからである。それでも、感性的なものは物自体そのものに属するとみなされ、むしろたんなる現象としてのこの感性的なものの根底に、ある超感性的なもの(われわれの外およびわれわれの内にある自然の英知的基体)は、事物自体[10]そのものとして置かれないとすれば、この無条件的なものはけっして見出されることはできないからである。そこで、この場合には、㈠認識能力に対しては、無条件的なものにまで達しようとする悟性の理論的使用に関する理性の二律背反が存在する。㈡快・不快の感情に対しては、判断力の美感的使用に関する理性の二律背反が存在する。㈢欲求能力に対しては、それ自体で自己立法する理性の実践的使用に関する二律背反が存在する。これらすべての能力は、自分のアプリオリな上級の諸原理をもち、理性の不可避の要求に応じて、これらの原理にしたがって無条件的にも判断できなければならず、自分の客観を規定できなければならないというかぎりで、そのように存在するのである。

二つの二律背反に関しては、すなわちあの上級認識能力の理論的使用の二律背反と実践的使用の二律背反とに関

V 204　A 345

しては、このような諸判断が現象としての与えられた諸客観の超感性的基体を顧みないとすれば、これらの二律背反は不可避であることをすでに他の箇所でわれわれは示しておいた。しかしこれに反して、この超感性的基体を顧みるや否や、これらの二律背反が解決可能であることをやはりそのように示しておいた。ところで、理性の要求にしたがう判断力の使用における二律背反と、ここで与えられたその解決とに関して言えば、この二律背反を避ける手段は、次の二つのやり方以外にはない。すなわち、第一は、美感的趣味判断の根底になんらかのアプリオリな原理があることを否定するやり方である。その結果、*普遍的賛同の必然性に対するすべての要求は根拠のない空虚な妄想であり、趣味判断は、多くのひとがその判断に関して一致することがたまたま起こるかぎりでのみ正しいとみなされるに値する。またこのことは、本来この一致の背後にアプリオリな原理が推定されるから起こるのではなく、(味覚でのように)諸々の主観が偶然一様に組織化されているから起こるのである。あるいは第二のやり方は、次のように想定しなければならないであろう。すなわち、趣味判断は、本来ある物について、またその物における多様なものとある目的との関係が発見される完全性についての擬装された理性判断であり、したがってこの判断は、こうしたわれわれの反省に付随する混乱のためにのみ、たとえ根本的には目的論的であるとしても、美感的と呼ばれる、と。第二の場合には、ひとは超越論的諸理念による二律背反の解決が不必要であり、無効であると言明し、こうしてたんなる現象としてではなく、また物自体そのものとしての諸感官の諸客観とあの趣味の諸法則とを合一しうるであろう。しかし、これらのいずれの逃げ道もほとんど役に立たないことは、趣味判断を解明した際に幾つかの箇所で示されていたのである。

しかし、われわれの演繹は、たとえすべての部分にわたって十分明らかにされてはいないとしても、少なくとも

A346　V205　W288　C422

正しい道をたどって行われたと認められるとすれば、三つの理念が示されるのである。すなわち、第一は、自然の基体として、それ以上規定されない超感性的なもの一般の理念。第二は、われわれの認識能力に対する自然の主観的合目的性の原理としての、同じ超感性的なものの理念。第三は、自由の諸目的の原理および人倫的なものにおける諸目的と自由との合致の原理としての、同じ超感性的なものの理念である。

第五八節　美感的判断力の唯一の原理としての、自然および芸術の合目的性の観念論について

まず趣味の原理は、次のいずれかの仕方で置くことができる。すなわち、趣味はつねに経験的規定根拠にしたがって、それゆえたんにアポステリオリに諸感官によってのみ与えられる規定根拠にしたがって判断することに置くことができる。それとも趣味は、あるアプリオリな根拠に基づいて判断することが許されることができる。前者は趣味の批判の経験論であり、後者は趣味の批判の合理論であろう。前者にしたがえば、われわれの満足の客観は快適なものから区別されず、後者にしたがえば、判断が規定された諸概念に基づくとすれば、満足の客観は善いものから区別されないであろう。そうなると、すべての美は世界からまったく葬り去られ、美に代わって、おそらく上述の二種類の満足のある種の混合物を表わす特殊な名称だけが残るであろう。しかしながらわれわれは、満足のアプリオリな諸根拠もまた存在するのであり、それゆえこれらの根拠は、規定された諸概念のうちでは把握できないにもかかわらず、合理論の原理と両立できることを示しておいたのである。

これに反して、趣味の原理の合理論は、合目的性の実在論の合理論であるか、それとも合目的性の観念論の合理

C 423 W289 V 206 A 347

論であるかのいずれかである。ところで、趣味判断は認識判断ではなく、美はそれだけで考察されるならば、客観の性状ではないのであるから、趣味の原理の合理論は、この判断における合目的性が客観的であると考えられることに置かれることはけっしてできない。言い換えれば、それは、この判断が理論的に、したがってまた論理的に(たとえただ混乱した判定ではあるとしても)客観の完全性に関わることに置かれることはけっしてできない。そうではなくてこの判断は、構想力における客観の表象と主観における判断力一般の本質的諸原理との合致に美感的にのみ関わることに置かれることができる。したがって合理論の原理にしたがってすら、趣味判断およびこの判断の実在論と観念論との区別は、次のいずれかのうちにのみ置くことができる。それは、あの主観的合目的性が、実在論の場合には、自然(ないし芸術)の現実的(意図的)目的としてわれわれの判断力と合致すると想定されるか、それとも観念論の場合には、自然と特殊な諸法則にしたがって産出された自然の諸形式とに関して、判断力の必要のために、目的をもたずおのずから偶然現れる合目的的合致として想定されるか、そのいずれかである。

美しいものの産出の根底には、それを産出する原因のうちに美しいものの理念が置かれている、つまり、われわれの構想力に都合のよい目的が置かれている、とひとは想定したがるのであるから、有機的自然界における美しい形成物は、自然の美感的合目的性の実在論を大いに弁護するのである。草花、木の花、それどころか全植物の形態、それ自身の使用には不必要であるが、われわれの趣味に対していわば選び抜かれたあらゆる種類の動物の形態の優美さ、とりわけわれわれの眼にそれほどの満足と魅力を与える色彩の多様と調和的配合(雉、甲殻類、昆虫、さらにはごく普通の草花にまでみられる)など。これらは、たんに表面に関わり、しかもこの表面ですら、これらの被造物の内的諸目的のためになお必要であろうような形状には少しも関わらず、まったく外的な観照を狙っているようにみえる。これらすべては、われわれの美感的判断力に対する自然の現実的諸目的を想定することによって説明する仕方に、大きな重みを与えるのである。

これに反して、こうした想定に対して理性は、「いたるところで諸原理を不必要に多数増加するのをできるだけ防止する」という自分の格率*によって反対するだけではない。自然は、その自由な形成のうちで、いわばわれわれの判断力の美感的使用のために作られているようにみえる諸形式を産出する大きな機械的傾向をいたるところで示している。その際、産出するために、たんなる自然として自然のメカニズム以上のあるものがさらに必要であると推測する少しの根拠も与えず、これらの形式は、このメカニズムにしたがって、これらの形式の根底にあるすべての理念がなくても、われわれの判定に対して合目的的でありうる。しかし私は、自然の自由な形成を次のような形成であると理解する。それは、静止状態にある液体の一部分(時にはたんに熱物質)が発散ないし分離したため残り部分が凝固した際に、一定の形態ないし組織(模様や肌理)を得る形成であり、この形態ないし組織は、物質の種別的差異にしたがって異なるとしても、しかし同一の物質では精確に同一であるような形成である。ところが、そのためには、つねに真の液体と理解されているものが前提される。すなわち、物質は液体のうちで完全に溶解していることが前提されるのであり、つまり、固体的部分と液体のうちでたんに漂っている部分とのたんなる混合物とみなされてはならないことが前提されるのである。

そこでこの形成は、凝集によって、すなわち突然の固体化によって生じるのであって、液体状態から固体状態へと徐々に移行することによって生じるのではなく、いわば一つの飛躍によって生じる。この移行は、また結晶化とも呼ばれる。この種の形成のきわめてありふれた実例は、水の氷結である。この水のうちでは、まず六〇度の角で

A348　W291　C425　V208

接合するまっすぐな氷線が生じ、次に他の氷線がこれらの氷線のあらゆる点に同様に付着して、ついに全部が氷となる。したがって、この時間のうちに水は、氷線の間で徐々に粘液状となるのではなく、はるかに高い温度の場合でもそうであるように、完全に液体状でありながら、しかも完全に氷の冷たさをもっている。固体化する瞬間に突然逃れ去る分離物質は、相当の量の熱素(11)であるが、この熱素は、たんに水が液体状であるために必要であったのであるから、熱素の排出によってこうして現在できた氷は、直前に氷のなかで液体であった水よりも、少しも冷たくなるわけではないのである。

結晶形をもつ多くの塩類、同じく鉱石も、同様にどのような媒介によるかは不明であるが、水中に溶解した地質から産出される。同様に、正六面体の方鉛鉱、紅銀鉱などの多くの鉱物の結晶形状も、推測できるかぎり、水中で諸部分の凝集によって形成される。それというのも、これらの部分はなんらかの原因によって、水というこの媒介から出ていき、互いに一定の外的形態に合一するよう強いられるからである。

しかし、たんに熱によって液体状であったのが、冷却によって固体となったすべての物質は、砕いてみれば内部的には一定の肌理を示しており、このことから、もしもこれらの物質自身の重量や空気の接触が妨げなかったとすれば、外部的にも、これらの物質は種別的に特有の形態を示したであろう、と判断される。このような形態は、融解後に外部は固体化しても内部はまだ液体状である幾つかの金属について、内部はまだ液体状をなしている部分が注ぎ出ると、内部に残存するその他の部分がこんどは静かに凝集することによって、観察されてきたのである。菱鉄鉱、赤鉄鉱、華状あられ石のような鉱石の結晶の多くは、芸術だけがともかく考案できるような最高の美しい形態をしばしば示す。またアンティパロス島(12)の鍾乳洞内の見事な景観も、石膏の層を通って浸み出る水の産物にすぎ

C426
V209
W292　A349

ないのである。

液体状のものは、どのようにみても総じて固体状のものより古いのであり、植物も動物の身体も、液体状の栄養物質が静止状態で形づくられるかぎり、この栄養物質から形成される。〔この栄養物質は〕もちろん動物の身体では、最初は諸目的に向けられたある種の根源的素質にしたがって凝集し自由に形成されるが（この素質は、本書第二部で示されるであろうように、美感的に判定されるのではなく、実在論の原理にしたがって目的論的に判定されなければならない）、しかしそれと並んで、それでもおそらく諸物質の類縁性の普遍的法則にしたがって凝集し自由に形成されるのである。ところで、さまざまな気体の混合物である大気中に溶解している水分は、熱の放出によって大気から水分が分離するとき＊、さまざまな形の雪を生み出し、これらの雪の形は、そのときの空気の混合の差異に応じて、しばしばきわめて巧妙にみえ最高の美しい形状をとる。これと同様に、有機的組織を判定する目的論的原理を少しも損なわずに、十分次のように考えられる。すなわち、草花や羽毛や貝殻の形態および色彩の美に関して言えば、この美は自然と自然の能力に帰せられることができるのであり、この自然の能力は、こうした美をめざす特殊な目的をもたず自由に化学的諸法則にしたがい、有機的組織に必要な物質を沈殿させることによって、美感的＝合目的的にも自分を形成するのである。

しかし、自然の美しいものにおける合目的性の観念性という原理は、われわれが美感的判断そのもののうちでつねに根底に置いている原理である。またこの原理は、自然の目的の実在論をわれわれの表象力に対して説明根拠として用いることを許さない。この自然の美しいものにおける合目的性の観念性という原理は、まさしく次のことを証明する。すなわち、われわれは美一般の判定では美のアプリオリな基準をわれわれ自身のうちに求め、また美感

A350　W293

的判断力は、あるものが美しいか否かという判断に関してそれ自身立法的であり、このことは自然の合目的性の実在論を想定する際には生じることができないのである。なぜなら、われわれはそうした場合には、なにを美しいと見出すべきかを自然から学ばなければならず、また趣味判断は経験的諸原理に服することになるだろうからである。というのも、こうした判定では、自然とはなにか、あるいはまた自然はわれわれにとって目的としてなんであるかが問われるのではなく、われわれが自然をどのように受け入れるかが問われるからである。もしも自然がわれわれの満足のために自然の諸形式を形成していたとすれば、それはつねに自然の客観的合目的性であって、主観的合目的性ではないであろう。主観的合目的性は、構想力の自由における戯れに基づいており、この場合、われわれが恩恵をもって自然を受け入れるのであって、自然がわれわれに恩恵を示すのではないのである。自然は、われわれに対する次のような機会を含んでいる。それは、ある種の自然の諸産物を判定する際に、われわれの心の諸力の関係における内的合目的性を知覚するという機会であり、しかもこの内的合目的性を、ある超感性的根拠に基づいて必然的で普遍的に妥当すると言明されるべきものとして知覚する機会である。自然のこうした特性は自然目的ではありえず、むしろ、われわれによって自然目的として判定されることはできない。なぜなら、自然目的として判定されるとすれば、自然目的によって規定される判断は他律を根底にもつことになり、趣味判断にふさわしい自由とはならず、自律を根底にもつことはないだろうからである。

美術では合目的性の観念論という原理は、いっそう判明に認識することができる。というのも、美術では合目的性の美感的実在論は、諸感覚によって想定されることはできないのであり(もしも想定される場合には、美術は美しい技術ではなく、たんに快適な技術となるであろう)、このことは美しい自然と共通だからである。しかしながら、美感的諸理念による満足は、規定された諸目的の達成に依存して(機械的に意図的な技術のように)はならないのであり、したがってこの原理の合理論のうちですら、根底にあるのは諸目的の実在性ではなく、諸目的の観念性である。これは、すでに次のことからも明らかである。すなわち、美術はそのものとして悟性や学の産物とみられてはならず、天才の産物とみられなければならないのであり、それゆえ、規定された諸目的の理性諸理念とは本質的に異なる美感的諸理念によって美術の規則を得るのである。

諸現象としての諸感官の諸対象の観念性は、これらの対象の諸形式がアプリオリに規定されうる可能性を説明する唯一の仕方である。同様に、自然および芸術の美しいものの判定における合目的性の観念論もまた、批判が趣味判断の可能性を説明しうる唯一の前提であり、趣味判断は、あらゆるひとに対して妥当性をアプリオリに要求することができるのである(しかし、客観について表象される合目的性を諸概念に基礎づけるのではない)。

第五九節　人倫性の象徴としての美について

われわれの概念の実在性を立証するためには、つねに直観が必要とされる。概念が経験的概念であるならば、直観は実例と呼ばれる。概念が純粋悟性概念であるならば、その直観は図式と名づけられる。さらに理性概念、すなわち理念の客観的実在性が、しかも理念の理論的認識のために立証されることを求めるならば、それはある不可能なことを望んでいるのである。なぜなら、理念には適合して直観が与えられることはまったくできないからである。

感性化としてのすべての直観的表出(描出、subiectio sub adspectum)[13]には二とおりある。すなわち図式的であるか、それとも象徴的である。図式的である場合には、悟性が把捉する概念には対応する直観がアプリオリに与えられる。象徴的である場合には、理性のみが考えうるだけで、感性的直観はそれに適合できない概念の根底にある種の直観が置かれる。この直観と判断力の手続きとは、図式作用のうちで判断力がしたがう手続きとたんに類比的*に一致する。言い換えれば、判断力の手続きがこの〔理性の〕概念と一致するのは、たんにこの手続きの規則に関してであって、直観そのものに関してではない。したがって〔概念と一致するのは〕、たんに反省の形式に関してであって、内容に関してではないのである。

象徴的という言葉は、近代の論理学者[14]たちによって採用されているが、この言葉が直覚的な表象の仕方と対立させられるのは、この言葉の意味を曲解する誤った使用である。というのも、象徴的な表象の仕方は直覚的な表象の仕方の一種にすぎないからである。つまり、後者(直覚的な表象の仕方)は図式的な表象の仕方と象徴的な表象の仕方とに区分されることができる。両者とも直観的表出、すなわち描出(exhibitiones)である。つまり、たんなる特性表示Charakterismen、言い換えれば、随伴する感性的記号による概念の表示ではない。これらの記号は、客観の直観に属するものを少しも含んでおらず、構想力の連想の法則にしたがって、したがって主観的意図では、再生の手段として概念に役立つにすぎない。こうした記号は、言葉であるか、それとも概念を示すたんなる表現としての可視的な(代数学的な、それどころか身ぶり的な)記号であるかのいずれかである。(原注)

(原注)　認識の直覚的なものは、論弁的なものと(象徴的なものとではなく)対立させられなければならない。ところで認識の直覚的なものは、証示によって図式的であるか、それともたんなる類比[15]にしたがった表象として象徴的であるかのいずれかである。

それゆえ、アプリオリな諸概念の根底に置かれるすべての直観は、図式であるか、それとも象徴である。そのうち図式は、概念の直接的描出を含み、象徴は概念の間接的描出を含む。図式は、このことを証示的に行い、象徴は、このことを類比(類比のために経験的直観も使用される)を介して行う。類比では判断力は二重の仕事を行う。すなわち第一に、概念をある感性的直観の対象に適用し、ついで第二に、この直観に対する反省のたんなる規則を、最初の対象がその象徴にすぎないまったく別の対象に適用する。たとえば君主国は、国内法にしたがって統治されるならば、魂のある身体によって表象される。ところが、君主国は、単独の絶対的意志によって統治されるならば、たんなる機械(たとえば手挽き臼のような)によって表象される。しかし両者の場合とも、ただ象徴的に表象されるにすぎない。というのも、専制国家と手挽き臼との間には類似性はないが、しかし、この両者とこれらの原因性とを反省する規則の間には類似性があるからである。*〔判断力の〕この仕事は、いっそう深く探究する価値があるにもかかわらず、これまでまだほとんど分析されていない。しかしながら、ここはこの問題に立ち留まるべき場所ではない。われわれの言語〔ドイツ語〕は、類比にしたがうこのような間接的描出に満ちている。類比によってこの表現は、概念のための本来の図式を含むのではなく、たんに反省のための象徴を含む。たとえば、基礎(支え、土台)、依存する(上方から保持される)、あるものから流出する(帰結するの代わりに)、実体(ロックが表現するように、偶有性の担い手)[16]、その他無数の言葉は、図式的な直観的表出ではなく、象徴的な直観的表出であり、また直接的な直観を介した概念のための表現ではなく、ただこの直観との類比にしたがう概念のための表現にすぎない。言い換えれば、おそらくけっして直観が直接には対応できないまったく別の概念へと、直観の対象に対する反省を移すことによる概念のための表現である。たんなる表象の仕方がすでに認識と呼ばれてよいとすれば(こう呼ぶことは、次の場合には十分許されている。それは、この表象の仕方が、対象はそれ自体なんであるかという対象の理論的規*

定の原理ではなく、対象についての理念がわれわれとこの理念の合目的的使用とにとって、なにになるべきであるかという実践的規定の原理であるという場合である)、神についてのわれわれの認識はすべてたんに象徴的である。また、世界の存在者についてのみその客観的実在性を証明する悟性や意志などの特性によって、神についてのわれわれの認識を図式的とみなすひとは、擬人神観(17)に陥っている。これは、すべての直覚的なものを除去するひとが理神論に陥るのと同様である。この理神論によるのではまったくなにも認識されず、実践的意図ですらなにも認識されないのである。

ところで、私は次のように言う。美しいものは人倫的に善いものの象徴であり、しかも、この点を顧慮して(あらゆるひとにとって自然的であり、あらゆるひとも他のひとびとに義務として要求する関係のうちで)のみ、美しいものは、他のあらゆるひとの賛同を要求しつつ満足を与えるのであって、その際、心は同時に感官印象による快のたんなる感受性を超えて、ある種の純化と高揚とを意識し、他のひとびとの価値もかれらの判断力の類似した格率にしたがって評価するのである、と。前節(18)で示したように、趣味がめざすものは英知的なものであり、すなわち、われわれの上級認識諸能力すらこれと合致するものであって、この英知的なものがなければ、これらの上級認識能力の本性の間には、趣味が行う要求と比較すれば、ただ矛盾だけが生じるであろう。この〔趣味という〕能力のうちで判断力は、普通経験的判定の場合そうであるように、自分が経験諸法則の他律に服する気にはならない。判断力は、これほどまで純粋な満足の諸対象に関して自分自身に法則を与えるのであり、これは、理性が欲求能力に関してそうするのと同様である。そして判断力は、主観におけるこの内的可能性のゆえに、主観と合致する自然の外的可能性のゆえにも、主観自身の内および外にあるものに、つまり自然でもなく自由でもないが、しかしそれでも自由の根拠と、すなわち超感性的なものと結びついているあるものに関係づけられていることが分かるのである。この超感性的なもののうちで、理論的能力は実践的能力と共通の未知の仕方で結合されて統一されるのである。われわれは、このような類比の幾つかの点について、同時にその相違についても注意を疎かにすることなく、これらを挙げてみたいと思う。

㈠美しいものは直接満足を与える(しかし、それは反省的直観のうちだけであって、人倫性のように概念のうちではない)。㈡美しいものはあらゆる関心をもたず満足を与える(人倫的に善いものは、必然的にある関心と結合はされるが、しかし満足についての判断に先行する関心と結合されるのではなく、こうした判断によってはじめて引き起こされる関心と結合される)。㈢構想力(それゆえわれわれの感性の能力)*の自由は、美しいものの判定では悟性の合法則性と一致するものとして表象される(道徳的判断では意志の自由は、意志が普遍的理性諸法則にしたがって自分自身と合致することである、と考えられる)。㈣美しいものの判定の主観的原理は、普遍的なものとして、すなわち、あらゆるひとに妥当するものとして表象されるが、しかし普遍的概念によっては知られないものとして表象される(道徳性の客観的原理もまた、普遍的であるとして、すなわちすべての主観に対して、同時にまた同一の主観のすべての行為に対して〔妥当するものとして〕表象されるが、その際、ある普遍的概念によって知られると言明される)。したがって道徳的判断は、規定された構成的諸原理を受け入れうるだけでなく、その諸格率がこれらの原理とその普遍性とに基礎づけられることによってのみ可能なのである。

　こうした類比に対する顧慮は普通の悟性〔常識〕にとっても普通のことであり、またわれわれは、自然ないし芸術の美しい諸対象を、しばしば人倫的判定を根底に置くと思われる名称によって呼ぶ。われわれは建築物や樹木を荘厳である、華麗であると呼び、あるいは広野を微笑んでいる、嬉々としていると呼ぶ。色彩すらも、無垢である、謙虚である、思いやりがある、と呼ばれる。なぜなら、これらの色彩は、道徳的判断によって引き起こされた心の状態の意識とある類比的なものを含む諸感覚を喚起するからである。趣味は、いわば感官の魅力から習慣的な道徳的関心への移行を、あまりに強引な飛躍をせず可能にする。これは、趣味が構想力の自由のうちでも構想力を悟性に対して合目的的に規定されうるものとして表象し、諸感官の諸対象についてすら、感官の魅力がなくても自由な満足を見出すように〔われわれを〕教えることによるのである。

V215　W299

第六〇節　付録　趣味の方法論について

学に先行する批判を原理論と方法論とに区分することは、趣味批判には適用されない。なぜなら、美しいものの学は存在せず、また存在できず、趣味の判断は、諸原理によって規定することはできないからである。というのも、あらゆる芸術のうちで芸術の客観の描出における真理に関わる学的なものについて言えば、この学的なものは美術の不可欠な条件(conditio sine qua non)ではあるが、しかし美術そのものではない。それゆえ、美術に対しては手法(modus)があるだけで、教授法(methodus)はないのである。師匠は、弟子がなにをどのように作り上げるべきかを〔模範として〕やって見せなければならない。また、師匠が最後に自分の手続きをまとめあげる普遍的諸規則は、弟子に指令するのに役立つというよりも、むしろ師匠の手続きの主要な契機を折にふれて想起させるのに役立つことができる。この場合、それにもかかわらず、ある種の理想が顧慮されなければならず、芸術は、〔作品の〕完成にあたって、けっして完全にはこの理想に到達しないとしても、この理想がはっきり分かっていなければならな

A355　C432

い。〔第一に〕弟子の構想力をある与えられた概念に適合するよう呼び覚ますことである。〔第二に〕理念は美感的であるという理由で、概念そのものが到達しない理念に対する表現は不十分であると注意させることである。そして〔第三に〕、鋭い批判を行うことである。これら〔三つのこと〕によってのみ、弟子の前に置かれる実例が弟子によってただちに原型とみなされることは防止できるのであり、また、いっそう高い規範や弟子自身の判定にはなんら服さない模倣の模範とみなされることも防止できるのである。こうして天才は、天才とともに構想力そのものの自由もまた、その合法則性のうちで窒息させられることが防止できる。この構想力の自由がなければ、美術は可能ではなく、それどころか美術を判定する正しい自分の趣味すらも可能ではないのである。

　あらゆる美術のための予備学は、美術の最高度の完全性がめざされているかぎり、諸指令のうちにあるのではなく、人文的教養 humaniora と呼ばれる予備知識による心の諸力の開化のうちにあるようにみえる。なぜなら、おそらく人間性 Humanität は、一方で普遍的な共感の感情を意味し、他方では自分をもっとも誠実に、また普遍的に伝達することができる能力を意味するからである。これらの特性は、一つに結びついて人間性 Menschheit にふさわしい社交性*を作り上げ、この社交性によって人間性は動物的な狭さから区別されるのである。およそ民族は、合法的な社会生活へと向かう旺盛な衝動によって永続的な共同体を作り上げるのであるが、この旺盛な衝動が、自由(それゆえまた平等)を強制(恐怖よりもむしろ義務に基づく尊敬と服従の)と合一させるという重い課題をめぐる大きな諸困難と戦った時代や民族があった。これらの時代や民族は、もっとも教養ある階層の諸理念と比較的粗野な階層の諸理念とが*相互に伝達しあう技術を発見し、前者の拡張や洗練を後者*の自然な素朴さや独創性と調和させて、このようにいっそう高度な文化と自足的な自然との間を媒介する手段をまずはじめに発見しなければならなかった。この手段は、普遍的な共通感覚[19]としての趣味に対しても、普遍的諸規則にしたがって指示されることはできない正しい尺度となっているのである。

後の時代は、あのような模範をもたずに済ますことは困難であろう。なぜなら、後の時代は、自然に近づくことがますます少なくなり、ついには自然から持続的な実例を手に入れることがなければ、最高度の文化の合法的な強制と、自分自身の価値を感知している自由な自然の力と正しさとが、幸運にも合一するということを同一の民族のうちではほとんど理解できないかもしれないからである。

しかし趣味は、根本的には人倫的諸理念の感性化(両者に対する反省のある種の類比を介した)の判定能力であり、この判定能力から、そしてこの判定能力に基づくべき人倫的諸理念に由来する感情(これは道徳的感情と呼ばれる)に対するいっそう大きな感受性から、次の快が導き出される。それは、趣味が人間性一般に対して妥当するのであって、たんに各人の個人的感情に対して妥当するのではない、と言明する快である。それであるから、趣味を基礎づけるための真の予備学とは、人倫的諸理念の発達と道徳的感情の開化であることは明らかである。というのも、感性が道徳的感情と一致させられる場合にのみ、真の趣味は一定不変の形式をとることができるからである。

V 217
W301

訳注・校訂注

序文

訳注

(1) 快・不快の感情 das Gefühl der Lust und Unlust　一般的には、理論的・実践的・美的な諸領域で快や不快の感情が生じる。心の働きを知識・感情・意志とに厳密に三分割したこの時期のカントでも、「快」および「不快」の感情の含意は複雑である。しかし、『判断力批判』におけるこの感情の働きの基本的意味は、どこまでも狭義の美および崇高の感情を含む、広義の美的感情にある。もっぱら主観に関わるこの感情と、客観の認識に関係しうる感覚(Empfindung)との相違、また感覚的に快適なもの(das Angenehme)との相違点については、第一部第一編第一章第三節以下を参照。

(2) 詳しくは、序論「II 哲学一般の領域について」を参照。

(3) 超絶的 überschwenglich　一般的には過度な、過大な、法外なと訳されるが、この概念は『純粋理性批判』で「超絶的な思弁」(第二版四二一頁、以下 B421 と略記)という用法に端的に窺われるように、一貫して超感性的なものの認識へと向かう理性ないし認識能力のあり方を表現するために使用されている。そこで本訳書では、過度な、過大な、法外なという訳語では表現しにくい経験を超越する意味合いを強調するために、「超絶的」という訳語を採用した。

(4) 統制的原理 das regulative Prinzip　この概念は『純粋理性批判』で構成的原理(das konstitutive Prinzip)と対比的に区別して使用された。その超越論的弁証論でカントは理念、つまり理性概念が、構成的原理によって超感性的な対象(魂・世界・神)を認識しようとするために理性が超越論的仮象に陥ったことを批判した。したがって理念は、どこまでも多様な悟性認識を体系的に統一するための統制的原理として使用されなければならないことが主張された。本書ではこの観点をさらに推し進めて、この原理の働きが理論的認識から美その他の領域まで拡大されている。

(5) 領域 Gebiet　本書では認識能力の立法と判断力との関係を表わす特別な意味をもつ概念である。詳しくは序論「II 哲学一般の領域について」を参照。

(6)　健全な悟性 der gesunde Verstand　「普通の悟性」とも訳され、いわゆる「常識」のことである。これは gemeiner Verstand, gemeiner Menschenverstand, gesunde Vernunft, gemeine Vernunft などとも表現される。この言葉については、第四〇節「一種の共通感覚 sensus communis としての趣味について」のなかで、いわゆる常識の曖昧性と「共通感覚」との区別について立ち入って考察されている。また、『実用的見地における人間学』第一部第一編第六節でも言及されている。

(7)　ここで訳出した「芸術」の原語は、Kunst である。この語は、Technik と同じくギリシア語の τέχνη、ラテン語の ars に由来するドイツ語訳であるが、今日では一般に、芸術は schöne Kunst の訳とされ、Kunst は技術と訳される。但し、本書では schöne Kunst は「美術」と訳出した。カントの時代には技術と芸術との区別は必ずしも明確ではなく、またカントは本書で Kunst を Technik（技巧）や「自然の技巧」（Technik der Natur）と明確に区別しつつも、他方でほぼ同義的に使用する場合もある。本書では技術 Kunst は、自然の技術と人間の技術（人為・人工・仕業）との両概念を含む用法として使用される。また当時のドイツの用法にしたがって Kunst によって、今日の芸術を表わす場合も少なくない。この箇所では、カントは自然（および自然の技巧）と対比して人間の技術、とりわけ美の判定に関わる芸術を念頭に置いているので、「芸術」と訳出する方が文意に適っていると思われる。なお、Kunst の多義的な意味合いとその明確な区分については、本書第一部第四三節「技術一般について」を参照。

(8)　美感的 ästhetisch　本訳書では、以下に述べる理由から「広義の美的情感的」という含意を込めて「美感的」という訳語を採用したが、このドイツ語は、『判断力批判』の既訳書では、まだ統一的な訳語が定着していない。例えば、「美的」（大西克礼訳、岩波版カント著作集4）、「美学的」（大西克礼訳、旧版岩波文庫。篠田英雄訳、新版岩波文庫）、「美〔直感〕的」（坂田徳男訳、河出書房新社）、「美感的」（原佑訳、理想社版カント全集第八巻）、「情感的」（宇都宮芳明訳注、上下、以文社）など、実に多様である。しかし、「美的」は、狭義の美的 schön（崇高な erhaben と対比的に使用される）という訳語との区別が困難になるという問題が生じる。また「美学的」は、カント自身本書で「美学」は成立しない、と明言している事実からみれば、カントの主旨に沿う訳語とは言えず、「美〔直感〕的」は、Anschauung（直観）を「直感」と訳す文献も見られる現状からみて、誤解を生じかねない。いずれも適訳とは言いがたい。

宇都宮芳明訳注・カント『判断力批判』上（以文社、一九九四年）では、「情感的」という訳語が採用されている。「カントが、

ästhetisch な判断と言うとき、それは美についての判断だけではなく、崇高についての判断や、さらには快適なものについての判断も含まれている」(前掲書・訳注者あとがき四四九頁)。また、情感的判断とは、「客観の概念ではなくて主観的感覚もしくは感情を規定根拠とする判断の総称であり」、「日本語の「情感」は、「感情に訴えて来るような感じ」のことである」(四五〇頁)。(また、渡邊二郎『芸術の哲学』(放送大学教育振興会、一九九三年、二二一頁以下)でもすでに「情感的」という訳語が提案されている。) 本巻の訳者としては、これらの見解に基本的に賛成である。また日本語としても「情感的」という表現は、美しく魅力的であると思われる。但し、「情感的」という日本語は、総じて「感情。気分。また、感じ」(『大漢語林』大修館)を意味するわけであるから、「情感的」という言葉だけでは、狭義の美や崇高を含む広義の美的感情を表わす趣味の批判に関わる概念としてはなお広すぎて、やや曖昧であるように思われる。また、ästhetisch という概念は、もともと感覚・感受を意味するアリストテレスのアイステーシス(*αἴσθησις*)に由来し、カントの『純粋理性批判』ではそれとの関係から Ästhetik は感性論、ästhetisch は感性的と訳されてきた。この概念は、カントの理論哲学・実践哲学、そして広義の美的および芸術的な問題を考察する本書第一部でも、この含意は基本的に保持されている、と言ってよい。

　また、近年の美学の研究者の間では、個別的な学問の細分化に伴って生じてきた諸々の弊害の自覚や、この学問を政治、教育、環境、異文化理解などの諸問題との連関から捉え直そうとする気運が高まりつつある。このような従来の美や芸術の学としての「美学」に対する反省から、美学(Ästhetik)を「感性学」ないし「感性論」と捉え直し、このような訳語に変更すべきであるという提起も行われつつある(岩城見一編『感性論』晃洋書房、一九九七年)。このような認識に基づいて、「判定構造論の虚焦点」(金田千秋、同書所収。特に一三七頁以下)では、『判断力批判』における ästhetisch という概念をすべて「感性的」と訳すべきである、と提案されている。上述のように、確かに『判断力批判』においても、この概念の含意は、なお曖昧さを免れておらず、「感性的」という意味を完全に排除できない場合が少なくない。しかし、宇都宮訳・渡邊説のような理解を踏まえないならば、『判断力批判』でのカントの真意を看過する危険を免れることはできないであろう。つまり、ästhetisch とは、ある表象が認識能力および欲求能力に関係づけられる場合と、快・不快の感情に関係づけられる場合とがあり、両者は明確に区別されなければならない。「感性的」は、前者に限定される。後者に関しては本訳書では、以上の先達の指摘を踏まえて、またカントの批判期哲学における本書の体系的・個別的意図を生かす意味で、ästhetisch を美や崇高を中心とする「趣味の批判」の課題を適切に表現しうる「広義の美的情感的」と理解する。しかし、それにしてもこの訳語は、そのままでは冗漫にすぎるので、簡略化して「美感的」と訳出することにする。

(9)　趣味能力 Geschmacksvermögen　特に趣味(Geschmack)の意味は第一部第一編第一章「美しいものの分析論」全体の中心テーマ「趣味判断」の考察によって明らかにされる。但し、ここで注意すべきは、カントの主題である「趣味」、「趣味能力」、「趣味判断」などは、今日の日本語の一般的な用法とは異なり、きわめて限定された意味で使用されている点にある。一般的には、「趣味」はおもむき、味わい、つまり感興を誘う状態を意味するとともに、ものごとの味わいを感じ取る能力をも意味する。但し、本書の考察の主題としての「趣味」とは、美感的判断力の反省の働きに基づく自然美および芸術美の判定能力のことである。

(10)　開化 Kultur　この語は、今日では「文化」と訳されるのが一般的であり、「陶冶」と訳される場合もある。本訳書では「開化」と「文化」との二つの訳語を採用した。但し、この箇所で「開化」と訳したように、カントでは多くの場合、この概念は人間がみずから定立する目的を歴史の過程で外的・内的自然を利用することによって実現しようとする能力とその開発を意味する。「開化」ないし「文化」の厳密な考察は、本書第二部「目的論的判断力の批判」第八三節「目的論的体系としての自然の最終目的について」を参照。

(11)　理説の doktrinalen　「理説の仕事」とは直前の全批判的仕事(ganzes kritisches Geschäft)と対比的に使用されている用語である。後者は、『純粋理性批判』『実践理性批判』『判断力批判』という全哲学にとって不可欠な予備学的な仕事であるのに対して、前者は、後述のような形而上学的仕事、すなわち自然および人倫の形而上学を指す。批判は、理説(Doktrin)に先行して、その可能性を問うところに、カントの批判哲学の基本性格がある、と言えよう。理説については、『純粋理性批判』第一部「超越論的分析論」第二編「原則の分析論」(B169 ff.)以下(本全集4巻)、および『論理学』序論一「論理学の概念」(本全集17巻)を参照。

校訂注 (各注冒頭の漢数字は本文の頁数を、アラビア数字は行数を表わす)

九1　本「序文」はカントの原著第一版の表現であって、A版では、第二版および第三版にしたがってVorrede zur ersten Auflage(「第一版の序文」), 1790である。

一〇8　A版ではWindelbandの訂正に依拠してsicheren alleinigenであり、C版ではsicheren, alleinigenであるが、原版に依拠したV版およびW版にしたがってsicheren, aber einigen(但し、W版に「,」はない)として訳出した。

一一9　C版およびW版では原版にしたがいmuß es..., weil esであるが、A版およびV版にしたがってesをsieとして読み換えて訳出した。

一二7　A版の編者Windelbandによれば、Rosenkranzはdie logische Beurteilungをdie teleologische Beurteilungと読み換えている。

序論

訳注

(1)　哲学の体系的区分に関する記述としては、『純粋理性批判』超越論的方法論・第三章「純粋理性の建築術」において「純粋哲学」と「経験的哲学」とに区分した後、さらにそれを「道徳哲学」と「自然哲学」とに分類している(B867)。また『人倫の形而上学の基礎づけ』序文では、哲学を形式的と実質的とに区分した後、前者を論理学、後者を「自然の形而上学」と「人倫の形而上学」とに分類している。本全集6・7巻を参照。

(2)　批判期のカントは一般に「存在すべきものに関わる」ものを実践的(praktisch)と呼んでいるが、この箇所で初めて明確に「実践的」を実用的な意味をもつ技巧的=実践的(technisch=praktisch)、つまり実用的(pragmatisch)と道徳的=実践的(moralisch=praktisch)とに術語上区別した。前者は、理論哲学に属し、後者だけがカントでは「実践哲学」に属する。これは伝統的な用法とは異なり、「実践」概念をきわめて厳格かつ狭く規定するという特徴をもつ。この考えそのものは、すでに『人倫の形而上学の基礎づけ』第二章(A版第四巻四一五頁、以下IV, 415と略記)や、『実践理性批判』第一部分析論第一章「定理」注解および脚注でもみられる。詳細は本全集7巻を参照。

(3)　「分野」「地域」「領域」は、それぞれFeld, Boden, Gebietの訳語である。既訳書では、Gebietを「領域」と訳すことでは一致するが、他の二つの概念に関しては統一的訳語はまだない。FeldとBodenには「範囲と地域」、「土地と地域」、「領野と地盤」、「分野と地域」など、多様な訳語が採用されている。人間の認識能力のアプリオリな概念が対象に関わるかぎり、その能力は自分の「分野」をもつ。この「分野」は、認識可能な部分と認識不可能な部分とに区分され、後者が認識能力とそのアプリオリな概念のための「地域」と呼ばれる。この「地域」のうちでアプリオリな立法が可能な部分が「領域」である。したがって、自然概念と自由概念だけが「領域」をもつことができる。また本文中の「地域」に付せられたラテン語territoriumは、管轄区域や裁判管轄を、「領域」に付せられたditioは、主権・支配権・命令権などを意味する概念であり、ともに法的権限に関わる点に留意すべきである。

(4)　超感性的なもの das Übersinnliche　本書では『純粋理性批判』とは異なり、「物自体」に代わってこの概念が多用されている。この概念の理解は本書の体系的意義の把握にとって不可欠である。特に第一部第五七節注解IIでは、三種類の「超感性的なもの」とその関連について言及されている。

(5)　移行 Übergang　一般には、この言葉は通路・推移・経過・通過・向こうへ(行く)渡ることを意味する。本書では、これに体系的意義ないし役割が付与されている。「悟性から理性への移行」(本巻二四頁)、「自然概念の領域から自由概念の領域への移行」(同二四頁)、「前者にしたがう合法則性から後者にしたがう究極目的への移行」(同四九頁)という表現からも窺われるように、「移行問題」は『判断力批判』の主題であり、反省的判断力の批判的仕事に属する。

(6)　立法 Gesetzgebung　法則を与える(Gesetze geben)を意味することばである。悟性、理性、判断力は立法能力を有する。悟性の立法は自然に対して立法を与える「悟性の自律(Autonomie)」を意味し、理性は、実践理性として自分に対して道徳法則を課す「理性の自律」であり、判断力は、反省的判断力として自己自身に対して立法を与える「判断力の自己自律」を意味する。なお、「自己自律」については、訳注(17)を参照。

(7) カントは、広義の認識能力を上級の認識能力と下級の認識能力とに区分して、前者に関しては、その働き・アプリオリな原理・適用対象などについて本序論の最後に「心の全能力」の一覧表を掲載している。

(8) 『実践理性批判』(本全集7巻)序論を参照。

(9) ウェルギリウス(Vergilius, Maro Publius, BC 70－BC 19)の『アエネイス』(*Aeneis*, VIII 560)からの引用である。なお、カントは、このローマ第一の詩人に早くから注目しており、処女作『活力測定考』第二章第九三節以来、ウェルギリウスに言及し『アエネイス』もしばしば引用している。

(10) 禍悪 das Übel　一般的には、悪、害悪、弊害、禍などと訳されている。しかし、批判期のカントでは、この概念はdas Böse(悪)、つまり道徳的意味に限定された悪徳と厳密に区別して使用されている。たとえば、『実践理性批判』では「行為の善と悪(das Gute und Böse)を顧慮しているか、それともわれわれの幸と不幸(Wohl und Weh(禍悪 Übel))を顧慮しているかどうかということは二つのまったく異なった判定である」(第一部第二章「純粋実践理性の対象の概念について」)と説明されている。本全集7巻の当該箇所を参照。

(11) 純粋理性 reine Vernunft　この概念は、『純粋理性批判』の中では「純粋理性の誤謬推論」「純粋理性の二律背反」「純粋理性の理想」などの表現にみられるように、もっとも狭い意味での認識における「思弁理性」の働きを表わしていたが、その後『人倫の形而上学の基礎づけ』以降、「純粋実践理性」という概念が多用されるようになり、本書『判断力批判』では「反省的判断力」を「純粋判断力」と表現することによって、第一批判の狭義の「純粋理性」を「純粋悟性」、「純粋実践理性」を「純粋理性」、そして「反省的判断力」を「純粋判断力」と位置づけつつ、他方で三者を広義の「純粋理性」と呼んでいる。

(12) カントにおいて判断力が、規定的判断力(bestimmende Urteilskraft)と反省的判断力(reflektierende Urteilskraft)とに明確に区別されたのは、この箇所が初めてである。しかし、『純粋理性批判』第一部「超越論的論理学」第二編「原則の分析論」の序論「超越論的判断力一般について」(B171 ff.)では、すでに規定的判断力の働きについて立ち入って論じられている。詳しくは、本全集4巻を参照。

(13) 超越論的 transzendental　この語はかつては「先験的」と訳される場合が多かったが、今日では「超越論的」という訳語がほぼ定訳となっている。この概念は、『純粋理性批判』の根本的で中心的な概念であり、批判期の哲学の根本前提をなす術語であるが、カント自身によるその定義は必ずしも一義的ではない。例えば、第二版の序論B25やB80などを参照。ここではアプリオリな認識ではなく、その可能性を問う、批判的理性の反省的態度を含意することを確認するにとどめる。詳しくは本全集4巻を参照。

(14)　多様 die Mannigfaltigkeit　本訳書では、文脈によって「多様性」という訳語も採用した。但し、この概念と深く関連した das Mannigfaltige は「多様なもの」と訳出して、両者を訳し分けた。総じて多種多様なさまを意味するが、『純粋理性批判』第一部では、主として客観の認識に不可欠な「表象の多様」ないし「諸現象の多様なもの」、つまり認識の素材を意味するが、『判断力批判』では、この箇所でみられるように、「経験的諸法則の多様」のような経験的認識での特殊的諸法則の多種多様なさまを表現する用法が目立つ。また第一部では、自然産物である美しい対象の多様な形式ないし形態が、第二部では自然産物としての有機体の多様な形式ないし形態が、ともに合目的性との関係から論じられている。

(15)　これらの判断力の格率については、すでに『純粋理性批判』第一部超越論的弁証論の付録「純粋理性の理念の統制的使用について」、特にB676以下で同様の格率が説明されている。本全集5巻を参照。

(16)　自然の合目的性の超越論的演繹については、カントは本書で明確にその遂行箇所を明らかにしていないが、第二部「目的論的判断力の批判」第一編「目的論的判断力の分析論」第六二―六八節までがそれに該当するとみる見方から、狭く第六六節だけがそれに該当するという見方などもあり、一義的に解釈することは困難である。詳しくは本全集9巻『判断力批判』(下)を参照。

(17)　自己自律 Heautonomie　このドイツ語は、Autonomie(自律)という言葉の前にさらに、he(自己)を強調するために、カントによって造語された判断力固有の「自律」、すなわち自己立法を表わす術語である。したがってこの概念は、三批判書ではこの書以外には使用されていない新たに登場した概念である。但し、この概念は、カント生前に刊行された全著作中、唯一この箇所だけで使用されている。この概念に対立するのは「規定的判断力の他律」である、と言ってよい。

(18)　「自然の種別化の法則」とは、「自然の類別化の法則」に対して使用される概念である。反省的判断力は、多様で相互に偶然的な経験的諸法則を体系的に統一するために、論理的な種(species)に由来する種別化(Spezifikation)の手続きと、逆に類別化(Klassifikation)の手続きとを採用する。この二つの法則相互の働きについては、下巻に収録する第一序論「V 反省的判断力について」(9巻所収)で立ち入って説明されている。なお、この考えは、すでに『純粋理性批判』超越論的弁証論・付録の中でも論じられている。

(19)　合目的性 Zweckmäßigkeit　一般的にはなんらかの意味で目的にかなうことを意味するから、目的ないし意図と不可分であるが、本書でのカントのこの概念は、後出の「実践的合目的性」とは異なり、目的や意図とは切り離された、反省的判断力の主観的原理を意味する。これは「偶然的なもののそうした法則性が合目的性と呼ばれる」(第七六節)ように、自然の判定原理にすぎない。本書でのこの概念は実に多様に規定されており、本書全体にわたる一貫した厳密な区分は困難であることが指摘されているが、基本的には次のように説明されている。まず主観的目的性と客観的合目的性との区別であり、前者が第一部で主題的に論じられ、後者は第二部で主題的に考察される。また、合目的性は、形式的と実質的とに区分され、後者は、外的・相対的合目的性(有用性)と内的合目的性(自然目的、つまり有機体)とに下位区分される。詳しくは、第一部では第一五節、第二部では第六二節、第六三節および第八二節などを参照。さらに解説も参照されたい。

(20)　観念的合目的性 idealische Zweckmäßigkeit　ここでの idealisch は、『純粋理性批判』の Ideal(理想)ないし idealisch(理想的)という意味(「純粋理性の理想」つまり神や理想的存在者)とは異なり、「観念的」という含意で使われている。しかも、この形容詞は、本書では第八七節とこの箇所の唯二箇所だけで使用されている。

(21)　限界規定 Grenzbestimmung　批判期では限界(Grenze)はたんなる制限(Schranke)と厳密に区別して使用された重要な概念である。カントは理性の批判の営みによって可能的経験ないし経験的認識の「限界」をその限界を超えたものによって規定することによって、人間の理性および客観的知識の及ぶ範囲を限定した。他方、経験的認識の内部ではどこまでも認識は「制限」されているにすぎない。なお、「限界」と「制限」との相違については、『純粋理性批判』(B789)および『プロレゴーメナ』第五七節および第五九節など(本全集6巻)を参照。

(22)　表象 Vorstellung　ギリシア語の *φαντασία* に由来するこの概念は、カントではヴォルフ学派を介して継承された。『純粋理性批判』では、表象一般(repraesentatio)のもとに意識的表象(知覚(perceptio))が置かれ、主観にのみ関係する表象は感覚(sensatio)であり、客観的表象が認識(cognitio)である。認識は、直観と概念とに区分され、前者は個別表象、後者は一般表象と呼ばれる。概念は、経験的と純粋とに区分され、さらに後者の悟性の概念が経験の可能性を超える場合には、「理念」

と呼ばれる(B376 f.)。本序論の説明は、以上の議論を前提にしている。但し、カントでもこの概念の用法は必ずしも一定しておらず、『純粋理性批判』と『論理学』とでは説明の仕方が異なっている。詳しくは、本全集5巻および17巻を参照。また「表象する」(vorstellen)や「表象の仕方」「表象のあり方」(Vorstellungsart)についても、上述のような多義的な意味内容に応じて異なる含意をもつことに注意すべきである。

(23)　把捉 Auffassung (apprehensio)　これは、「概念を描出する能力である」(本書第三〇節)と説明されている。『純粋理性批判』超越論的分析論では、これが直観における構想力の総合の働きをなすことが論じられており、ここでは、客観の認識の可能性に関わるのではないという相違点はあるが、この概念が自然美および芸術美における構想力の総合の働きを表わすという意味で重要である点では相違はない。また、本書第二六節も参照。

(24)　一致 Einstimmung　本書ではほぼ同義的に「合致」と訳した Zusammenstimmung も多用されている。「一致」も「合致」も、ともに構想力と悟性との「一致」ないし「合致」状態と、それによって生じる心内部の調和的状態とを表わす概念であり、本書第一部の重要概念の一つである。

(25)　「二つの主要部門」とは、第一部第一編の第一章「美しいものの分析論」と「崇高なものの分析論」とを指す。

(26)　描出 Darstellung (exhibitio)　このドイツ語もまた、既訳書では「表現」「現示すること」「表出」など多様に訳されており、統一的な訳語はない。しかしその意味は明確であって、概念に対応する直観を付与すること、つまり判断力による感性化である。本書では自然美、自然目的、天才の技術などに関して使用されている。第五九節では、それが図式的と象徴的とに区分され、詳しく説明されている。

(27)　自然の技巧 Technik der Natur　カントは本書では「自然の技巧」を「人間の技巧ないし技術」と類比的に使用している。この概念は、自然美および自然目的を判定する反省的判断力の統制的原理、つまり合目的性の概念を意味する。第一部第二三節で自然美に関して、第二部第七二節では自然目的に関して説明されているが、いずれも本論での立ち入った説明は少ない。むしろ下巻に収録する第一序論「V 反省的判断力について」および「IX 目的論的判定について」では、「自然の形式的技巧」と「自然の実在的技巧」などのいっそう立ち入った区分が行われている(本全集9巻を参照)。

(28)　予備学 Propädeutik　この語は一般には準備ないし予備の学科、準備研究(教育)を意味する。『純粋理性批判』序論では、人間理性の源泉・範囲・限界などを吟味する理性の批判が「純粋理性の体系のための予備学」(B25)である、と述べられている。それは「すべてのアプリオリな純粋認識に関する理性の能力を探究する予備学(予習)」(B869)である、とも言われている。本序論ではこのような理解に基づいて論じられている。

(29)　究極目的 Endzweck　この概念は、自然目的(Naturzweck)としての有機体や「開化」や「幸福」を意味する自然の最終目的(letzter Zweck der Natur)とは本質的に異なる。この概念は、第二部の根幹的位置を占める道徳的含意をもち、「道徳的主体としての人間は創造の究極目的」(第八四節)とみられ、またそれは、「自由によって可能な世界における最高善」(第八七節)であって、「信仰の事柄」に属する。詳しくは、本全集9巻を参照。

(30)　超感性的基体 das übersinnliche Substrat　この概念は、訳注(4)で言及した「超感性的なもの」とほぼ同一の事態を指す。本書第一部と第二部にわたって「自然の超感性的基体」、「現象の超感性的基体」、「人間性の超感性的基体」などの表現が散見される。

(31)　心 Gemüt　この概念は、普通は心情、情緒、気質、心などと訳されるが、本書では、この概念と内容的に深く関連する Seele, Geist と区別して、「心」と訳出し、Seele には「魂」、Geist には「精神」という訳語を採用した。「心」は人間の受容的な感性や自発的な悟性および理性、意志の働きやさまざまな感情の働きまでも包括する意味の広い概念であり、一義的な規定はみられない。しかし、本書での「精神」は、「心」に属するきわめて限定された意味(例えば、天才の能力に関わる)が付与されている(第四九節を参照)。また本書では、「魂」は「心」と明確に区別されないで使用される場合もあるが、「心」が客観的に実体化される場合に、「魂」と呼ばれる。このような意味で『純粋理性批判』では、「魂の不死」の認識不可能性が否定的に結論づけられている。本全集5巻を参照。

校訂注

一七12　原版に依拠したA版、C版およびW版にはないが、Erdmann の補足に依拠したV版の指示にしたがって gehalten を挿入して訳出した。

一八13　C版およびW版では原版にしたがい ohne vorgehende であるが、Hartenstein の訂正に依拠したA版およびV版にしたがって ohne vorhergehende として訳出した。

二〇5　A版、C版およびW版では原著第一・第二版にしたがい weil sie であるが、第三版に依拠したV版は weil jene であり、ここでは後者にしたがって訳出した。

二四7　C版およびW版では原版にしたがい von reinen であるが、Erdmann の訂正に依拠したA版およびV版にしたがって vom reinen として訳出した。

二七16　Erdmann の補足に依拠したA版およびV版では diese sich nicht であるが、C版およびW版では原版にしたがい sich を欠いている。ここでは前者にしたがって訳出した。

二八11　Windelband の訂正に依拠したA版およびC版では Form desselben であるが、原版に依拠したV版およびW版では Form derselben である。ここでは後者にしたがって訳出した。

三二14　A版では Erdmann, Windelband の訂正にしたがい als Naturdingen..., als solchen besonderen であるが、C版、V版およびW版では原版に依拠して als Naturdinge..., als solche besondere であり、ここでは後者にしたがって訳出した。

三四13　Hartenstein の補足に依拠したA版、C版およびV版では、原版に依拠したW版とは異なり einem gemeinschaftlichen Prinzip の前に nach を補足している。ここでは前者にしたがって補足して訳出した。

三八8　A版、C版およびW版では原著第一・第二版にしたがい Abteilung であるが、第三版に依拠したV版にしたがって Abteilungen として訳出した。

三八16　V版では原著第三版にしたがい vorhersagte であるが、C版では voraussagte、第一・第二版に依拠したA版およびW版では voraus sagte であり、後者にしたがって訳出した。

四三11　A版、C版およびV版では Erdmann の訂正にしたがい erfordert werden であり、W版では原版にしたがい erfordert wird である。ここでは前者にしたがって訳出した。

四四7　A版、C版およびV版では Windelband の補足に依拠して bezogen の後に wird が挿入されている。ここではこの補足にしたがって訳出した。

五二1　この「本書全体の区分」はV版には収録されていない。

第一部、第一編、第一章

訳　注

(1)　カントは、『純粋理性批判』超越論的分析論で判断の論理的機能を手引きとしてカテゴリーを探究した際に、量・質・関係・様相の順序で考察した。ここで順番を変更して質・量・関係・様相の順序で考察する点に、趣味判断の固有性が現れている。なお、崇高なものの分析では、ふたたび量・質・関係・様相の順番で考察されている。第二四節を参照。

(2)　満足 Wohlgefallen　このドイツ語は、一般に「気に入ること」「意に適うこと」「満足」「喜び」「楽しみ」「賛意」など、つまり心の好ましい、満足した状態を意味する。以下の考察では「満足」は、快適なもの(das Angenehme)、美しいもの(das Schöne)、崇高なもの(das Erhabene)、善いもの(das Gute)などに区分されており、本章の主題である趣味および趣味判断の分析論では、「美しいもの」について感じられる「満足」の特徴が明らかにされている。なお、快適な(angenehm)は、ドイツ語としては「満足」とほぼ同様な含意をもつ言葉であるが、この書物では、上述のように「満足」の三つのあり方のうちの一つを表わす限定された意味で使用されているので、日本語としてはやや馴染みにくい訳語であるが、多くの既訳書に倣った。

(3)　関心 Interesse　この語は、存在しない対象の現存に対してなんらかの意味で関与することを表わし、今日では「利害関心」と訳される場合も少なくない。しかし、カントでは「理性の関心」、とりわけ理論哲学における「思弁的関心」や実践哲学における「実践的関心」など批判哲学において重要な役割をもつ概念である。『判断力批判』では、このように「関心」と関わる理論的判断および実践的判断とは異質な趣味判断の固有性を表わすために、美しいものの判定に際して「関心」を分離しようと試みている。したがって、上述の「満足」のうちで趣味判断を規定する「満足」だけが「関心」との関わりを欠いている。

(4)　あのイロケーゼ族の酋長 jener irokesische Sachem　北アメリカに住むインディアンの一族の部族長のことである。この逸話は，P. Menzer によれば，シャルルヴォア(P. F. Charlevoix, 1682-1761)の著作『総説新フランス植民地史』(*Histoire et description générale de la Nouvelle-France*, III, p. 322, Paris, 1744)に由来する。これについては，A版第五巻編者注および『カント研究』第一巻(*Kantstudien*, Bd. 1, S. 155 f., Hamburg und Leipzig, 1897)を参照。なお，『人間不平等起源論』(一七五五年)第二部でも，ルソーが同様のエピソードを紹介している(小林善彦訳『世界の名著 36』二二〇頁を参照)。

(5)　「ルソー風」については，カントは刊行以来親しんできたルソーの『エミール』(一七六二年)や『人間不平等起源論』(一七五五年)で論じられた国王や貴族たちの虚栄心や豪奢な建造物に対する批判の箇所などを念頭に置いていたのであろう。

(6)　感覚 Empfindung　一般に美に関する快・不快の感情(Gefühl)を規定するものも「感覚」と呼ばれるが，ここでカントは，「感覚」を認識能力に属する受容性である感官(Sinn)による事物の表象だけを「感覚」と表現することによって，「感覚」の二義性による混乱を避けようとする。『判断力批判』で主題的に扱われる「感情」は，どこまでも客観な対象を表象する「感覚」とは異なり，もっぱら主観的な表象にとどまる。

(7)　楽しみ Vergnügen　感覚において満足を与え，好ましさを感じさせる状態。美的な満足とは本質的に区別される。第五四節でカントは，すべての楽しみを根本的に身体的な感覚であるとみなしたエピクロスの快楽主義との関係に立ち入っている。

(8)　享受 Genießen　また，Genuß についても同じ訳語を使用した。後述のようにこの言葉は「楽しみ」の真髄を表わす言葉であり，「快適さ」を意味する。「享受」については第三九節および第五二節を参照。

(9)　感受的 pathologisch　今日では Pathologie および pathologisch は「病理学」および「病理学的」「病理的」と訳されているが，カントではこのような意味はなく，この「感受的」という形容詞は，もっぱら感覚的刺激と結びついた快適さの満足を表わすために使用されている。

(10)　観照的 kontemplativ　観照 Kontemplation　これらは，それぞれ「静観的」および「静観」と訳される場合もある。本書では，なにかを観照ないし静観するという観照者一般の態度を意味するのではなく，もっぱら美しいものを判定する趣味のあり方を表わす「平静な観照における心」を表わす概念である。

(11)　精神 Geister　この箇所でのこの概念の用法は、序論の訳注(31)で言及した「精神」の用法とは異なり、人間に固有な天才に関わるような能力を表わすのではなく、身体と分離された「霊」的な意味を含んでいる。

(12)　傾向性 Neigung　一般的にはなにかをしようとする気持ち、そうした心の傾きを意味するが、カントでは「習慣的な感性的欲望」として、性癖(Hang)と区別して「傾向性」「傾向」と訳される場合が多い。ここで「傾向性」は快適なものによって生み出されるとされている点に注意すべきである。

(13)　人倫的 sittlich　本訳書では、sittlich, moralisch, ethisch は、それぞれ「人倫的」「道徳的」「倫理的」と訳し分けた。

(14)　ここでの自由(Freiheit)は、道徳的自由を意味するのではなく、判断力の自由とも言うべき「自己自律」に関する自由を指す。この「自由」と満足および趣味との関係については、前節でも言及されている。

(15)　美感的判断と論理的判断との類似性と相違点については、特に第三五節で立ち入って論じられている。

(16)　純粋な趣味判断と純粋でない趣味判断との相違は、純粋な趣味判断が魅力や感動に依存しない点にある。これに関する詳細な議論は、第一三節および第一六節を参照。

(17)　趣味判断の普遍性は、理論的・実践的な認識判断の客観的な普遍性ではなく、もっぱら判断者間の主観的な普遍性を意味する。今日の表現法に従えば、それは強制なき普遍的な合意形成を要求する判断であり、ここにまた、ハンナ・アーレントが政治的判断力の機能を見出した根拠が存在する(アーレント著『精神の生活』上下、佐藤和夫訳、岩波書店。『カント政治哲学の講義』浜田義文監訳、法政大学出版局などを参照)。

(18)　カナリア諸島産のワイン Kanariensekt　大西洋上のモロッコ沖にあるスペイン領に属する諸島産のワイン、とりわけラス・パルマスとサンタ・クルス・デ・テネリフェ産のワインを指すと思われる。この酒は、十六世紀にイギリスに Canary Sack として輸入され、十九世紀のドイツでも Canarienseck (Kanariensekt) と表記されていた。これは、卵、シナモン、ナツメッグや砂糖などの添加物入りの芳香ブドウ酒として知られていた。したがって今日のドイツ語 Sekt で連想する、いわゆるシャンパンではない。ここでカントがこの酒を引き合いに出した意図も、この事実を把握することによっていっそう理解しやすくなるであろう。

(19)　器官感官 Organsinn　この概念は、『判断力批判』では唯一この箇所だけで使用されており、『実用的見地における人間学』の四箇所を除けば他の著作ではまったく言及されていない珍しい表現である。「器官感官としての意味での趣味」とは、いわゆる味覚を意味する。これについては、次節の第八節での「感官趣味」を参照。また、カントによれば「器官感官」は、外的感覚に関するかぎり以下の五つである。①触覚 ②視覚 ③聴覚 ④味覚 ⑤嗅覚。これらのうち①②③の感官は、外的対象の認識に寄与するが、④⑤はむしろ主観的であり、「享受」の表象である。詳しくは本全集15巻『実用的見地における人間学』第一部第一編を参照。

(20)　あえて要求する ansinnen　この動詞は、あるひとに対して無理・不当な要求をする、難題を吹きかける、あるひとにほとんど受け入れられないような要求を出す、という意味をもつ。但し、本書でこの概念は、同類語「〔不当に〕要求する」「期待する」(zumuten)とは異なり、趣味判断固有の普遍性の要求を認識判断の客観的な普遍的妥当性要求との差異を微妙に表現するために、この言葉の一般的な含意を踏まえつつ変更して、意識的に使用したものであろう。このニュアンスを表現するために「あえて要求する」という訳語を採用した。なお、要求一般を表わす場合には、Anspruch が使用されるが、この用語でも、時として上述の意味が含まれる場合がある。

(21)　共通妥当的 gemeingültig　ここでは共通妥当性(Gemeingültigkeit)を普遍性(Allgemeinheit)、普遍妥当性(Allgemeingültigkeit)と区別して使用されている。「普遍性」は、『純粋理性批判』および『実践理性批判』では客観的な普遍妥当性を含意するが、『判断力批判』では「主観的普遍性」、すなわち間主観的な「共通妥当性」を含ませて使用されている。また、この節ではやはり「共通妥当性」の意味で「主観的な普遍妥当性」という概念が、「客観的な普遍妥当性」という表現と対比的に用いられている。

(22)　自由な戯れ ein freies Spiel　「遊戯」「遊び」という訳し方もある。この概念は、『判断力批判』第一部の理解にとって重要であり、その後の遊戯論にも影響を与えた。この箇所では美に関して、構想力と悟性という二つの認識能力間の偶然的な一致状態ないし調和状態を指す意味で使用されているが、崇高に関して構想力と理性との間のやはり偶然的な一致状態を指す場合にも、使用される。以上の認識能力のあり方に対応して、判定の対象の形態ないし形式の区分とともに、美術ないし芸術の区分に際しても「詩芸術における戯れ」「造形芸術における戯れ」「諸感覚の美しい芸術の戯れ」などの区分の基準を提供している。第一部第五一節を参照。シラーに対する影響としては『人間の美的教育について』(『美学芸術論集』石原達二訳、冨山房所収）における遊戯衝動（Spieltrieb）などを参照。また、ニーチェ以降、ハイデガーやデリダらの現代の哲学者に対するこの概念の影響も無視することはできない。

(23) 判断力の客観的図式論 der objektive Schematism der Urteilskraft　これは、カントも示唆するように『純粋理性批判』超越論的論理学第二編原則の分析論第一章「純粋悟性概念の図式論について」を意味している。但し、『純粋理性批判』では「判断力の客観的図式論」という表現は使用されていない。

(24) 目的形相 forma finalis　「合目的性」一般をラテン語でこのように表現している箇所は、カントの全著作中唯一ここだけである。

(25) 目的結合 nexus finalis　『判断力批判』第二部第六一節では、因果結合ないし因果連結のあり方を作用結合（nexus effectivus）と目的結合とに区分しており、また第六五節では両者の相違を立ち入って説明している。なお、この二つの概念は、『純粋理性批判』超越論的弁証論付録・第二節の中で一箇所使用され簡単に触れている。本全集5巻を参照。

(26)『実践理性批判』第一部第一編第三章「純粋実践理性の動機について」（本全集7巻）を参照。

(27) 実践的快、つまり欲求と必然的に結びついている快についての詳細な議論は、『人倫の形而上学』第一部法論の形而上学的原理・人倫の形而上学の序論（本全集11巻）を参照。

(28) 魅力と感動 Reiz und Rührung　これらの言葉は、「刺激と感動」、「感覚的刺戟や感動」などと訳すこともできるが、本訳書では「魅力と感動」を採用した。

(29) オイラー Leonhard Euler, 1707-83　スイス・バーゼル生まれの著名な数学者、物理学者。一七二六年サンクト・ペテルブルク・アカデミーに招聘され、物理学を講じ、その後数学を講じる。一七四一年にフリードリヒ大王に招かれプロイセンのベルリン・アカデミー数学主任教授となり、やがて再度ペテルブルクに呼ばれる。数学、物理学、天文学のあらゆる領域に関する八〇〇に及ぶ論文を執筆して卓越した研究業績を挙げた。カントは、『火について』（一七五五年）においてオイラーの光の波動説について言及しており、その後も『負量概念の哲学への導入』（一七六三年）や批判期の諸著作（『自然科学の形而上学的原理』一七八六年）などでもオイラーの名前をしばしば挙げている。『判断力批判』のこの箇所でも、カントはオイラーの波動説を念頭に置いて音や色による感官に対する活気づけを説明している。したがってカントが、オイラーの名前を挙げた数行後の「私はこれをまったく疑っていない(ich doch gar nicht zweifle)」も、編者のヴィンデルバントが解するように、原著第一・第二版での gar sehr ではなく、第三版の gar nicht を適切とみなして採用し訳出した。なお、第一・第二版を採用しているのは、W版だけである。

(30) 線描 Zeichnung　これはデザインと訳してもよいかもしれない。なお、次行の「素描」は Abriß の訳語である。

(31) 著名な哲学者たちとは、Moses Mendelssohn (1729–86), Georg F. Meier (1718–77), Alexander G. Baumgarten (1714–62)らを指すと思われる。Alfred Baeumler, *Das Irrationalitätsproblem in der Ästhetik und Logik des 18. Jahrhunderts bis zur Kritik der Urteilskraft*, Halle 1923, S. 116 参照。

(32) 批判期のカントでは完全性(Vollkommenheit)は、「量的・実質的完全性」と「質的・形式的完全性」とに区分されており、前者は完璧性(Vollständigkeit)を意味する。『人倫の形而上学』でも指摘されているように「完全性〔完成〕は、多くの誤解にさらされている」。詳しくは、『人倫の形而上学』第二部「徳論の形而上学的原理」序論第五節(本全集11巻)を参照。

(33) 自由美(freie Schönheit)と付随美(anhängende Schönheit)について、カントによる美のこの区分の由来は、必ずしも明らかではないが、ホーム(Lord Kames, Henry Home, 1696–1782)による内存美(intrinsic beauty)と相対美(relative beauty)との分類やハチソン(Francis Hutcheson, 1694–1746)による「絶対美」と「相対美」との区分などが、その先蹤と考えられる(竹内敏雄編『美学事典』増補版、弘文堂、一九七五年、二八頁)。なお、シェリングの思想の影響下にあったゾルガー(Karl W. F. Solger, 1780–1819)は、『美学講義』(遺稿、*Vorlesungen über Ästhetik*, Leipzig 1929(西村清和訳『美学講義』玉川大学出版部)のなかで、カントのこの区分について言及し、「カントの思考は非常に混乱している」と手厳しく批判している。

(34) 理念(Idee)と理想(Ideal)との区別および関係について『純粋理性批判』では、魂が心理学的理念、世界が宇宙論的理念、そして神が神学的理念とみなされ、カントは、この超越論的意味における神の理念を「純粋理性の理想」と呼んでいる。また、『実践理性批判』では実践的理念が扱われているが、『判断力批判』のこの箇所で「美の理想」が初めて積極的かつ本格的に扱われている。但し、十八世紀後半以降のドイツにおいては、「理想」は美感的意味で使用される場合が少なくなかった。

(35) 人間の身体と美の理想との関係についてはヴィンケルマンの影響が考えられる。『人間学遺稿』(本全集15巻)において人間の美に言及している箇所に対して、アディケス(Erich Adickes, 1866–1928)は、ヴィンケルマン(Johann J. Winckelmann, 1717–68)の主著『古代芸術史』(*Geschichte der Kunst des Altertums*, 1764)を念頭においているのであろう、という推測を行っている(A版第一五巻二八〇頁以下を参照)。

(36) 規範理念 Normalidee　「基準理念」、「標準的理念」、「規準理念」、「標準理念」などの訳語が考えられるが、ここではNormal の含意を考慮して、評価・判定の際に依拠すべき規準の意味を強く示す訳語として「規範理念」を採用した。

(37) ポリュクレイトス Polykleitos　紀元前四五二年から四〇五年頃活動したギリシアの彫刻家でアルゴスの人。現存する作品「槍をかつぐ人(競技者)」(Doryphorus)の像は、人体の均整美を表わす規準ないし規範とされている。

(38) ミュロン Myron　紀元前四八〇年から四四五年頃活動したギリシアの彫刻家で、古典期の代表的彫刻家の一人。エレウテライの人。その模造が存在する「円盤を投げる人」(Diskobolos)は、この時期の傑作であると評されている。また、その他アクロポリスの「牝牛」も著名な作品として知られている。

(39) 確然的 apodiktisch　この言葉は、カントでは必然的(notwendig)とも区別されて、「疑いなく確実な」、「無制約的に妥当する」認識ないし命題などを修飾するドイツ語であるから、「確然的」という訳語を採用した。

(40) 共通感覚 Gemeinsinn　ギリシア語の *κοινὴ αἴσθησις*、ラテン語の sensus communis のドイツ語訳であり(英訳は common sense)、その他 gemeinschaftlicher Sinn などとも表現されている。この概念は、もともと「常識」を意味する「普通の悟性(der gemeine Verstand)」と狭義の「趣味」の働きとの二義性をもつ。カント固有の「共通感覚」の理解にとって、この区別は決定的に重要である。この問題については、第一部第四〇節を参照。また、「常識」の訳語については、序文の訳注(6)も参照。

(41) マースデン William Marsden, 1754–1836　イギリスの言語学者・民族学者。東インド会社に入り、スマトラに赴任(1770–79)、詩作や当地の言語習得に励み、帰国後『スマトラ史』(*History of Sumatra*, 1783)や『マレー文法辞典』(*A dictionary of the Malayan language*, 1812)を出版した。カントは、『判断力批判』の二年前に発表された『哲学の目的論的原理』(一七八八年)のなかで、初めてマースデンの名と『スマトラ史』の記述に触れており、『人倫の形而上学』第一部「法論の形而上学的原理」第四〇節でも言及している。本全集14巻および11巻を参照。

校訂注

五七9 A版、C版およびW版では原著第一・第二版にしたがい auf die Eitelkeit... auf gut Rousseauisch であるが、V版では第三版にしたがい auf gut Rousseauisch... auf die Eitelkeit である。ここでは後者にしたがって訳出した。

六〇6 C版およびW版では原著第一・第二版にしたがい Gegenständen であるが、Erdmann の訂正に依拠したA版およびV版にしたがって Gegenstande として訳出した。

六四5 A版およびV版では Rosenkranz の訂正にしたがい Dagegen であるが、C版およびW版では原版にしたがい Daher である。ここでは前者にしたがって訳出した。

六五17 C版およびW版では原版にしたがい ohne sich an eines であるが、Erdmann の訂正に依拠したA版およびV版にしたがって ohne sich an einen として訳出した。

六七2 原著第一版では (... ausmachen) wäre であるが、A版およびC版では Windelband の訂正により (... ausmachend) wäre であり、V版では Erdmann の訂正にしたがい wäre (... ausmache)、W版では (... ausmache) wäre である。ここではV版にしたがって訳出した。

七二14 C版およびW版では原版にしたがって (im Gebrauche) であるが、Erdmann の訂正に依拠したA版およびV版にしたがって (im Geruche) として訳出した。

七七9 V版では原著第三版にしたがい bestimmter であるが、第一・第二版に依拠したA版、C版およびW版にしたがって unbestimmter として訳出した。

七九8 A版、C版およびW版では原著第一・第二版にしたがい in einem Willen であるが、第三版に依拠したV版にしたがって in einen Willen として訳出した。

八一16 W版では原版にしたがい ein Bestimmungsgrund であるが、Erdmann の訂正に依拠したA版、C版およびV版にしたがって einen Bestimmungsgrund として訳出した。

八二9　C版およびW版では原版にしたがい auf diese であるが、Windelband の訂正に依拠したA版およびV版にしたがって auf dieses として訳出した。

八四6　V版では原著第三版にしたがい auf solche Art であるが、第一・第二版に依拠したA版、C版およびW版にしたがって auf gleiche Art として訳出した。

八四15　C版およびW版では原版にしたがい welcher Ton であるが、Erdmann の訂正に依拠したA版およびV版にしたがって welchen Ton として訳出した。

八九7　W版では原版にしたがい die erste..., die zweite であるが、Vorländer の訂正に依拠したA版、C版およびV版にしたがって der erste..., der zweite として訳出した。

九五12　A版、C版およびW版では原著第一・第二版にしたがい hat であるが、第三版に依拠したV版にしたがって behält として訳出した。

九六14　C版およびW版では原版にしたがい einer Gestalt であるが、Erdmann の訂正に依拠したA版およびV版にしたがって seiner Gestalt として訳出した。

一〇一1　原著第三版に依拠したV版では den Gegenständen であるが、A版、C版およびW版では第一・第二版にしたがい dem Gegenstande であり、ここでは後者にしたがって訳出した。

一〇四3　W版では原版にしたがい Einheit derselben であるが、Vorländer の訂正に依拠したA版、C版およびV版にしたがって Einheit desselben として訳出した。

一〇六4　C版およびW版では vor jetzt であるが、A版およびV版にしたがって für jetzt として訳出した。

一〇六5　A版、C版およびW版では原著第一・第二版にしたがい und であるが、第三版に依拠したV版にしたがって um として訳出した。

一一一2　A版、C版およびW版では原著第一・第二版にしたがい indessen daß であり、第三版に依拠したV版では während であるが、前者にしたがって訳出した。

第一部、第一編、第二章

訳注

(1)　カントによる美と崇高との区別は、すでに批判期前の著作『美と崇高の感情にかんする観察』(一七六四年)で試みられている。しかし、その内容は必ずしも『判断力批判』と一致するものではなく、その考察の観点も両著作の間では異なっている。本全集2巻を参照。

(2)　崇高を数学的崇高と力学的崇高とに区別する考えは、『美と崇高の感情にかんする考察』にはみられない新しい観点である。しかし、カントがいつ頃、どのような見解に基づいてこのような区別を採用したかについては、定かではない。因みに、この区別の起源を十八世紀イギリスの思想家ラウス(Robert Lowth, 1710-87)の著書 *Praelectiones de Sacra Poesi Hebraeorum*, 1753 に帰する解釈もある。

(3)　運動 Bewegung　崇高の感情に関するかぎり、「心の運動」は、「心の動揺」という含意をもつ、とみてよい。なお、第五三節のように、例外的に心の「感動」と訳した場合もある。

(4)　名称の説明 Namenerklärung　この語は、「名目的定義」ないし「名称の定義」と訳すこともできる。十八世紀ドイツ哲学ではラテン語の定義(definitio)のドイツ語訳として説明(Erklärung)が使用され、カントもまた、『純粋理性批判』超越論的論理学の序論では「真理の名目的定義〔説明〕」(B82)、『実践理性批判』でも実践理性の分析論第一章第一節「定義(Erklärung)」という用法を使用している。同様の用法は、本書でもしばしば見出され、例えば第一章第一〇節冒頭での「説明」なども、「定義」と訳してよいところである。

(5)　サヴァリについては不詳である。V版第二巻の欄外脚注はサヴァリ、ロヴィゴ公爵(1774-1833)とするが、そのエジプト遠征はカントの本書刊行後である。なお、フランスの探検家・東洋学者のサヴァリ(Claude-Etienne Savary, 1750-1788)は、一七七六年にエジプト旅行を試みて、その記録を *Lettres sur l'Egypte* (1788-1789, 3 vols.)として刊行した。本文中でカントが挙げた「エジプトについての報告」とは、この人物のものである可能性が考えられる。

(6) 一フース(Fuß)は、足の長さに基づく単位で約三一センチ。一ルーテ(Rute)は約三・七七メートル。また、一ドイツ・マイレ(Meile)は一時間に歩く距離で約七五三二メートルの長さを表わす(但し、十八世紀末から十九世紀前半までのプロイセンの長さの単位に従う)。加藤尚武他編『ヘーゲル事典』(弘文堂、六八八頁)による。

(7) 詐取 Subreption　この語は、『純粋理性批判』では「諸感覚の詐取」(B53)や超越論的仮象を引き起こす「超越論的詐取」(B537)などの用法に明らかなように、論理学の用語「論過」subreptio に由来し批判的・否定的含意が込められており、その意味合いは、ここでもまったくは消失していないように思われる。そこで、「詐取」という訳語を採用した。

(8) 描くこと Beschreibung　『純粋理性批判』のカテゴリーの超越論的演繹では、「われわれは思想のなかで線を引いてみなければ線を考えることはできず、円を描いて beschreiben みなければ円を考えることはできない」(B154)と主張されている。この働きは、「記述する」ことであり、『判断力批判』のこの箇所でも、「空間の記述」としての超越論的運動を意味する。

(9) 力 Macht　威力 Gewalt　およそ批判期のカントでは、Macht は物質の運動を引き起こす力(Kraft)とは区別されて、理性の力(Macht der Vernunft)や「たんなる理念の力」、「習慣の力」などの意味で使用される。他方、Gewalt は、「自然原因の威力〔強制力〕」の他、実践哲学的文脈では「権力」の意味で使用されている。

(10) 人間性 Menschheit　V版ではここは Menschlichkeit(人間性)となっている。Menschlichkeit は、三批判書ではV版のこの箇所でのみ使用されていることになり、『人倫の形而上学の基礎づけ』でもみられない。但し、『人倫の形而上学』「徳論の形而上学の原理」第三四節では、この術語は「人間らしさ(humanitas)」の意味で使用されている。もっとも『判断力批判』のこの箇所での用法は、文脈からみて明らかなように「人間らしさ」ではなく、『基礎づけ』の人間性(Menschheit)のように道徳的含意をもつ人間の根拠としての「人格性」に対応する意味をもつのである。なお、文化的教養を表現する「人間らしさ」humanitas としてのドイツ語の「人間性」Humanität については、第六〇節を参照。

(11) 臆病 Feigheit　カントでは、たとえば『実用的見地における人間学』では「臆病」は怠惰(Faulheit)や虚偽(Falschheit)とともに三つの悪徳とみられている(第八七節)。また『啓蒙とは何か』では、啓蒙を妨げる原因として人間の怠惰と臆病とが指摘されている。本全集15巻および14巻を参照。

(12)　神に対する恐れと信仰との関係については、『たんなる理性の限界内の宗教』第一部第四章(本全集第10巻)を参照。

(13)　ソシュール Horace Bénédict de Saussure, 1740–99　スイスの植物学者、地質学者、登山家。ジュネーヴ大学自然科学教授(一七六二―八六年)。アルプス各地を旅行し、アルプスの最高峰モンブランにも登頂した(一七八七年)。これらの体験に基づいて『アルプス旅行記』(*Voyages dans les Alpes*, 4 vols. 1779–96)を著わした。この書物は、本文でも言及されているように自然観察の豊かな内容を含む優れた文献として今日でも重視されている。この書物のドイツ語訳は、Wyttenbach によって刊行(一七八一年以降)されており、カントはこの訳書を参照した可能性がある。ソシュールについては、『自然地理学』第四三節の注四の中でアルプス登山中に気圧の測定を行ったことが言及されている。本全集第16巻を参照。なお、V版の欄外注では、ソシュールが一七〇九年生まれで、一七八七年のモンブラン初登頂者の一人であると注記されているが、これは正確ではない。モンブランの初登頂者は、フランス人のパカールとバルマであって、一七八六年に登頂に成功している。ソシュールの登頂は、その翌年のことである。

(14)　自由さ Liberalität　ここでカントは自由(Freiheit)と区別してこの概念を使用している。『人倫の形而上学』「徳論の形而上学的原理」倫理学原理論の第一〇節では、心構え一般の寛容さ(Liberalität (liberalitas moralis) der Denkungsart überhaupt)と鷹揚さ(Freigebigkeit (liberalitas sumptuosa))という用法がみられる。しかし、ここでは規則に捉われない自由な状態という意味が強いので、「自由さ」と訳出した。本全集11巻を参照。なお、この概念は三批判書でも唯一この箇所のみで使用され、『人倫の形而上学』も含めて全著作で三箇所使用されているだけである。

(15)　たとえば、第一一節(本書七九頁以下)を参照。

(16)　情動、無感動、粘液質などと道徳性との関係については、『実用的見地における人間学』第一部第七五節で立ち入って論じられている。そこでは「無感動の原理は、ストア学派のまったく正しく、かつ崇高な道徳的原則である」こと、また「十分な魂の強さがありながら無感動であるという天賦の才能は、すでに述べたように幸運な粘液質(道徳的意味における)である」と説明されている。本全集15巻を参照。

(17)　情動 Affekt　激情 Leidenschaft　前者は、元来 affectus, passio, *πάθος*、後者もまた passio, *πάθος* に由来する言葉であるが、カントの情動論の特徴は、特にその急激な運動性に注目して、いわゆる喜怒哀楽が属する情動の感情と後者の激情が属する欲求能力との質的差異を強調した点にある。なお、両者の区別と関係については、『人倫の形而上学』「徳論の形而上学的原理」の序論第一六節や『実用的見地における人間学』第一部第七四節でも、ほぼ同じ内容の説明がみられる。本全集11巻および15巻を参照。

(18)　旧約聖書『出エジプト記』「十戒」二〇・四を参照。

(19)　狂信 Schwärmerei　妄想 Wahn　熱狂 Enthusiasm　錯乱 Wahnsinn　偏狂 Wahnwitz　ここでの留意点は、「狂信」が「妄想」と比較される、欲求能力に属する「激情」であるのに対して、「熱狂」は「錯乱」とも比較される、崇高たりうる「情動」に属するという相違にある。「熱狂」ないし「熱狂家」と「狂信」ないし「狂信家」との区別および前者に対する肯定的な評価は、批判期前の『脳病試論』(一七六四年)以降、最晩年まで一貫している、とみてよい。本全集2巻を参照。

(20)　人間嫌い Misanthropie　恐人症(人見知り) Anthropophobie (Menschenscheu)　「恐人症」は、全著作中でここ以外には『人倫の形而上学』「徳論の形而上的原理」のなかで唯一使用されている。「あらゆるひとのために、幸せであるように望みながら、これらのひとに好感をもてないという理由で、人間から逃れるひとは、人間嫌い Menschenscheu (感性的な人間嫌い ästhetischer Misanthrop) と呼ぶことができ、また、このひとの人間に対する嫌悪は、恐人症 Anthropophobie と呼ぶことができる」(第二六節)。本全集11巻を参照。

(21)　ボノム Bonhomme　フランス南東部、モンブラン山塊南西の峠。アルヴの谷とイゼールの谷とを結ぶ。標高二三二九メートル。

(22)　バーク Edmund Burke, 1729-97　イギリスの政治思想家、美学者。アイルランドのダブリンに生まれ、『崇高と美の観念の起源』(*A Philosophical Enquiry into the Origin of our Ideas of the Sublime and Beautiful*, 1757) を刊行して文壇から注目される。この書物は、カントは言うまでもなく、レッシング、メンデルスゾーン、シラーなど当時のドイツの多くの哲学者、美学研究者に少なからぬ影響を与えた。ここでカントは、バークを他のドイツの哲学者とともに美感的判断の生理学的解明を試みた哲学者として解釈し、批判している。

(23)　エピクロス Epikur, 前341頃-270頃　古代ギリシア、ヘレニズム期の哲学者。カントは、初期の著作『天界の一般自然史と理論』(一七五五年)以来、機会ある毎にエピクロスについて言及しており、その範囲は感覚主義的認識論から快楽主義的倫理学、そして原子論的立場から帰結する無神論などに及んでいる。『判断力批判』第一部では、この箇所以外に第五四節でもあらゆる快を感性的快に還元するエピクロスの感覚主義的な見解が批判されており、第二部第七二節および第七三節では、合目的性の観念論のうちで「自然の諸産物の合目的的形式における自然規定の偶然性の観念論」の体系としてエピクロスの名前がデモクリトスとともに挙げられている。本全集第9巻を参照。なお、バークの書『崇高と美の観念の起源』には、ルクレティウスの書『物の本質について』を媒介としたエピクロス(学派)の原子論的な美学の影響が認められる。

(24)　ガルヴェによるドイツ語訳 *Philosophische Untersuchungen über den Ursprung unsrer Begriffe vom Erhabenen und Schönen*, Riga 1773 を指す。但し、カントのドイツ語の訳書の表記は正確ではない。ガルヴェ (Christian Garve, 1742–98) は、キケロ『義務について』やアダム・スミス『諸国民の富』などのドイツ語訳の訳者としても知られる。この訳書は原書第五版を底本として翻訳され、一七七三年に現ラトヴィア共和国の首都リガ市のハルトクノッホ社から刊行された。因みに、この書店からはカントの『純粋理性批判』第一・第二版、『実践理性批判』も出版されており、カントとも縁の深い出版社である。また、当時のドイツの通俗哲学者の代表的人物でもあったガルヴェは、『純粋理性批判』刊行後最初のその公的批判を『ゲッティンゲン学報』に投稿して、フェーダーとともに『プロレゴーメナ』におけるカントの反論を呼び起こしたことでも有名である。これについては本全集6巻を参照。

(25)　法的に正当と認定すること Legitimation　たんに「正当化すること」とせずに、このように訳出したのは、この表現が美感的判断の超越論的演繹の言い換えとして用いられているからである。『純粋理性批判』のカテゴリーの演繹で詳細に論じられたように、カテゴリーの客観的妥当性を証明する議論が超越論的演繹と呼ばれたのと同様に、ここでも趣味判断の妥当性の証明が試みられている。すなわち、「判断力批判のこの課題は、どのようにしてアプリオリな総合的判断は可能であるかという、超越論的哲学の普遍的課題に属しているのである」(第三六節)。なお、関連する用語の Rechtmäßigkeit は、「合法性」と訳出した。

(26)　バトゥー Charles Batteux, 1713–80　フランスの美学者。主著『美学講義』(*Cours de belles-lettres*, 1765)、『文学要論』(*Principes abrégés de la litérature*, 1824) などによって、芸術の本質は美しい自然の模倣に存することを主張した。この思想は、ゴットシェートやJ・E・シュレーゲルらに影響を与えた、と言われている。カントは、バトゥーの名前を全著作中この箇所のみで挙げているが、一七五九年七月二十七日付のカント宛のＪ・Ｇ・ハーマン書簡の中に、バトゥーの名がみられるので、少なくともこの頃にはバトゥーの名と『唯一の原理に還元された美術』(*Les beaux arts réduits à un même principe*, Paris 1746)のことは知っていたはずである。但し、『美学講義』についても、カントがどの程度内容を理解していたかは定かではない。

(27)　レッシング Gotthold Ephraim Lessing, 1729–81　ドイツの劇作家、批評家、哲学者。ライプツィヒ大学で医学と神学を学び、また早くから詩や演劇に関心をもっていた。ハンブルクの国民劇場に招聘され、その後ヴォルフェンビュッテルの図書館司書となる。『ハンブルク演劇論』(*Hamburgische Dramaturgie*, 1767–69)、『ラオコーン』(*Laokoon*, 1766)は、『判断力批判』の執筆にも影響を与えたと言われている。とりわけカントの天才論の理解にとってレッシングとの関係は重要である。また、『賢者ナータン』(*Nathan der Weise*, 1779)、神学的哲学論文『人類の教育』(*Die Erziehung des Menschengeschlechts*, 1780)は、宗教的寛容や人類の進歩を強く主張したドイツ啓蒙思想の一つの到達点を示す作品とされる。カントもまた、このようなレッシングの宗教批判および歴史哲学的思想の影響の下で批判哲学の体系構築の営みを遂行した、と言ってよい。これについては、カッシーラーの『啓蒙主義の哲学』(中野好之訳、紀伊国屋書店)第七章および、おなじく『カントの生涯と学説』(門脇・高橋・浜田監修、みすず書房)第六・第七章を参照(後者は、C版全集の別巻である)。但し、カント自身は、レッシングの名前を直接著作中で挙げることはほとんどなく、『判断力批判』のこの箇所を除けば、『思考の方向を定めるとはどういうことか』(一七八六年)で二箇所、『理論と実践』(一七九三年)でその評価にまで立ち入った一箇所のみである。これは、カントの処女作『活力測定考』(一七四七年)に関して、レッシングがカントは自分の力の測定を忘れた、という辛辣な警句ないし批評を行ったことを想起するとき、興味深い事実である。

(28)　「ヒュームが言うように」とは、ヒューム『道徳的政治的試論』(一七四二年)第一八章「懐疑論者」の内容を指すと思われる。そこでは「批評家たちは、料理人ないし香料商人よりもさらにもっともらしく理屈をこねたり、論議したりできるのである」と述べられている(David Hume, *The Philosophical Works*, ed. T. H. Green and T. H. Grose, Vol. 3. *Essays Moral, Political, and Literary*, p. 217)。なお、この書物の初版第一部のドイツ語版は、一七五六年に刊行されている(D. Hume, *Vermischte Schriften*, Teil IV: *Moralische und politische Versuche*, 1756)。英語の不得手なカントは、この書物のドイツ語訳を読んだと言われている。

(29)　共通の感覚 gemeinschaftlicher Sinn　　カントの本来の主旨を強調して訳すならば、「共同体的感覚」と表現することができるであろう。

(30)　この三つの格率は、『論理学』「序論」第七節でもほぼ同一内容の定式化がみられる。但し、そこでは、これらは「誤謬一般を避けるための普遍的な規則と条件」であると呼ばれ、第三の格率に関しては「首尾一貫した、ないし的確な思考法」と呼ばれている。本全集17巻を参照。また、『実用的見地における人間学』第一部第五九節でも同様の説明がみられる。本全集15巻を参照。

(31)　カントの「啓蒙」の定義と啓蒙の実現の困難さとに関しては、『啓蒙とは何か』(本全集14巻)を参照。また、この問題については本章の訳注(11)も参照。なお、カントの啓蒙観を含む啓蒙のパラドックスに対する批判的考察については、ホルクハイマーとアドルノによる『啓蒙の弁証法』(徳永恂訳、岩波書店)参照。

(32)　根源的契約 ein ursprünglicher Vertrag　　これは、自由で平等な主体間の合意による社会契約論を意味し、人民自身がみずからを一つの国家へと構成する働きである。この概念の立ち入った考察については、『人倫の形而上学』「法論の形而上学の原理」第四七節以下(本全集11巻)を参照。

(33)　カリブ族(Karaiben)は中南米のインディアン。イロケーゼ族(Irokesen)については第一章訳注(4)参照。両者の形姿や風習などについては、『自然地理学』のなかでも言及されている。本全集16巻を参照。

(34)　人倫的感情 Sittengefühl　　この用語は、カントの全著作中唯一ここだけで使用されている。序論Ⅸや第二九節にみられる道徳的感情(das moralische Gefühl)との内容的な相違点は、必ずしも明らかではないが、「人倫的」と「道徳的」との意味内容の微妙な差異と関連する問題である。

(35)　自然の意図 ihre〔＝Natur〕Absicht　　自然の技巧(Technik der Natur)とも関連するこの概念については、第二部第六八節以降を参照。特に、自然の意図(Naturabsicht)の歴史哲学的意味、つまり歴史の目的に関しては、『世界市民的見地における普遍史の理念』(本全集14巻)を参照。

(36)　技術 Kunst　　序文の訳注(7)で指摘したように、カントの時代の用法は多義的であり、したがって Kunst は「芸術」

と訳し分けた場合もある。但し、本節では「技術」一般を「技術」と「芸術」および「美術(schöne Kunst)」に区分することが主題化されて、「技術」と「知識」ないし「学」との相違点にも立ち入っているので、これらの微妙な差異を鮮明にするために、本文中ではあえて煩瑣な訳し方を試みた。

(37)　カンペル Petrus Camper, 1722–89　オランダの解剖学者、医者。フラネケル大学哲学教授、アムステルダム大学解剖学、外科学、内科学教授を経て、フローニンヘン大学植物学などの教授を務め、同大学総長を歴任。主著『解剖学＝病理学概説』(*Demonstrationes anatomico-pathologicae*, 2 Bde., Amsterdam 1760–62)。本書では第二部付録の目的論的判断力の方法論ほか、第八二節でも「自然の考古学」に関連してカンペルの名前が挙げられている。また、『自然地理学』では三箇所、『諸学部の争い』第二部(一七九八年)でも、一箇所カンペルに言及している。本全集16巻および18巻を参照。

(38)　いわゆる七つの自由な技術〔学芸〕die sogenanten sieben freien Künste　自由学芸七科(artes liberales)のドイツ語訳である。ローマ末期から中世の大学以来の七学芸(文法・修辞・弁証法〔論理〕・算術・幾何・天文・音楽)を指す。ここでもKunst の多義性を明示するカントの主旨に沿って、あえて「技術」と訳出した。専門教育ないし高等教育に対する一般教養(liberal arts)に属する科目を意味する。

(39)　美しい技術 schöne Kunst　今日では通常「美術」ないし「芸術」と訳すところであろう。しかし上述のように、「技術」の概念自身が多義的に使用されているだけではなく、カントでは「美術」は「美しい技術」として、醜いものを描出する技術を含む今日の「芸術」とは必ずしも合致しない文字どおりの意味で使用されており、また　ここで「学」および「技術」と「美」および「美しい」との関係に即して論じられている文脈を考慮して、あえてこのように訳出した。

(40)　美学〔美しい学〕schöne Wissenschaften　美の学 eine Wissenschaft des Schönen　ここでカントが、これら二つの学の存在を否定し、また今日「美学」を表わす Ästhetik という概念も採用していない事実に十分注意すべきである。なお、十八世紀後半には「美学〔美しい学〕」という概念が危険なほどの意味と伝播とを得ていたという歴史的事実もまた、想起すべきである。これについては、たとえば「解説」でも触れたように、ランベルトのカント宛書簡(一七六五年十一月十三日付)の中で「規則をともなった美学(die schönen Wissenschaften mit deren Regeln)」という記述がみられる。

(41)　食卓での談話が三段階を経て進められるべきであるというカントの主張は、カント自身の体験に裏づけられている。『実用的見地における人間学』第一部第八八節では、「談話は通常、一 世間話、二 議論、三 冗談、の三つの段階を経て進んでいく」と述べており、「会合を活気づける、趣味ある饗宴の規則」を事細かに論じている。本全集15巻を参照。

(42)　天才概念の由来とその規則との関係については、『実用的見地における人間学』第一部第五七節から第五九節のなかで詳しく論じられている。そこでは、レオナルド・ダ・ヴィンチが大天才の一人として挙げられている。本全集15巻を参照。

(43)　「かれの不滅の著書」とは、ニュートン(Isaac Newton, 1643-1727)の主著『自然哲学の数学的原理』(*Philosophiae naturalis principia mathematica*, 1687)を指す。カントは処女作『活力測定考』以来、最晩年の遺稿『オープス・ポストゥム』(一七八六―一八〇四年)に至るまで機会あるごとにニュートンの名前を挙げて、その物理学の批判的継承に取り組んでいた。ニュートンは、カントに対してルソーとともにもっとも大きな影響を及ぼした思想家である。カッシーラーは、ニュートンの重要性に注目して「カントにとってニュートンとは、生涯を通じて学そのものの人格化された概念を表示していたからである」(『カントの生涯と学説』前掲訳書二八頁)と述べている。本節のこの箇所からも、カントのニュートン評価の特徴が窺われるであろう。

(44)　ホメロス Homer(ギリシア語では Homeros と表記)　ギリシア最古、最大の叙事詩『イリアス』および『オディセイア』の作者とみなされている。年代については諸説があって、確かなことは不明であるが、少なくとも前八〇〇年以前でなければならない、とみられている。カントは、ホメロスについては『美と崇高の感情に関する観察』の中で二箇所名前を挙げており、「ホメロスの英雄は恐怖的崇高である」と評している(本全集2巻を参照)。また、『実用的見地における人間学』第一部第三八節と『哲学における最近の尊大な語調』(一七九六年)でも一箇所ずつ言及している(本全集15巻および13巻を参照)。

　ヴィーラント(Christoph Martin Wieland, 1733-1813)はドイツの詩人、小説家。牧師の子として南ドイツのビーベラハで生まれ、テュービンゲン大学で法律を学び、後にエルフルト大学哲学教授となる。レッシング、クロプシュトックと並びドイツ古典主義文学前期の代表者。代表作『アーガトン物語』(*Geschichte des Agathon*, 1766-67)は、ドイツ最初の教養小説と言われている。カントは、全著作中唯一この箇所でヴィーラントに言及しているだけであるが、その天才的な才能を高く評価している。なお、両者の間には複数回書簡が交わされている。本全集21巻を参照。

(45)　たとえば、アリストテレス『詩学』第四章(岩波版全集17、今道友信訳、二四頁)、『弁論術』第一巻第一一章(同全集16、山本光雄訳、七二頁)、バーク『崇高と美の観念の起原』第一編第一六(みすず書房、中野好之訳、五五頁)、ボアロー『詩法』第三歌などを参照。

(46) 属性 Attribut　ここでの「属性」とは、第四九節の用語に即して言えば、「論理的属性」と区別された「美感的属性」を意味している。これは、今日の美術用語では表現された人物の資格・性格・役柄などを示す象徴的な持物のことである。

(47) 大王フリードリヒとは、プロイセン国王のフリードリヒ二世(一七一二—八六。在位一七四〇—八六)を指す。ここで引用された詩は、『ケート将軍へ』(*Au Maréchal Keith*)と題された大王のフランス語による『書簡詩』第一八巻(*Epitre au maréchal Keith* XVIII; *Oeuvres de Frédéric le Grand* X, 203)の巻末部分にあたる。カントは、これをみずからドイツ語訳して本文に掲載した。なお、フリードリヒ大王は、フランス文化の強い影響により、一度も正式にドイツ語を学習しなかった。そのため、多数の著作をすべてフランス語で執筆した。また、カントの大王に対する高い評価は、「現代はまさに啓蒙の時代、すなわちフリードリヒの世紀である」という、『啓蒙とは何か』中の文章に端的に示されている。本全集14巻を参照。

(48) 「ある詩人」とはヴィトホーフ (J. Ph. L. Withof, 1725–89) を指す。この句は、かれの詩集 (*Akademischen Gedichte*, Leipzig 1782, I, S. 70) の一部である。ヴィトホーフは、デュイスブルク大学の道徳学、雄弁術、医学の教授をつとめた。なお、A版の編者ヴィンデルバントおよびV版の編者フォアレンダーによれば、ここで引用された詩句の徳(Tugend)は、原文では慈悲(Güte)であるという。

(49) イシス Isis　古代エジプトで信仰された神々の中で最高位の女神。オシリスの妻、太陽神ホルスの母、豊穣の大母神。オシリスをミイラとして復活させ、このために死と再生の女神とされた。後にギリシア・ローマ帝国でも広く信仰された。ギリシアでは、自然における女性生殖力の象徴。その化身は牝牛である。

(50) ゼーグナー Johann Andreas von Segner, 1704–77　カントとほぼ同時代のドイツの自然科学者、数学者。イェナ大学、ゲッティンゲン大学教授。カントは、『純粋理性批判』序論V、『プロレゴーメナ』第二節および『教育学』の中で一箇所ずつ名前を挙げて、その著『数学の基礎』などに言及している。

(51) 『イギリス史』*A History of England*, 1762　ドゥシュ(Dusch)によるドイツ訳(全六巻)が一七六七—七一年の間に刊行されている。

(52)『美と崇高の感情にかんする観察』第四章では，「イタリア人とフランス人とは美の感情において，ドイツ人，イギリス人およびスペイン人は，崇高の感情によって，他のすべての国民の中でもっとも多く際立っている国民である」と言われている。また，『実用的見地における人間学』第二部「C 民族の性格」の中ではイギリス人とフランス人とが対照的な性格をもつことが指摘され，フランス国民の会話の趣味があらゆる他の国民の模範である，と指摘されている。本全集2巻および15巻を参照。

(53) この引用句については，V版の編者フォアレンダーおよびA版の編者ヴィンデルバントによれば，キケロの作品ではなく，カトーの作品(*Catonis fragmenta*, ed. H. Jordan, Leipzig 1860, S. 80)である。

(54) この脚注を執筆した背景には，カント自身の苦い体験があった。カントは六十三歳になって初めて持ち家を所有したが，その近所に市の監獄があって，囚人の教化のために賛美歌を合唱することを義務づけていた。そのためカントは，思索に必要な静寂を妨げられ，市長と監獄監督を兼務する友人のヒッペルに対して異議申し立てと改善の勧告を行ったことがある。一七八四年七月九日付のヒッペル宛カント書簡の文面は，脚注の文章とほぼ重なる内容を含んでおり，興味深い。

(55) カントの笑いの定義は，イギリスの哲学者ハチソンの『笑いについて』(一七二五年)のうちで展開された「ズレ(incongruity)」の概念を拡大したものである，という解釈がある。また，『実用的見地における人間学』第七九節および第八八節でも，デカルト的な生理学的観点から笑いについて立ち入った分析を試みている。本全集15巻を参照。

(56) スラート Surate　インド西部，グジャラート州の港湾都市の名。

(57) この冗談の出典については，イギリスのエッセイスト，劇作家，政治家スティール(Sir Richard Steele, 1672-1729)の初期の三篇の喜劇の一つである『お葬式』(*The Funeral*, 一七〇一年)から題材を得たものである，と言われている。スティールは『タトラー』(*The Tatler*)，『スペクテイター』(*The Spectator*)および『ガーディアン』(*The Guardian*)などの雑誌を刊行した。これらは，イギリス国民だけでなく，ドイツ国民の精神生活にも大きな影響を与え，ドイツ啓蒙主義の発展に貢献した。カントもまた，これらの雑誌を読む機会を得ており，『論理学の省察』(XIV, 115)でスティールの名前に言及している。

(58) この部分は，ヴォルテール(Voltaire, 1694-1778)の詩『アンリアード』(*Henriade*, chant 7)からの引用である。カントはヴォルテールについては，『視霊者の夢』(一七六六年)の末尾でその著『カンディード』から引用を行い，『さまざまな人種』

（一七七五年）でも名前に触れ、『実践理性批判』第一部第三章でも言及している。本全集3巻および7巻を参照。また、『実用的見地における人間学』第一部第四二節では名前を出さずに『アンリアード』の詩篇三一の一文を引用しており、この書物全体では三箇所名前を挙げている。本全集15巻を参照。

(59) 考え方 Denkungsart　この概念は、たんにものごとの考え方という意味ではなく、人間の英知的な性格を含意する実践的哲学的概念である。したがって「心構え」という訳語も採用したが、この概念は、理論的意味での「考え方の革命」とも密接に結びついているので、その含意に留意して二つの訳語を併用した。

(60) 陽気な態度 die launichte Manier　以下、陽気 (laune)、気まぐれ (launisch)、陽気である (launicht) などと訳し分けた。なお、「陽気である」と「気まぐれ」との相違に関しては、『実用的見地における人間学』第六二節の論述が参考になる。本全集15巻を参照。

校訂注

一一三16　C版およびW版では原著第一・第二版にしたがい statt dessen であるが、第三版に依拠したA版およびV版にしたがって hingegen として訳出した。

一一四16　C版では nämlich denen einer Zweckmäßigkeit であるが、原版に依拠したA版、V版およびW版にしたがって nämlich dem einer Zweckmäßigkeit として訳出した。

一一六5　Erdmann の補足に依拠したC版およびV版では、ohne Interesse の後に sein を補足しており、これにしたがって訳出した。

一一七12　C版およびW版では原版にしたがい weil er であるが、Erdmann の訂正に依拠したA版およびV版にしたがって weil es として訳出した。

一一八10　W版は原版にしたがって Bestimmung であるが、Hartenstein, Rosenkranz の訂正に依拠したA版、C版およびV版にしたがって Beistimmung として訳出した。

一二三12　C版、V版およびW版では原版にしたがい die Ideen であるが、Windelband の訂正に依拠したA版にしたがって die Idee として訳出した。

一二四13　C版およびW版では原著第一版にしたがい die であるが、カント自身の正誤表の指示に依拠したA版およびV版にしたがって der として訳出した。

一二五9　A版、C版およびW版では原版にしたがい Zusammensetzung であるが、Erdmann の訂正に依拠したV版にしたがって Zusammenfassung として訳出した。

一二八1　C版およびW版では原版にしたがい Zusammenfassung das Vermögen であるが、Windelband の補足・修正に依拠したA版およびV版では Zusammenfassung, die das V. である。ここでは後者にしたがって訳出した。

一二九4　W版では原著第一・第二版にしたがい wenn, indem es であるが、A版、C版およびV版では wenn es, indem es であり、後者にしたがって訳出した。

一二九11　C版およびW版では原著第一・第二版にしたがい und der unermeßlichen Menge であるが、第三版に依拠したA版およびV版にしたがって und die unermeßliche Menge として訳出した。

一二九17　V版では Erdmann の訂正にしたがい ihnen eine angemessene であるが、原版に依拠したA版、C版およびW版にしたがって eine ihnen angemessene として訳出した。

一三一7　W版では原版にしたがい des Verstandes であるが、Erdmann の訂正に依拠したA版、C版およびV版にしたがって der Vernunft として訳出した。

一三二11　A版、C版、V版およびW版では原版にしたがい und einer Anschauung であるが、Erdmann の補足・訂正にしたがって und einer jeden Anschauung として訳出した。

一三二17　A版、C版、V版およびW版では原版にしたがい daß sie ein であるが、A版の編者 Windelband の考察およびV版の指摘にしたがって、daß es ein として訳出した。

一三三5　A版では als gegeben、W版では原著第二・第三版にしたがい als bloß gegeben であるが、第一版と Erdmann の指示とに依拠したC版およびV版にしたがって als ganz gegeben として訳出した。

一三七2　C版およびW版では原版にしたがい ansehen であるが、Erdmann の訂正に依拠したA版およびV版にしたがって anzusehen として訳出した。

一四五10　A版およびC版では Windelband の訂正にしたがい der Sinne dieser であるが、原版に依拠したV版およびW版にしたがって der Sinne diesen として訳出した。

一四七12　A版、C版およびW版では原著第一・第二版にしたがい nach der ersteren であるが、第三版と Erdmann の訂正とに依拠したV版にしたがって nach den letzteren として訳出した。

一四七14　C版およびW版では原版にしたがい、zur Angemessenheit であるが、Windelband の補足に依拠したA版およびV版にしたがって、sich zur Angemessenheit として訳出した。

一四八9　A版、C版およびW版では原版にしたがい unter dieser Vorstellung であるが、Erdmann の訂正に依拠したV版にしたがって unter diese Vorstellung として訳出した。

一五〇12　W版では原版にしたがって durch menschliche Grundsätze であるが、Hartenstein の訂正に依拠したA版、C版およびV版にしたがって durch moralische Grundsätze として訳出した。

一五三12　W版では原版にしたがい indem であるが、Erdmann の訂正に依拠したA版、C版およびV版にしたがって in dem として訳出した。

一六〇9　本文章の Das übrige . . . die とそれに続く次の表題 Deduktion der reinen ästhetischen Urteile は原著第一版にはなく、第一版では、その代わりに Drittes Buch. Deduktion der ästhetischen Urteile(第三章　美感的諸判断の演繹)となっていた。

一六五6　W版では原著第二・第三版にしたがい absprechen solle であるが、第一版を参照したA版、C版およびV版にしたがって aussprechen solle として訳出した。

一六五8　A版、C版およびW版では原版にしたがい Erkenntnis, であるが、Erdmann の訂正に依拠したV版にしたがって Erkenntnis-, として訳出した。

一六六9　A版、C版およびW版では原版にしたがい vorgegangen であるが、Kirchmann の訂正に依拠したV版にしたがって vorangegangen として訳出した。

一七一13　A版、C版、V版およびW版では原版にしたがい Zusammensetzung であるが、Erdmann の注にしたがって Zusammenfassung として訳出した。

一七一15　A版およびV版では Windelband の訂正にしたがい die Bedingung, daß であるが、C版およびW版にしたがって原版どおり die Bedingungen, daß として訳出した。

一七二3　W版では原版にしたがい des Erkenntnisvermögens であるが、Erdmann の訂正に依拠したA版、C版およびV版にしたがって der Erkenntnisvermögen として訳出した。

一七五13　A版およびC版では原著第一版にしたがい eingeschränkt であるが、第二・第三版に依拠したV版およびW版にしたがって eingerichtet として訳出した。

一七七10　A版、C版およびW版では原著第一・第二版にしたがい der Natur angesehen werden müßte, der ihrem Begriffe wesentich anhinge であるが、第三版に依拠したV版にしたがって der Natur, der ... anhinge, angesehen werden müßte として訳出した。

一八一13　W版では原著第二版にしたがい sich die Naturregeln であり、第一版では die Natur sich Regeln であるが、第三版に依拠したA版およびV版にしたがって sich die Natur Regeln として訳出した。

一八二5　A版およびC版では Windelband の訂正にしたがい wegsetzt であり、W版では原版にしたがい wegsetzen であるが、Erdmann の補足に依拠したV版にしたがって wegsetzen kann として訳出した。

一八八15　V版では次のような文章が（　）で括られて（wenn jene gleich ... würde）となっているが、A版、C版およびW版は原版のままでカッコを欠いており、ここでは後者にしたがって訳出した。

一九一11　C版およびW版では原版にしたがい erwecken を欠いており、また Erdmann の補足に依拠したV版では erwecken がこの文章の末尾に置かれているが、A版にしたがって Ursache の後に erwecken を挿入した形で訳出した。

一九三16　C版およびW版では原版にしたがい Ursache derselben であるが、Vorländer の訂正に依拠したA版およびV版にしたがって Ursache desselben として訳出した。

一九四1　C版およびW版では原版にしたがい in ihrer Ursache vor ihrer Wirklichkeit であるが、Windelband の訂正に依拠したA版およびV版にしたがって in seiner Ursache vor seiner Wirklichkeit として訳出した。

一九六6　V版では Erdmann の訂正にしたがい in den Autoren であるが、A版、C版およびW版にしたがって原版のまま der Autoren として訳出した。

二〇一4　原著第一版では mit dem, der, weil er niemals was であり、V版では mit dem der, welcher である。またA版、C版およびW版では第二・第三版にしたがい mit dem, welcher, weil er であるが、後者に即して訳出した。

二〇二15　A版、C版、V版およびW版では原版にしたがい Nachahmung「模倣」であるが、V版では第四九節(原版二〇〇頁)の論述に依拠して Nachfolge であると推測している。ここでは後者の示唆にしたがって訳出した。

二〇三3　V版では oder であるが、これは誤植であり、und が正しい。

二〇四5　A版、C版およびW版では原著第一・第二版にしたがい der Hervorbringung であり、第三版に依拠したV版では zur Hervorbringung であるが、前者にしたがって訳出した。

二〇六10　A版、C版およびW版では原版にしたがい Geschmack erfordert, an welchem であるが、Erdmann の訂正に依拠したV版では Geschmack erfordert, an welchen であり、後者にしたがって訳出した。

二〇八13　A版、C版およびW版では原著第一・第二版にしたがい、nach welchem uns であるが、第三版に依拠したV版にしたがって、so daß uns nach demselben として訳出した。

二〇八14　V版では原著第一版を参照して etwas anderem であるが、第二・第三版に依拠したA版、C版およびW版にしたがって etwas ganz anderem として訳出した。

二一〇17　C版およびW版では原著第一・第二版にしたがい diese letztern であるが、第三版に依拠したA版およびV版にしたがって diese letztere として訳出した。

二一一14　C版およびW版では原著第一・第二版にしたがい der also であるが、第三版に依拠したA版およびV版にしたがって die also として訳出した。

二一一17　C版およびW版では原版にしたがって ausmachen であるが、Windelband の訂正に依拠したA版およびV版にしたがって ausmacht として訳出した。

二一一18　V版では原著第三版にしたがい unter dem Zwange des Verstandes steht und であるが、第一・第二版に依拠したA版、C版およびW版にしたがって unter dem Zwange des Verstandes und として訳出した。

二一一18　A版、C版およびW版では原著第一・第二版にしたがい aber die Einbildungskraft…, um であるが、第三版に依拠したV版にしたがって sie hingegen…, um として訳出した。

二一五9　A版、C版およびW版では原版にしたがい als schöne Kunst であるが、Erdmann の訂正に依拠したV版にしたがって als schöner Kunst として訳出した。

二一五10　A版、C版およびW版では原著第一・第二版にしたがい Reich und original an Ideen zu sein, bedarf es nicht so notwendig zum Behuf der Schönheit, aber wohl der Angemessenheit… であるが、第三版に依拠したV版にしたがって Zum Behuf der Schönheit bedarf es nicht so notwendig, reich und original an Ideen zu sein, als vielmehr der Angemessenheit… として訳出した。

二一五12　C版およびW版では原著第一・第二版にしたがい aber であるが、第三版に依拠したA版およびV版にしたがって hingegen として訳出した。

二一七9　C版およびW版では原著第一・第二版にしたがい und が欠けているが、第三版に依拠したA版およびV版にしたがって und を補足して訳出した。

二一七14　C版およびW版では原著第二・第三版にしたがい Zuschauer であるが、第一版に依拠したA版およびV版にしたがって Zuhörer として訳出した。

二一八5　W版では原版にしたがい sondern auch であるが、Erdmann の訂正に依拠したA版、C版およびV版にしたがって als auch として訳出した。

二一九3　A版では Windelband の訂正にしたがい was auch であるが、C版、V版およびW版にしたがって原版のまま wenn auch として訳出した。

二一九12　A版、C版およびW版では原著第一・第二版にしたがい sind… von der erstern Art であるが、第三版に依拠した

V版にしたがって sind ... zu der ersteren Art として訳出した。

二二一14　W版では原著第一・第二版にしたがい die Verbindung であるが、第三版に依拠したA版、C版およびV版にしたがい von der Verbindung として訳出した。

二二二9　A版およびW版では原著第二版にしたがい führe であるが、第一・第三版に依拠したC版およびV版にしたがって führen として訳出した。

二二二10　C版およびW版では原版にしたがい durch dieselbe であるが、Erdmann の訂正に依拠したA版およびV版にしたがって durch dieselben として訳出した。

二二三1　A版、C版およびW版では原著第一・第二版にしたがい imgleichen であるが、第三版に依拠したV版にしたがって ferner として訳出した。

二二六1　V版では原著第三版にしたがい welches ... ausmacht であるが、第一・第二版に依拠したA版、C版およびW版にしたがって die ... ausmachen として訳出した。

二二九1　A版では Windelband の訂正にしたがい für sie selbst であるが、原版に依拠したC版、V版およびW版にしたがって für sich selbst として訳出した。

二二九14　以下の文章は、V版では改行されているが、A版、C版およびW版では原版にしたがって改行せず、ダッシュ(—)によって前の文章と接続させているので後者にしたがって訳出した。

二三〇4　この「第五四節」は原版にはなく、W版はこれにしたがっている。他方A版、C版およびV版では Hartenstein による補足にしたがっており、ここでは後者によって訳出した。

二三二13　A版、C版およびW版では原版にしたがい machen ... aus であるが、Erdmann の訂正に依拠したV版にしたがって macht ... aus として訳出した。

二三八2　A版、C版およびW版では原著第一・第二版にしたがい ist であるが、第三版に依拠したV版にしたがって heißt として訳出した。

第一部、第二編

訳　注

(1)　理屈を言い立てる判断 ein vernünftelndes Urteil　理性判断 ein Vernunfturteil　両者の相違に関しては、『純粋理性批判』超越論的弁証論第一篇(B368)における「詭弁的〔理屈を言い立てる〕概念(conceptus ratiocinantes(vernünftelnde Begriffe)」と「正当に推論された概念 conceptus ratiocinati(richtig geschlossene Begriffe)」との区別が参考になる。両者の区別は、弁証論の把握にとって重要である。本全集5巻を参照。

(2)　決まり文句 Gemeinort　これは、より正確に表現すれば、「昔から言い古されてきた決まり文句」と言うべきであろう。このドイツ語は、一七七〇年頃ラテン語 locus communis の直訳意語として導入され、カント、レッシング、ヘルダーらによって使用された。

(3)　論争すること Streiten　論議すること Disputieren　この二つの概念の厳密な区別は、『判断力批判』のこの節以外にはみられない。また、Streit, streiten という言葉は、批判期前から最晩年まで多数使用されているが、Disputieren, disputieren という言葉は、全著作中『人倫の形而上学の基礎づけ』(一七八五年)と、『哲学における永遠平和条約の締結が間近いことの告示』(一七九六年)で各一箇所使用されているだけである。本全集7巻および13巻を参照。

(4)　この部分については、第一章の訳注(31)で指摘したように、カントは、メンデルスゾーン、マイヤー、バウムガルテンらの美に対する見解を念頭に置いているのであろう。バウムガルテンは、『美学』(*Aesthetica*, 1750/58. 邦訳、玉川大学出版部、松尾大訳、一五頁および二〇頁)の中で「美学(自由な技術の理論、下位認識論、美しく思惟することの技術、理性類似者の技術)は、感性的認識の学である」と宣言し、また「美学の目的は、感性的認識のそれとしての完全性である(§一)。然るにこの完全性とは美である」と述べている。ここでもまた、他の二律背反の場合と同様に、上述のような合理主義的美学理論とバーク、ハチソン、ヒュームらの経験主義的美学理論との対立を批判的に調停しようとするカントの哲学的立場が窺われる。

(5)　矛盾対当的 kontradiktorisch　たんに「矛盾した(widersprechend)」という言葉と区別して、論理学的用法にしたがって矛盾対立する二つの命題の間の関係を表現する意味で上記のように訳出した。

(6)　趣味の二律背反の解決の仕方については、『純粋理性批判』超越論的弁証論における宇宙論的理念に関する二律背反、とりわけ第三の二律背反の解決の仕方を参照。但し、『純粋理性批判』の場合とは異なり、ここでは正命題と反対命題との対立の解消は、感性界と英知界との区別に基づくのではなく、「概念」の理解の仕方の区別に依拠して遂行されている。

(7)　表明不可能な inexponibel　証示不可能な indemonstrabel　この節の後半で明確に説明されているように、表明する(exponieren)とは、構想力の表象を概念にもたらすことを意味するのであるから、「表明不可能」とは、それができない事態を指す。また、証示する(demonstrieren)とは、二四七頁一三行で補足されているラテン語およびそれに続く解剖学者の実例からみて明らかなように、概念を目に見えるように直観化して示すことを意味するのであるから、論理学の用語としての「論証」とは異なる。論理学では、二四七頁に述べられているように「論証可能」「論証不可能」という表現がここでのカントの用語「証示可能」「証示不可能」と解されている点に注意されたい。

(8)　論弁的 diskursiv　この用語は、「比量的」「論証的」とも訳されるが、直覚的(intuitiv)と対比的に使用されており、本書第二部第七七節でも両者の区別と関係について言及されている。『純粋理性批判』方法論では、哲学的確実性が論弁的であるのに対して、数学的確実性は直覚的であることが論じられている。本全集6巻を参照。

(9)　本節の注解IIを参照。

(10)　事物自体 Sache selbst　類似的な用語の物自体(Ding an sich)と訳し分けた。なお、本訳書では原則として「あるもの」ないし「もの」は Etwas の、「物」は Ding の、また「事物」ないし「事柄」は Sache の訳語に対応させるように訳し分けた。

(11)　熱素 Wärmestoff　英語の caloric に対応することばで一九世紀初期までは、熱の移動は物質の流れと同様に熱素というものの流れと考えられ、熱素の多少が温度の高低を決めるとされていた。この語に関連してカントは、『自然地理学』第一部第三四節注解Iの中で、光の性格と本質とに関連して、それが熱素のたんなる変様であるかどうか、また、熱素それ自体がある物質とみなされるかどうかという問題に触れ、それが未解決の課題であると述べている。なお、『自然科学の形而上学的原理』第二章でも、この語に一言触れている。本全集16巻および12巻を参照。

(12) アンティパロス島 Antiparos　ギリシアのエーゲ海にあるキュクラデス諸島の中の小島である。『自然地理学』第三部でカントは、「アンティパロスには美しい洞窟があり、その美しい光景全体は透明で結晶している大理石から成る」と説明している。なお、この記述は、リンク(Friedrich Theodor Rink, 1770–1811)の著作『東方旅行新集』(*Neue Sammlung der Reisen nach dem Orient.* Teil I, S. 83 ff.)に依拠している。本全集16巻を参照。

(13) 直観的表出 Hypotypose　この概念は、全著作中で『判断力批判』本節の三箇所にみられるだけで、他ではまったく使用されていない。以下の本文の説明からみて明らかなように、この概念は、「描出」および「見るものの下におく」ことの言い換えとして用いられており、また感性化(Versinnlichung)として規定されていることからみて、正確に言えば、ある概念に対応した感性的直観によって直接的・間接的に描き出し表現することを意味する。

(14) 「近代の論理学者たち」とは、ライプニッツ、ヴォルフとその学派のひとびとを指すと思われる。

(15) 類比 Analogie　「類推」とも訳される。この語は、ギリシア語の *ἀναλογία* に由来し、カントもまた存在の類比(analogia entis)の思想的伝統下のうちにある。カントは、この概念を『純粋理性批判』で「数学的類比」つまり数量的な比・割合と、質的な関係の等しさに関わる「哲学的類比」とに区別している。「経験の類推」は後者の用法に属する。『純粋理性批判』弁証論の付録、『プロレゴーメナ』や『判断力批判』では、「類比にしたがった認識」「類比にしたがった思考」などの表現にみられるように、直接的に認識できないものや超感性的な存在者に対する間接的な、「類比」を用いた認識ないし思考の方法として用いられている。本書での「類比にしたがう推論」に関しては、第二部の方法論第九〇節で立ち入って説明されている。本全集9巻を参照。

(16) ロック John Locke, 1632–1704　その「偶有性の担い手」については、主著『人間知性論』(*An Essay concerning Human Understanding*, 1690)第一巻第四章一九節(大槻春彦訳、岩波文庫、(一)一一九頁)を参照。なお、この書のドイツ語訳 *Versuch vom menschlichen Verstand* は、一七五七年に刊行されており、カントも、ロックの思想には、早い時期から接していたようである。

(17) 擬人神観 Anthropomorphism　「神人同形説」とも訳される。「図式」と「象徴」とを混同することによって、人間の形姿、喜怒哀楽、悟性、意志などの性質を神に帰すことによって神に対する認識を獲得しようとする考え方。この神観に対するカントの批判は、本書第二部第八九節でも試みられている。本全集9巻を参照。

(18)「前節」とは第五八節を指す。しかし、A版の編者ヴィンデルバントの解説にあるように、内容的にみるかぎり、「前々節」の第五七節と解する方が適切である。

(19) 普遍的な共通感覚 allgemeiner Menschensinn　直訳すれば、「普遍的な人間の感官」である。序文の訳注(6)でも指摘したように、共通感覚(sensus communis)は、多義的であり、その多義性がドイツ語訳においてもそのまま反映される形で、Sinn, Verstand, Vernunft などによって表現されていた。「共通感覚」(ないし「常識」)を表わす意味でも Menschensinn (gesunder Sinn)という表現は、当時のドイツでは一般に使用されていた。カントは、『純粋理性批判』で二箇所このドイツ語を使用しており、一箇所は文脈からみて経験的認識に関わる「人間の感官」(B 63)を指示しており、他の箇所では「もっとも普通な人間のこころ(der gemeinste Menschensinn)」(B617)(天野貞祐訳、講談社文庫、(三)一八九頁)、「最も普通の人間のこころ」(高峯一愚訳、河出書房新社、三九九頁)、「最も普通の常識」(原佑訳、理想社版全集第五巻、三〇八頁)、「常識」(篠田英雄訳、岩波文庫、(中)二五七頁)などと訳されている。以上の事情を踏まえて、本書のこの箇所では当時の用法とカント固有の用法とを重ね合わせて「普遍的な共通感覚」という訳語を採用した。

校訂注

二四七14　welche「直観」については、A版の編者 Windelband は、welches ?〔darstellen 描出すること〕という示唆を与えている。

二四九6　A版、C版およびW版では原著第二版にしたがい das, auf welches in Beziehung であるが、V版では第三版にしたがって das, in Beziehung auf welches である。

二五一6　W版では原版にしたがい daß であるが、Windelband の訂正に依拠したA版、C版およびV版にしたがって so daß として訳出した。

二五四4　A版、C版およびW版では原版にしたがい durch ihre Maximen であるが、Schöndörffer の訂正に依拠したV版にしたがって durch ihre Maxime として訳出した。

二五六8　W版では原版にしたがい scheidet であるが、Hartenstein の訂正に依拠したA版、C版およびV版にしたがって scheiden として訳出した。

二五九2　C版およびW版では原版にしたがい analogisch であるが、Erdmann の補足に依拠したA版およびV版にしたがって analogisch ist として訳出した。

二六〇8　A版では Erdmann と Windelband の訂正にしたがい zwischen den Regeln であるが、原版に依拠したC版、V版およびW版にしたがって zwischen der Regel として訳出した。

二六〇17　C版およびW版では原版にしたがい was er an sich であり、A版では was er an sich sei であるが、Erdmann の補足に依拠したV版にしたがって was er an sich ist として訳出した。

二六二8　A版、C版、V版およびW版では、すべて原版にしたがって der Sinnlichkeit unseres Vermögens であるが、V版の示唆にしたがって des Vermögens unserer Sinnlichkeit として訳出した。

二六四12　W版では原著第二・第三版にしたがい Glückseligkeit であるが、第一版に依拠したA版、C版およびV版にしたがって Geselligkeit として訳出した。

二六四16　A版、C版、V版およびW版では、すべて原版にしたがって mit dem roheren であるが、V版の指摘によれば、mit denen〔sc. Ideen〕des である。ここではこの指摘にしたがって訳出した。

二六四16　A版では des letzteren であるが、C版、V版およびW版にしたがって原版のまま der letzteren として訳出した。

解説

牧野英二

『判断力批判』上

本巻は、カントの『純粋理性批判』(第一版一七八一年、第二版一七八七年)、『実践理性批判』(一七八八年)に続く第三の批判書である『判断力批判』(一七九〇年)の序文・序論・本論第一部「美感的判断力の批判」の全訳である。本全集9巻の『判断力批判』(下)には、『判断力批判』本論第二部「目的論的判断力の批判」およびいわゆる第一序論の全訳を収録する。

以下の解説では、三つの観点からカントの第三の批判書の紹介を行うことにする。「一」では、まず第一に、『判断力批判』の今日的意義ないし再評価について簡単に触れることにしたい。第二に、『判断力批判』の批判哲学における位置づけ、ないしその体系的意義について述べる。第三に、カントの時代とそれ以降の哲学史に対する思想的影響に言及する。

次に「二」では、『判断力批判』の成立史の背景について、近年の研究動向・解釈傾向を踏まえて紹介する。第一にカントの美学思想の生成と展開を概観し、第二に『趣味の批判の基礎づけ』から『趣味の批判』、そして『判断力批判』への書名の変更のプロセスを概観する。第三に、当初カントの計画に入っていなかった目的論との関係に触れる。但し、本書収録の序論に先立って執筆されたものの、長大にすぎるという理由から遺稿のまま長い間未公刊であったいわゆる第一序論については、本全集9巻に収録する関係上、そこで詳しく立ち入ることにして、この解説では本巻に収録されたいわゆる第二序論との関係から簡単に言及するだけにとどめる。

「三」では、『判断力批判』の基本構成を全体的に概観する。但し、本巻では序文・序論(いわゆる第二序論)・本論第一部の論述内容を中心にして概説し、本論第二部および第一序論の論述内容の立ち入った解説は、9巻で行うことにしたい。

一　『判断力批判』の意義

『判断力批判』の再評価の動向について

カントの批判哲学の体系的な基礎づけを企図して執筆された第三の批判書『判断力批判』は、第一の批判書『純粋理性批判』や第二の批判書『実践理性批判』と比較して、長い間カント研究史・カント哲学の解釈史の中で注目される機会が最も少なく、第一・第二批判のいわば脇役的な存在に甘んじてきた、と言ってよい。カント批判とカント研究の中心は、これまで両批判書とその思想をめぐって展開されてきた、と言っても過言ではない。

二十一世紀を目前に控えた今日、近代の哲学思想の積極的意義が改めて問い直されている。また近代主観主義の限界や主客二元論の制限、自然支配の問題など、いわゆる十八世紀啓蒙思想の制限がホルクハイマーとアドルノによる『啓蒙の弁証法』(一九四七年)において啓蒙のパラドックスとして露わにされて以来、「啓蒙的理性」はもっぱら否定的・批判的対象に貶められてきたように思われる。ハーバーマスらによる未完の「近代のプロジェクト」を遂行しようとする人々の間でも、カント的理性が科学的認識や道徳的規範の歴史性や多元主義を看過した独断的普遍主義として厳しく批判されてきたことは周知のとおりである。

しかし他方では、カントの理性および理性批判の意義を再評価しようとする卓れた試みもまた今日活発化している。とりわけカントの反省的判断力や共通感覚論、崇高論などを含む『判断力批判』に関しては、狭義の哲学研究の領域にとどまらず広範な学問領域や多様な思想的立場から活発に論じられている。もちろんガダマー『真理と方法』（一九六〇年）のように、カントが趣味概念を法的・道徳的諸領域から分離して美学的・芸術的領域に限定し、もっぱらそこでのみ妥当性を有する判断力として規定したことを非難する見方があることは、確かである。他方アーレントは、『カント政治哲学の講義』（一九八二年）や『精神の生活』（一九七八年）などの諸著作でガダマーとは逆にカントの美感的反省的判断力に注目し、その固有の原理である数多性の原理に依拠して、それを政治的判断力として解釈する。そしてカントの共通感覚論を文字どおり、多元主義的な公共的空間としての政治的空間と政治的行為としての自由な言語行為を基礎づける働きと解したのである。今日では、政治哲学以外の領域でも、カントの多元主義的思想や解釈学的含意への着目は一つのモードになっている、とも言えよう。また、アドルノは『美の理論』（一九七〇年）の中で、ヘーゲルを含む従来の芸術美重視に対して自然美を重視したカントの思想を評価した。さらにフーコー、デリダ、リオタールを初めとするポスト・モダンの思想家たちによるカントの啓蒙・共通感覚・崇高の感情などに対する再評価の試みは、現代社会がたんに理性の批判だけでなく、むしろ判断力批判を重視し再評価すべき時代を迎えていることを雄弁に物語っている、と言えよう。

また、『判断力批判』第二部の目的論的判断力の批判に関して言えば、自然目的論とその客観的合目的性の原理は、現代生物学の「テレオノミー」概念や自己組織性との関係からも、その意義が再評価されている。しかし、これらについては第九巻で言及する予定であるから、ここでは立ち入らないことにしたい。

かつてアーレントが適切に表現したように、われわれは文字どおり「手すりなき思考」の時代に生きている。今日、人類全体に汎く妥当する普遍的な道徳法則や宗教、生活上の規範などは見出されないからである。それはまた、P・ブルデューが社会的判断力の批判の重要性を強調する所以でもある。ますます混迷度を強める現代の思想状況の中でカントの『判断力批判』は、たんに十八世紀ヨーロッパという特定の歴史と社会とを解釈するテクストとしてだけでなく、同時に、またそれ以上に今日の生活世界の中で、異なる意見や思想・信条をもつ多様な人々とともに生きる上で、とりわけ社会的な弱者や自然との共生・共存を求めるためにも、さまざまな思索の手がかりを与えてくれるであろう。本書は、読み手のさまざまな問いかけに応答しうる、汲めども尽きぬ示唆と指針とを与えてくれる書物である。

ところで、カント研究史および解釈史に視点を転じてみると、上述のように第三批判に関しては特定テーマや第一部ないし第二部に限定された研究書や基礎的文献でも、第一・第二批判と比較して長い間きわめて貧弱な状態であった。実際、『判断力批判』の研究史を回顧するならば、両批判書のように著作の全体に及ぶ本格的なコメンタールや基本文献は、残念ながらほとんど刊行されてこなかった、と言わなければならない。しかし、ようやくこの数十年の間に第三批判の研究状態は飛躍的に改善され、多数の優れた研究成果が刊行されるに至った。それには、幾つかの理由が考えられるが、ここでは第一・第二の批判書の研究動向とはやや異質な思想的文脈とも関係している点に注意を喚起しておきたい。それは、上述のポスト・モダニストたちのカント再評価の試みとも関係している。しかし、ここではもっぱら内在的なカント解釈史の立場から近年の研究動向を簡単に紹介しておくことにしたい。

一九九〇年に『判断力批判』出版二〇〇年を迎え、それを記念して国内外で種々の行事や出版が活発に行われた。

その中で最大規模の催しは、第七回国際カント学会(ドイツ・マインツ市、一九九〇年三月二十八日から四月一日)の開催であろう。プログラムの内容からみたこの学会の特徴は、従来の国際カント学会の一般的傾向とは異なり、『純粋理性批判』関係の研究発表中心ではなく、刊行二〇〇年に相応しく『判断力批判』関係の発表が最も多かった点にある。例えば、同書の「第一部」に関して言えば、反省的判断力および趣味判断の主観的妥当性の問題、構想力の自由の含意、自然美と芸術美との関係、崇高およびそれと道徳性との関係、美的快の固有性などの問題群が扱われており、「第二部」に関しては、目的論的判断力の位置づけ、合目的性の演繹、カントのスピノザ批判の妥当性、生物学的認識とカントの原因性概念との関係などである。また、判断力批判の体系的意義ないし他の批判書との比較研究、三批判書の統一的観点からの研究、さらにコミュニケーション的理性における人間性の基礎づけをめぐる議論など、今日の哲学思想の第一線の論争的状況を反映した研究発表もみられ、従来の『判断力批判』研究の遅れを一挙に取り戻したような、多方面から多様な立場からの研究成果が公表された。その意味でこの学会は、その後の『判断力批判』研究の発展にとって画期的な役割を果たした、と言ってよい。

国際ヘーゲル学会(Internationale Hegel-Vereinigung)もまた、カントの『判断力批判』がヘーゲル哲学に対して及ぼした思想的影響を中心にした議論の報告を論文集『ヘーゲルと「判断力批判」』の形でまとめ、その成果を一九九〇年に出版している。そこでは、シラーやヘルダーリンとの関係からカントおよびヘーゲルの美の捉え方の特徴を考察する論文、フィヒテやシェリングによる『判断力批判』の把握の仕方、カントとヘーゲルにおける美的経験の差異に焦点を当てる研究、さらにカントとヘーゲルにおける有機体論の考察、両哲学者における自然目的論と形而上学との関係などをめぐる興味深い諸論考が収録されている(Hrsg. H.-F. Fulda und R.-P. Horstmann,

Hegel und die „Kritik der Urteilskraft“, 1990 参照)。

『判断力批判』の体系的意義

上述のように『判断力批判』は、第一部「美感的判断力の批判」と第二部「目的論的判断力の批判」との二部門から構成されている。このことは、この書物の刊行後、さまざまな問題を投げかけてきた。なぜなら、そこには基本的に三つの論点が錯綜した形で入り組んでいるからである。まず第一部の「美感的判断力の批判」は、広義の美の分析とその判定能力としての趣味および趣味判断の可能性に関する「超越論的意図」に基づく考察を意図している。他方、第二部の目的論的判断力の批判は、美の観照とはまったく異質な自然物としての有機体の認識の基礎づけを主要課題とする。これらは、同一の書物の二つの部門を構成するとはいえ、それぞれ美学と生物学という異質な個別的学問領域に属するかぎり、両者はそれぞれ独立した考察の観点に立つ知の領域である、と言うべきである。それゆえ、なぜカントは『判断力批判』という同一の書物をこのような異質な二部門によって構成したのかという疑問が、長い間繰り返し問われ続けてきたのである。

この問題は後に触れることにして、さらにこの書物を理解するための第三の、そして最も重要な観点がある。それは、『判断力批判』が『純粋理性批判』と『実践理性批判』と並ぶ第三番目の認識能力の批判の書であるだけでなく、それによって同時に両批判書を体系的に統一しようと意図して執筆された点である。カントは、序論でも詳しく立ち入って説明しているように『判断力批判』を理論哲学と実践哲学という「哲学の二つの部門を一つの全体へと結合する手段」である、と主張している。『判断力批判』は、「純粋悟性の批判」としての『純粋理性批判』と

「理性の批判」としての『実践理性批判』と並ぶ「反省的判断力の批判」として、批判の体系の一部門を構成する。この反省的判断力の批判は、第一批判によって基礎づけられた理論哲学と第二批判によって基礎づけられた実践哲学という、哲学の二つの部門を体系的に統一すべく両者を媒介する課題を担っている。ここに『判断力批判』を理解すべき第三の観点が明らかとなった。

では、これら三つの観点はどのようにして統一的に把握されることができるであろうか。この疑問に答えるためには、カントが思索した当時の思想状況と思想史的背景とを正しく理解することが不可欠である。きわめて図式的な説明の仕方が許されるとすれば、カントに課せられた最大の思想的課題は、当時相互に対立していた機械論的世界観と目的論的世界観とを、先達のライプニッツのように神の存在や働きに依拠せず、もっぱら有限な人間の立場から調停ないし総合することにあった、と言ってよい。まず第一批判によって現象界としての機械論的自然界の認識論的基礎づけを遂行したカントは、次に第二批判によって道徳的目的論の基礎づけを試みた。そこで最後に、自然の世界と道徳的自由の世界、物の世界と精神の世界を統一すること、これらを扱う理論哲学と実践哲学とを統一するという課題が体系的課題として残されることとなったのである。この課題に答えるために執筆されたのが、「反省的判断力の批判」としての『判断力批判』であった。

それにしても判断力は、どのようにしてこのような課題に答えることを可能にするのであろうか。『純粋理性批判』では、判断力は感性と悟性との媒介を行う超越論的判断力として普遍的なカテゴリーの下に特殊的な感性的直観を包摂する機能を担っていた。『実践理性批判』でも、判断力は、実践的判断力として普遍的な道徳法則の下に個々の具体的な行為をいわば包摂して、その善悪を判定する機能が付与されていた。しかし、これらの判断力は、いずれも普遍的な純粋悟性概念や道徳法則を特殊的直観ないし具体的な行為の事例へと適用する規定的判断力という性格をもつ。したがって、これらの判断力は、それ固有の原理をもつことができず、そのかぎりでどこまでも他律的な原理・原則の適用の能力にとどまる。ところが『判断力批判』においては、判断力は、「自然の技巧」ないし「自然の合目的性」というそれ固有の主観的原理を有する、反省的判断力の働きをもつ。カントは、この働きが認識能力としての悟性と欲求能力としての理性とを媒介する、第三の能力としての快・不快の感情の働きをなすことを発見した。反省的判断力とそのアプリオリな原理とに基づいて、カントは趣味判断の普遍妥当性の証明としての演繹を含む美学の哲学的基礎づけと、自然目的論ないし生物学的認識の基礎づけ、さらに自然の世界全体の秩序づけを企図することによって、たんに広義の理性批判の体系化の試みだけでなく、上述の批判哲学の体系的統一の試みを遂行したのである。

このような異質で無関係にみえる美学と自然目的論という二つの領域は、カッシーラーがつとに指摘したように、古代哲学以来の長い歴史的伝統の影響があったことも忘れてはならない。『カントの生涯と学説』(カッシーラー版カント全集別巻。邦訳、門脇・高橋・浜田監修、みすず書房)の中で、カッシーラーは、新プラトン主義における「発展」が「流出」(Emanation)という形而上学的形態をまとって現れることを主張する。そして「流出」を通じて英知的根源から感性界までの下降が一定の段階と位相において行われ、「こうした問いの把握によって初めて、生物学的問題と美学的問題との、有機体の理念と美の理念との関係および思想相関が、哲学史内部に完全に明瞭に現れ出る」ことを明らかにしたのである。因みに、カッシーラーの書の英訳版(一九八一年)に序文を寄せたステファン・ケルナーは、『判断力批判』に対する論述こそ「カッシーラーのコメンタールの中で重要な、恐らく最も重要な部分である」と評している。この指摘は、誠に正鵠を射た批評であると言えよう。

『判断力批判』の思想的影響について

『判断力批判』の意義を歴史的順序に即してみるならば、この書物が十八世紀以降のドイツの「精神的教養の全体」に対して及ぼした思想的影響とその個別学問的刺激とをまず問わなければならないであろう。例えば、フリードリヒ・シラーやゲーテが、カントの他のどの著作にもまして『判断力批判』から多くの知的刺激を受けたことは、つとに知られた事実である。

すでに述べたように、カントは、自然美と芸術美、有機体の合目的的な美しい形態と存在の仕方のうちに超感性的な能力の働きを、つまり自由の表現を見出すことによって、自然の世界と道徳的世界との結合の可能性を明らかにした。とはいえ、この試みは、主観的な判定原理に基づくかぎり、どこまでも媒介的な統一の可能性を示しただけであって、美と自由とは依然として直接的に結合されたわけではなく、したがってこの哲学の体系化の試みは、高次の原理による客観的統一を実現するものではなかった。カントのこうした美の主観的性格を批判して、シラーは『カリアス書簡』の中で「美は現象における自由である」と主張した。シラーにとって美は、カントとは異なり主観的表象ではなく、むしろ客観的現象であり、それが自律的であるかぎり、自由でなければならない。『人間の美的教育について』(一七九五年)では、やはりカントから学んだ美的戯れの概念によって、カントがどこまでも異質な能力として原理的に区別していた感性と理性との対立をシラーは踏み越えていったのである。

ところで、シラーの影響などによってカント研究に向かったゲーテは、自然に対する理論のあらゆる領域に数学を導入しようとするカントの考え方を厳しく批判した。ところがゲーテは、『判断力批判』出版直後からカントの思想に、とりわけ自然目的論に強い関心を示し、大きな共感を禁じえなかった、と言われている。フォアレンダー版カント全集の編者カール・フォアレンダーは、ゲーテが『純粋理性批判』(第三版、一七九〇年)と『判断力批判』を所有していた事実を指摘し、とりわけ後者を熱心に熟読した様子を伝えている。フォアレンダーによれば、ゲーテが所有していた『判断力批判』の序文・序論・第一部には、わずかにアンダーラインが付せられていた程度であったが、第二部には多数のアンダーラインや欄外注がほどこされていたという。この事実は第二部に対するゲーテの関心の深さを窺わせている。実際ゲーテは、自著『近代哲学の影響』(一八二〇年)の中で、『判断力批判』との出会いをこう語っている。「『判断力批判』を入手した。私の一生のうちで最も幸福な時期は、この書物のおかげによるものである。この書物のうちでは、私の多種多様な興味がひとまとまりとなっており、芸術作品と自然産物とが同一の仕方で扱われ、美感的判断力と目的論的判断力が相互を啓発していた」と。ゲーテは、第三批判の二つの部門の統一性を適切に捉えていたのである。

但し、ゲーテは、芸術美よりも自然美を重視するカントの考えには賛成できなかったようである。しかし、ゲーテは、カントの目的論的判断力や自然目的、直覚的悟性の概念などを高く評価したことは確かである。もっとも、ゲーテ自身は、カントがどこまでも主観的な統制的原理とみなした自然の合目的性を自然に内在する客観的原理と解釈することによって、カントが慎重に設定した自然認識の限界を踏み越えていったのである。それでもなお、ゲーテがフランスの思想家ヴィクトール・クーザンに対して語った、「カントの方法は人間性と寛容の原理である」という批評は、今日そのまま妥当する、と言うことができよう。

しかしながら、『判断力批判』の体系的解釈に関するかぎり、従来の評価は、おおむね否定的であった。ショーペンハウアーは、『意志と表象としての世界』(一八一九年)の中で上述のカントの体系的企図を「はなはだしく不徹底なもの」として非難し、美感的判断力の批判と目的論的判断力の批判とを一つの書物によって合一させたことは「奇妙である」と断じた。ヘーゲルもまた、『美学講義』(一八三五年)でカントの試みは失敗であるとみなし、第三批判の意義を「芸術美の真の把握のための出発点をなすもの」にすぎない、と結論づけた。従来の解釈の多くは、ヘルマン・コーヘンの『カント美学の基礎づけ』(一八八九年)にもみられるように、第一部を重視し、したがってカントの哲学の体系化の試みをもっぱら美感的判断力の批判のうちに見出そうとしてきたのである。このような解釈は、『判断力批判』本文のほぼ五分の二を占め、自然目的論だけでなく、自然神学、さらに歴史哲学的・法哲学的に重要な論述を含む第二部を『判断力批判』のたんなる「付録」にすぎない、とみなす理解と不可分であった。

しかし、このような理解は、不適切であり誤った解釈である。このような誤解が生じたその第一の理由は、カントの体系癖に由来する本書の形式的位置づけに拘泥したためであり、第二に、すでにカッシーラーが指摘したように、カントの思想的系譜の深層構造ないし、いわば伏流化した思想の流れを看過した点に求められる。そして第三に、後述のような本書の成立史的事情を顧慮しなかったことに帰することができよう。今日の研究の主要課題は、これらの解釈上の問題点を克服することに向けられている、と言っても過言ではない。端的に言えば、『判断力批判』は、第一部と第二部とを統一的に把握することによって、初めてカントの本来の意図を適切かつ正確に理解しうるだけでなく、カントの真意がたんに美学的・生物学的な個別領域の問題にあるよりも、むしろこれらの個別領域の考察を通じて政治哲学的・歴史哲学的文脈を顧慮しつつ、美的領域から道徳的自由の領域への「移行」のプロセスを示すことによって、最終的に両者の結合の根拠としての神の存在と道徳神学の妥当性の問題へと導くことにあった、と言うべきである。レーマンの言う「移行学」(Übergangswissenschaft)とは、このような意味で解されるべきであろう(G. Lehmann, Das philosophische Grundproblem in Kants Nachlaßwerk, in: *Beiträge zur Geschichte und Interpretation der Philosophie Kants*, 1969 参照。また、宇都宮芳明『カントと神』岩波書店、一九九八年、参照)。

二 『判断力批判』の成立史について

カントの美学思想の生成と展開

『判断力批判』の成立史を理解するために注意すべきことは、まず第一に、カントが第一の批判書、第二の批判書に続く第三の批判書として、今日みられるような書物の構成を当初から企画していたわけではけっしてなかった、という事実である。本書収録のフォアレンダー版第二巻の編者カール・フォアレンダーやアカデミー版カント全集第五巻の編者ヴィルヘルム・ヴィンデルバントらは、二つの部門のそれぞれが独自の長い思索のプロセスを経て発展し、刊行間近になってようやく本書が最終的に完成した姿になった事実を、カントの往復書簡や著作などの幾つかの資料に基づいて跡付けている。

また近年の成立史的研究は、この書もまた、『純粋理性批判』の成立史研究のプロセスの中で有力な解釈の一つとなったいわゆる「パッチワーク説」、つまり継ぎはぎ細工説とアナロガスな状況を明らかにしつつある(J. H. Zammito, *The Genesis of Kant's Critique of Judgment*, 1992 参照)。ここでは解題という性格上、この問題に深入りすることは避けて、特に趣味および趣味批判、美感的判断力などの第一部の主要論点を中心にして、『判断力批判』の完成と刊行に至るまでのカントの試行錯誤のプロセスを追考してみよう。

『判断力批判』第一部の論述内容を構成する美学的問題意識の展開を跡付けようとするならば、まず最初に『美と崇高の感情にかんする観察』(一七六四年。本全集2巻)に眼を向ける必要があるだろう。この書物は、エドマンド・バークの書『崇高と美の観念の起源に関する哲学的探究』(一七五七年)による美と崇高という二つの美学的カテゴリーの区分を手がかりとして、美的感情と道徳的感情との密接な連関を考察している。ここでカントは、この区別に対応して愛らしく美しい同情や迎合性に基づく徳を「養子縁組みの徳」と呼び、崇高で高貴な原則に基づく徳を「真正の徳」と呼んでいる。そこではまた、『判断力批判』第一部の中心的概念の「趣味」(Geschmack)も盛んに用いられるが、「趣味判断」(Geschmacksurteil)という術語はまだみられず、美と崇高に関しても『判断力批判』のような「超越論的意図」に基づくアプリオリな原理の考察ではなく、もっぱらイギリス哲学流の経験心理学的分析の方法に依拠した、美と崇高の感情に関する「観察」に終始している。

『一七六五—六六年冬学期講義公告』(本全集3巻)では、論理学講義の中で美学的問題についても論じる、とカントは述べている。カントは、この講義をマイヤーの概論にしたがって行うと予告しつつ、「その際同時に、素材が大いに類似していることは、理性の批判に際して、趣味の批判(die Kritik des Geschmacks)すなわち美学(die Ästhetik)にも眼を向ける機会を与える」と語っている。ここではバウムガルテン流の論理学、つまり下位の認識の学の意味で「美学」という概念が使用されている。この「die Ästhekik(美学)」というドイツ語は、カントの全著作の中で使用された恐らく初めての例であろう。いずれにしても、ここでの「趣味の批判」と「美学」は、後年の同じ名称の概念とは異なって伝統的な用法の影響下にあり、カント独自の意味内容はまだ見出されない。なお、一七六五年十二月三十一日付のランベルト宛書簡の中で、やはり「趣味」という言葉が使われている。「貴台〔ランベルト〕が冗談好きなひとびとのとどまることの知らぬ戯れを嘆かれ、趣味について語る以外にはなんの趣味ももたないことが流行と化している今日の文筆家たちの退屈なお喋りを嘆かれることは、当然のことであります」と。これは、十一月十三日付のカント宛ランベルト書簡に対するカントの応答の一部である。その中でランベルトは、自著『建築術構想』(一七七一年)の出版先を見出すことが困難な現状を嘆き、それが小説であれば多くの出版社を見出せたはずだ、と「本屋と読者が互いに堕落させあって根本的な省察を阻み合っている」状態と「ひとびとは唯いわゆる美しい学(die sogenannten schönen Wissenschaften)について、無造作に哲学をやっているにすぎない」現実とを批判した。これは、十八世紀の主要な思想的課題の一つであった「趣味」をめぐる美学的・芸術論的議論が、内実と哲学的基礎を欠いた「流行思想」と化した当時の世相と出版界のあり方に対して、当代を代表する二人の哲学者が共通の厳しい批判的認識を示した事実として興味深い。

「趣味の批判」と「趣味の批判の基礎づけ」

七〇年の教授就任論文以降、長い沈黙の時期に入って間もない一七七一年六月七日付のマルクス・ヘルツ宛書簡では、十年後に『純粋理性批判』という名の下に刊行される著作の構想に触れて、次のように語っている。「いま私は、感性と理性との限界という題名の下で、感性界のために規定された根本概念および法則と、趣味論(Geschmackslehre)、形而上学および道徳の本性を構成するものの輪郭とを合わせ含むべき著作を、かなり詳細に仕上げることに没頭しております」と。ここでカントは、初めて「趣味論」が自己の哲学の主要な部門の一部をなすことに言及している。しかし、その内容については立ち入っていないため、不詳のままであった。

そのほぼ半年後、『純粋理性批判』の成立史的研究から注目されてきた一七七二年二月二十一日付ヘルツ宛書簡では、上述の書簡と同じ題名の著作計画の内容が立ち入って説明されている。「私は、その中で二つの部門、理論的部門と実践的部門とを考察しました。第一部門は、二つの章を含みます。一、現象学一般。二、形而上学。しかもこれは、たんにその本性と方法のみに関わります。第二部門も同様に、二つの章を含みます。一、感情、趣味および感性的欲望の普遍的諸原理。二、道徳性の第一根拠」。ここでは当時のカントの著作構想のうちに、感情および趣味の問題が明確に据えられていた事実を看取することができる。この構想は、後に三批判書に三分割されて論じられる哲学の主要な問題をほぼ包括している、と言ってよい。さらに興味深いのは、カントが相当以前から「感情、趣味および判定能力の諸原理をそれらの作用、つまり快適なもの、美しいものおよび善いものとともにかなり満足できるところまで立案してみた」と述べていることである。但し、第三批判に関して言えば、ここでもまた、第一部の主題だけに議論が限定されていることは注意してよい。もっとも、この構想が、いつ頃からどの程度本当にカントを満足させることができたのかは、定かではない。むしろその後の『判断力批判』へと至る思索の道を顧慮するならば、カントのこの言葉は、困難な課題を前にして容易に乗り越え難い道程を暗示するものであったのではあるまいか。

その間、カントは一七八一年に『純粋理性批判』を刊行し、第二版を一七八七年に出版した。次いで『実践理性批判』が一七八八年に刊行され、いよいよ第三の批判書の完成を待つばかりとなった。それに先立つ一七八七年六月二十五日付のクリスティアン・シュッツ宛書簡では、『実践理性批判』がほとんど完成して、翌週には印刷のためにハレに原稿を送付する予定であることを告げ、最後に「私は、間もなく趣味の批判の基礎づけ(die Grundlegung der Kritik des Geschmacks)へと進まなければなりません」という文章で書簡を締め括っている。これは、フォアレンダーの表現を借用すれば、「美学の根拠づけ」(Begründung der Ästhetik)の試みである、と言ってよい。この文章から、当時のカントが『判断力批判』の構想を、ちょうど『実践理性批判』に先立って『人倫の形而上学の基礎づけ』(一七八五年。本全集7巻)を執筆したように、趣味能力の一般的・通俗的考察から哲学的・批判的考察への移行をめざす課題を担う書物として刊行しようという意図をもっていたことが想定される。しかし、このような意図は、大きな困難に直面していた事実を想起すべきであろう。

『純粋理性批判』第一版の超越論的感性論第一節で、カントは「感性(Sinnlichkeit)のあらゆるアプリオリな原理に関する学を超越論的感性論(die transzendentale Ästhetik)と名づける」という本文に脚注を付して、次のような説明を試みている。「ドイツ人は、他の国民が趣味の批判(Kritik des Geschmacks)と呼ぶものを言い表すのに、Ästhetik という語を用いる唯一の国民である」(第二版三五頁脚注)。しかしカントによれば、ここには誤った希望があり、それはバウムガルテンに由来する誤謬である。バウムガルテンは、美に対する批判的評価を理性原理の下にもたらし、その評価の原則を学へと高めようとした。カントのみるかぎり、この努力は無益である。その理由は、「上述の規則ないし基準は、その【主要な】源泉からみてたんに経験的にすぎず、したがってけっしてわれわれの趣味判断がそれに則らなければならないような、【明確な】アプリオリな法則として役立つことはできないからである。むしろ、われわれの趣味判断が、上述の規則や基準の正否を判定する本来の試金石をなすものだからである」。以上のような理由から、カントは、Ästhetik という名称を趣味の批判の意味に使用することをやめるべきである、と主張する。その代わりに「真の学であるような学説のために保留するか……【それとも思弁的哲学とともにこの語を使用することにして、Ästhetik という語をある時は超越論的意味に、ある時は心理学的意味に使用するのが適切である】」と結論づける。

第二版で補足された文章の【　】内の部分を除けば、第一版のカントの主張は、きわめて明快にアプリオリな原理を含む趣味の批判としての Ästhetik を否定している。ところが、六年後の第二版の補正を考慮して理解すれば、主要でない源泉からみてアプリオリな規則ないし基準と、明確ではないがある種のアプリオリな法則が存在しうるように自説を修正している、とみることができる。もっともヴィンデルバントのように、カントが Ästhetik, ästhetisch という表現を今日的意味で使用したことの意義を認めつつも、この表現を本質的には心理学的意味に捉えようとしているため、さほど重要ではないとする解釈も成り立つであろう。しかし、この外見上は小さな変更の裏には、カントの思索の着実な蓄積と進展がなされていた事実を見逃してはならない。

カントは、一七七二年以降一七九〇年代まで「人間学の講義」を繰り返し行っている。その中で『判断力批判』の成立史的考察の観点からみて、一七八〇年代の幾つかの興味深い講義の内容が参考になる。一九九七年に刊行されたアカデミー版カント全集第二十五巻収録の『人間学講義』(二分冊、合計一六九一頁)には、批判期前から最晩年までの講義録と遺稿断片の類が収録されており、その後半部の第二分冊には、一七七七／七八年、一七八一／八二年〔?〕、一七八四／八五年、一七八八／八九年〔?〕の四種類の講義録が収められている。これらのうちの三つ目のムロンゴヴィウス(Mrongovius)による講義録は、時期的にちょうど『純粋理性批判』の第一版と第二版との間に位置する。そこでは、趣味や天才をめぐって相当量の頁が割かれているだけでなく、美学的問題が全般にわたって論じられている。例えば、「趣味は普遍的妥当性をもつ」という主張、「天才は新たな規則を与える」が、「天才は諸規則にしたがって学ばれることができない」という見解や、「満足は、快適、美および善の三種類である」という見解、そして「情動と激情とは異なり」「前者が快・不快の感情に属し、後者は欲求能力に属する」という主張もまた、すべて『判断力批判』に受け継がれている。

こうしてみると、一七八七年九月十一日付のルードヴィッヒ・ヤーコプ宛書簡で、カントが「私は、直ちに趣味の批判の仕上げに取り掛かります」と述べた所以もまた、ある程度理解されるであろう。こうしてカントは、自信あり気に「これで私の批判的(kritisch)仕事は終わり、これからは定説的な(dogmatisch)仕事に進むことになりましょう。『趣味の批判』は、復活祭の前にはもう出版されるはずであります」と断言した。しかし、『判断力批判』序文の論述を想起させるようなこの予告もまた、ヤーコプだけでなく多くの読者の期待を裏切る結果となった。同じ年の十二月二十八日付のラインホルト宛書簡でも、カントは準備中の新著『趣味の批判』に従事していることを伝えている。しかし、この書簡では、これまでの書簡とは幾つかの点で異なる決定的な論点が見出されている。第一は、これまでの原理とは別の種類の新しいアプリオリな原理、すなわち快・不快の感情のアプリオリな原理が発見されたことを明言している点である。こうして、認識能力、快・不快の感情および欲求能力という精神の三つの能力に対応して、三つのアプリオリな原理が見出されたわけである。第二に、それによって「人間の心の中に発見された体系的なもの」が導かれた、と述べている点である。そしてカントは、それぞれがアプリオリな原理をもつ哲学の三部門を認めた。「この三部門とは、理論哲学、目的論および実践哲学である」。このうち中間のものは、アプリオリな規定根拠が最も乏しいものである、と言われている。

一七八八／八九年〔?〕のブーゾルト(Busolt)による講義録には、「人間は、三種類の能力、すなわち認識能力、快・不快の感情、欲求能力をもつ」と明言されている。特に「趣味について」という章では、趣味の共同体的感覚や、社会的な判定能力が主張されており、また『判断力批判』の「趣味の二律背反」とその解決をめぐる議論とほぼ重なる論述もみられる。さらに趣味と感動および魅力との相違が強調されるなど、批判的趣味概念が完成直前という状況を窺わせている。とりわけ興味深いのは、「思考の諸原理について」の章の冒頭では、『判断力批判』第四〇節で紹介された三つの格率とほぼ同一の命題、すなわち「一　自分で考えること」、「二　他のひとの立場に立って考えること」、「三　つねに自分自身と一致して考えること」が論じられている点である。これらの資料を勘案しても、カントは、実際に『趣味の批判』の完成の直前まで進んでいたことは間違いないであろう。しかし、またしてもカントは、出版の時期の約束を守ることができなかったのである。

それどころか、さらにほぼ一年半後の一七八九年五月十二日付のラインホルト宛書簡では、「私の『判断力批判』(趣味の批判はその一部です)は、同じミカエル祭の市で、貴著〔ラインホルト『人間の表象能力に関する新理論の試み』〕と一緒に見られることになりましょう」と伝えている。ここで初めて『判断力批判』という書名が、初めて前触れもなく、またなんの説明もないまま登場する。しかも、それまで予告されてきた『趣味の批判』は、哲学の三部門の一つを構成するはずであった。ところが出来上がった書物は、哲学の二部門を媒介するという役割を担い、しかもそれが第一部美感的判断力の批判と第二部目的論的判断力の批判との二部構成からなるという点についても、正確な説明が行われないままであった。では、いつ頃からカントは、目的論的判断力を『判断力批判』の構想の中に導入したのであろうか。ジョルジョ・トネリ(Giorgio Tonelli)の成立史研究によれば、この構想の変更は、一七八八年三月から一七八九年五月の間に行われた、とみられている。(G. Tonelli, La Formazione del testo della Kritik der Urteilskraft, in: *Revue internationale de philosophie*, Tom. 8, 1954 参照。) これまでの考察から判断しても、この推測はおおむね妥当であろう。それにしても、なぜカントは、刊行直前になってそれまでの予告を裏切るような『判断力批判』を構想したのであろうか。この問いは、この書物の成立史の考察にとって不可避である。

目的論的判断力への道

カントは、いつ頃から自然目的論の問題に取り組んできたのであろうか。それは、すでに批判期前の『天界の一般自然史と理論』(一七五五年。本全集2巻)以来のことである。このことは、カッシーラーも指摘するとおりである。また、『さまざまな人種』(一七七五年。本全集3巻)でも、自然目的論的思想が自然地理学的観点から展開されている。しかし、ここでは一七八〇年代に議論を絞って、『判断力批判』第二部の成立の背景を探究することにしたい。

『世界市民的見地における普遍史の理念』(一七八四年。本全集14巻)では、この論文の狙いが「人間的事物のこの不合理な進行のうちに自然の意図を発見できないかどうか」、また「自然の特定の計画にしたがって一つの歴史が可能であるのではないか」を調べることにある、と説明している。ここでは歴史哲学的観点から、自然目的論とその中心的概念の「自然の意図」の重要性が強調されていることが特徴的である。この思想は、『判断力批判』第二部の方法論の論述の中で、より批判的な観点から部分的に引き継がれる。翌年の一七八五年には、『人種の概念の規定』(本全集14巻)の中で、カントは『さまざまな人種』で扱った自然科学的問題を振り返っている。それは、人種の起源に関する問題であった。人種の起源は、自然素質の展開を意味し、それには「自然の配慮」が作用している、と言われる。この論文でも、有機的自然の働きが論じられており、「すべての有機的自然のうちでは、個々の被造物のあらゆる変化にもかかわらず被造物の種は変化せず保存される」という格率が考察されている。これは、「自然記述(Naturbeschreibung)」と区別された「自然史(Naturgeschichte)」の課題であって、これは、自然における産出および系統だけを問う歴史を意味するかぎり、自然の体系に関わる目的論的自然観を前提する。この考え方は、『判断力批判』第二部の中に見出される思想である。因みに、この両論文が刊行された八四年から八五年の冬学期に行われた人間学の講義、ムロンゴヴィウスによる講義録には、「自然が自然素質の完全な展開によって産み出そうと努めてきた最大の傑作は、完全な市民的体制であり、あるいはこの体制と人間性の諸目的との一致である」という興味深い論述がみられる。

一七八八年の『哲学の目的論的原理』(本全集14巻)では、「理論がわれわれを見捨てる場合には目的論的原理から出発しなければならないという、同じような権能いやむしろ必要を、私は人種に関する小試論の中で証明しようとしたことがある」と述べている。ここで指示された小試論とは、上述の『人種の概念の規定』のことである。八八年の論文は、八五年のこの論文の上述の見解に対するヨーハン・ゲオルグ・フォルスター(Johann Georg Adam Forster)の批判に答えることを一つの狙いとしていた。八八年論文でも、「有機的存在者」における目的と手段との相互的関係を考えるために、「理論的認識根拠が十分でない場合には目的論的原理を使用してもよい」根拠があると主張して、フォルスターに反論する。また、「自然科学においてはすべてが自然的に説明されなければならないという、その同じ原則が、同時に自然科学の限界を示している」と指摘し、機械論的自然観の制限とともに、目的論的自然観の意義を強調する。その際、カントは「目的論的原理の使用は、自然に関してはつねに経験的に制約されている」点も明確にしている。ここには『純粋理性批判』の弁証論の付録で、悟性認識の体系的統一をめざす「理性の仮説的使用」とその統制的・発見的機能が、有機体の認識の可能性も含めて批判哲学の立場からより広汎かつ徹底的に考察された成果が現れている、と言ってよい。

さらに、『哲学の目的論的原理』の準備稿(アカデミー版全集第二十三巻所収)では、「有機的な、とりわけ生命のある被造物の構造における合目的性の原則は、世界におけるすべての変化に関する作用原因の原則が理性と連関するのと同じく、理性と連関している」と述べている。この見解は、『判断力批判』で展開された機械論的自然観と目的論的自然観との統一の試みを不十分ながら先取りしている、とみることもできる。こうしてみると、一七八七年十二月二十八日付のラインホルト宛書簡で、カントが理論哲学、目的論、実践哲学という哲学の三部門の構想を初めて明らかにした経緯と背景とが理解できるであろう。

以上の問題と関連して最後に注意すべきは、『ヘルダー著『人類の歴史哲学考』についての論評』(一七八五年。本全集14巻)と『思考の方向を定めるとはどういうことか』(一七八六年。本全集13巻)とも関わる汎神論論争の問題である。『判断力批判』第二部第七二節以下では、物活論や汎神論、すなわちスピノザ批判が主題化されている。この事実は、カントの上述の目的論的原理の理解にとって重要な動機づけを果たしているように思われる。ヘルダーの著書への『論評』では、かつての弟子ヘルダーに対して歴史の認識と歴史の意図および目的に関して、独断論的な使用を咎めた。また、『思考の方向』でカントは、いわゆるスピノザ論争の両陣営、メンデルスゾーンとヤコービとの両者からの論争への参加の呼びかけにきわめて慎重な態度を保持し続けた結果、カント独自の第三者的な立場を表明した。第三批判の成立史との関係にかぎってみれば、この論文が理論哲学、実践哲学、とりわけ道徳学、そして宗教哲学の諸領域にわたって批判哲学の立場から、メンデルスゾーンの依拠する啓蒙主義的合理論とヤコービの依拠する反啓蒙的な非合理主義との両者を斥けるという、「思考の方向を定める」方法を提示している点は、きわめて注目に値する。『判断力批判』第二部の多くの節では、目的論的判断力の独断的使用を戒め、その批判的使用のもつ重要性を繰り返し論じている。これらの事情からみても、カントには目的論的判断力の批判の営みが、『判断力批判』の構築にとって不可欠の要素をなすことが確信されるようになったのであろう。その際、目的論的判断力と目的論的原理としての自然の合目的性は、独断論に陥る構成的原理と解されてはならず、どこまでも統制的・発見的原理とみられなければならなかった。上述のように、それは、たんに第三の批判として広義の「理性批判」の体系の一部を構成するだけでなく、理論哲学と実践哲学という、哲学の二つの部門を体系的に統一しようという意図を実現しようとするならば、人間の自由と自然の秩序との共通の根拠をなすべき「超感性的なもの」のあり方を論じることによって、道徳神学への道を準備する「予備学」、「移行学」としての性格づけが付与されなければならないからである。

以上のように、すでに趣味のアプリオリな原理として発見されていた自然の合目的性の原理は、たんに美感的判断力の原理としてだけでなく、同時に目的論的判断力の原理として位置づけられ、美感的問題群と目的論的問題群とが、一つの原理によって統合されたわけである。こうして長い間別々の著作・論文・講義などで扱われてきた二つの学問領域の問題群は、短期間にまとめられて『判断力批判』という一つの書物を構成する二部門として一七九〇年の復活祭の時期に刊行されたのであった。この点の認識に関するかぎり、近年の成立史研究の成果は、大きな食い違いはないように思われる。もっとも、トネリの研究に依拠しつつ、三段階発展説を採用するザミットゥの解釈がどこまで妥当であるかは、稿を改めて検討すべき課題であろう。

三　『判断力批判』(上)の概観

『判断力批判』の基本構成について

『判断力批判』の基本構成は、序文、序論、そして本論第一部の「美感的判断力の批判」と第二部の「目的論的判断力の批判」とからなる。第一部と第二部ともに、それぞれ分析論と弁証論とを含み、分析論は、やはり純粋な趣味判断の演繹と目的論的判断の演繹にあたる部分(カントは、これについては明示していないが)とを含む。また、弁証論については、第一部が趣味の二律背反とその解決とを含み、第二部は、目的論的判断力の二律背反とその解決にあたる部分(これもまた、カントは当該箇所を指示していない)を含んでいる。そして最後に、それぞれ「付録」として趣味の方法論と目的論的判断力の方法論とを含む。このような著作の構成は、これまで『純粋理性批判』以来のカントの体系癖の表現として解されてきた。たしかに、『判断力批判』全体を注意深く通読すれば、この基本構成に不自然で強引な形式主義や第一・第二批判との辻褄あわせの印象を禁じえない読者は、少なくないであろう。これはまた、上述の『判断力批判』の成立史上の錯綜した事情とも関わっているであろう。

しかし、それにしてもこの書物の全体的概観を得るためには、このような基本構成は、読者にとって有益である。また、アンセルム・モーデルの研究によれば、この書物のすべての節は、ライプニッツの主著『モナドロジー』(一七二〇年)の節と対応している事実が指摘されている(Anselm Model, *Metaphysik und reflektierende Urteilskraft bei Kant*, 1987 参照)。この解釈の妥当性はともかくとして、カントの『判断力批判』のより正確な理解のためには、十八世紀の思想的状況を十分念頭に置きながら、書物の構成が示唆するものを見逃すことのない細心な態度が要求されることは確かである。

序論について

短い序文に続く序論、いわゆる第二序論は、九つの節から構成されている。そこでは、主として二つの論点が主題化されている。まず第一は、反省的判断力の体系的位置づけに関する問題である。Ⅰでは哲学の区分が、理論哲学と実践哲学との二区分でなければならず、その原理は自然概念と自由概念でなければならないと主張されている。Ⅱでは、自然概念による立法が悟性に基づいて行われ、自由概念による立法は理性に基づいて行われ、前者と後者との間には「見渡しがたい裂け目」が存在しており、そのため自然概念から自由概念への「移行」は不可能である、と言われている。Ⅲでは、この異質な二つの哲学の部門を一つの全体へと結合する媒介が判断力批判の仕事であり、前者から後者への「移行」を可能にすることが説明され、Ⅳでは、この役割を果たす判断力がアプリオリに立法する能力であることが主張されている。

第二に、Ⅴ以降は、主として自然の合目的性を論じている。まず自然の形式的合目的性の原理が判断力の超越論的原理であり、次いで快の感情が、自然の合目的性の概念と結合していることを説明する。Ⅶでは、自然の合目的性の美感的表象の固有性が扱われ、次にその論理的表象を考察する。最後のⅨは、序論全体の総括的意味を兼ねて、反省的判断力が悟性の立法と理性の立法とを結合することによって、批判哲学の体系的統一の課題を実現する試みであることを改めて確認する。

なお、序論末尾に付された心の全能力に関する一覧表は、カントの批判哲学の体系の基本特徴を端的に表現する資料として有益である。但し、第一序論の一覧表の内容とは微妙に異なっていることも、ついでながら指摘しておきたい。

本論第一部 美感的判断力の批判

第一部は、上述のように分析論と弁証論とから構成されているが、分析論もまた、第一章「美しいものの分析論」と第二章「崇高なものの分析論」とに二区分され、さらに長い「純粋な美感的判断の演繹」に関連する議論を含んでいる。

第一章は、カテゴリー表を手引きにして、しかも趣味判断の固有性を顧慮して、質・量・関係・様相の順に、美しいものの分析を展開する。この分析によって、まず「あらゆる関心」から自由な満足の対象が美であることが解明される。第二に、美は概念をもたず普遍的な満足の対象として表象されることが明らかにされる。第三に、美は、目的の表象をもたず対象について知覚される際の対象の合目的性の形式である、と定義される。第四に、美とは概念をもたず必然的な満足の対象として認識されるものである、と言われる。

第二章では、まず美と崇高との共通点と相違点の考察から開始され、次いで、崇高の特徴として美の調和的なあり方とは異なる「無形式」ないし無秩序な自然の巨大さや荒々しさに言及される。そして、やはり第一批判のカテゴリーの二種類の区分にならい、「数学的崇高」と「力学的崇高」との区分にしたがって、それぞれその固有性が論述される。その結果、本来的意味で崇高と呼ばれるのは、崇高な自然を観照する人間精神の無限な能力、要するにその超感性的な道徳性に帰せられることが明らかにされる。

第一部の第三の主要部分は、「純粋な美感的判断の演繹」と呼ばれる箇所である。これは、第三〇節から第五四節にあたる「注解」まで及ぶとみられている。しかし、実際のところ、これらの節の中では、たんに演繹の課題とその解決の問題だけでなく、趣味概念のカント固有の意味づけ、共通感覚(sensus communis)の理想の意義の解明が遂行されている。これによって認識判断の客観的な普遍妥当性とは異なる、趣味判断の主観的普遍性のもつ固有性と意義がいっそう浮き彫りにされる。また、第四四節以降では、技術と芸術ないし美術との区別の問題から、天才論が展開される。さらに天才と趣味との不可分な関係が論じられ、そこには当時の天才論の傲慢不遜な恣意的解釈に対するカントの厳しい戒めの態度を看取することもできよう。さらにカントは芸術の区分を試み、芸術を「言語芸術」、「造形芸術」そして「諸感覚の美しい戯れの芸術」に三区分する。この中で、詩を高く評価しつつ、他方、カントがショーペンハウアーやニーチェとは対照的に、音楽をきわめて低く評価したことは、後にさまざまな批判を呼び起こすことにもなった。

「美感的判断力の弁証論」は、まず趣味の二律背反の提示とその解決が示され、次に、自然と芸術の合目的性の観念論の立場が説明される。そして第五九節では、「人倫性の象徴としての美について」という表題の下で、「図式」と「象徴」および「類比」による間接的表現の媒介的な役割が、美と道徳的善との類比関係だけでなく、感性的認識や超感性的な神の認識に対する批判的論述を含めて明らかにされている。

第一部の締め括りの節である第六〇節は「付録」として位置づけられ、「趣味の方法論」と呼ばれている。しかし、ここでは従来の原理論と対比された「方法論」が意味されているわけではない。ここでは、趣味とは、道徳的理念の感性化を判定する能力であることがはっきりと述べられている。これは、第二部の弁証論以降の議論とも深く結びついた最高善や道徳神学の問題へと導く伏線をなしている、と言うことができよう。

『判断力批判』(上)における合目的性概念の諸相

『判断力批判』におけるカントの論述は、『純粋理性批判』および『実践理性批判』の考察の成果を踏まえており、またその執筆の意図を含め、その後の批判哲学のいっそうの発展の中で文字どおり試行錯誤の中で構築されてきた議論であるだけに、第一・第二批判の内容をある程度把握していない読者にとっては、本書は容易に近づきにくい書物である。また、本書の理解にとって決定的に重要な「合目的性」についても、この概念の意味とカントの用法は、本書全体を通じて必ずしも一義的ではなく、首尾一貫した概念とは言えないように思われる。そこでここでは、本書の理解が少しでも容易になるよう、トネリの研究成果を手がかりとして、本書の中で多様な意味で使用されている「合目的性」(Zweckmäßigkeit) の用法を『判断力批判』(上)に限定して整理・紹介しておきたい (G. Tonelli, Von den verschiedenen Bedeutungen des Wortes Zweckmässigkeit in der Kritik der Urteilskraft, in: *Kant-Studien*, Bd. 49, 1957/58 参照)。なお、『判断力批判』(下)では、本論第二部「目的論的判断力の批判」および第一序論における合目的性概念の諸相に言及する予定である。

一　序論

実践的合目的性

形式的、たんに主観的合目的性
- 自然の諸客観の観念的合目的性——(自然の種別化の)統制的原理
- 対象の形式の美感的合目的性——快ないし不快の感情に関する構成的原理

概念にしたがう対象の形式の客観的な実在的合目的性——統制的原理

二　美しいものの分析論

目的のない合目的性、形式からみた合目的性、合目的性の形式、主観的合目的性、形式的合目的性

客観的合目的性(客観的目的＝目的連結の実質)
- 外的合目的性＝有用性
- 内的合目的性＝質的完全性

三　崇高なものの分析論

美感的合目的性(主観的合目的性)
- たんに形式的でない合目的性＝楽しみないし苦痛
- たんに形式的合目的性
  - 対象の形式の合目的性＝美
  - 対象の形式の合目的性ではない＝崇高

目的論的合目的性

四　演繹論および弁証論

目的のない合目的性、主観的合目的性(美術、美しい自然)
- 実在論
- 観念論

実質的合目的性(自然の対象の美の消極的条件としての、美しい自然の対象の完全性)

参考文献について

今回の『判断力批判』の訳出に際しては、既訳書の大西克礼訳(旧版岩波文庫・上下)、坂田徳男訳(河出書房新社)、篠田英雄訳(新版岩波文庫、上下)、原佑訳(理想社版カント全集第八巻)、宇都宮芳明訳(以文社、上下)を適宜参照させていただいた。これらの訳書からは多くの示唆と恩恵を受けた。これらの訳書がなければ、短期間での翻訳作業を完成させることは不可能であったと思う。既訳書の訳者の方々に感謝申し上げたい。とりわけ、宇都宮訳からは、多くを学ばせていただき、訳語についても一部採用させていただいたものもあり、深く感謝する次第である。しかし例えば、ästhetisch のように同訳書で提案された訳語を採用せず、敢えて異なる訳語を採用したものも少なくない。また、髙峯一愚著『カント判断力批判注解』(論創社)からも、訳文・訳語・訳注などについて有益な示唆を受けたことを記して謝意を表したい。

日本語訳以外の訳書については、左記の英語訳および仏語訳を適宜参照したが、参考程度にとどめ、原典に即して訳出することに徹した。したがって原則として、これらについて訳注・校訂注などで言及することはしなかった。また、一九九二年以降ケンブリッジ版英語訳カント全集(全十四巻)が刊行中であるが、『判断力批判』の新訳は、現在未刊のため今回の翻訳の際に参照することができなかった。

Critique of Judgement. Translated by J. H. Bernard, 1892, Reprinted. New York 1968.
Critique of Judgment. Translated by James Meredith, 1928, Reprinted. Oxford 1964.
Critique de la faculté de juger. Traduction par Alexis Philonenko, Paris 1982.

よ

善い gut　60, 64
善いもの das Gute　63, 69, 70, 72, 81, 87, 252
端的に——　144
陽気 Laune　237
様相 Modalität　116, 144
趣味判断の——　**101**
欲求能力 Begehrungsvermögen　9, 23, 24, 50, 51, 79, 250
——としての意志　16
予備学 Propädeutik　48, 264, 265

り

力学的 dynamisch
——に崇高なもの　116, **134**
理神論 Deismus　261
理性 Vernunft　9, 20, 48, 50, 51, 120, 128, 130, 250
——の格率　182, 254
——の関心　82
——の声　126
理性概念 Vernunftbegriff　258
——の描出(規定されていない)　113
理性判断 Vernunfturteil　240
理性理念 Vernunftidee　96, 114, 246, 248, 258
理想 Ideal　95
立法 Gesetzgebung
アプリオリな——　22
悟性の——　19, 20
自然概念による——　20
自然の——　20
自由概念による——　20
哲学の——　19
理性の——　15(実践的), 20, 22, 48
立法的　19, 20, 23
アプリオリに——　24, **26**(な能力), 48
理念 Idee　9, 10, 95, 208, 252(超感性的)
量 Größe, Quantität　116, 117, 133, 143
——の概念　247
領域 Gebiet　19
量的完全性　88
量評価 Größenschätzung
数学的——　122
崇高なものの理念のための自然物の——　**121**
美感的——　122, 133
論理的——　121, 133
理論的 theoretisch
——認識の能力　23
理論哲学　15, 23

る

類 Gattung　34, 35
類比 Analogie　259, 260, 262
ルソー Rousseau　57

れ

レッシング Lessing　168
連想 Assoziation　106

ろ

ロック Locke　260
論議すること Disputieren　240
論証可能 das Demonstrabele　247
論証不可能 das Indemonstrabele　247
論争すること Streiten　240, 241
論弁的 diskursiv　247
論理学 Logik　247
論理的 logisch
——＝規定的判断　112
——共通感覚　183
——総括　126

わ

惑星系 Planetensystem　129
笑い Lachen　233, 237

フリードリヒ(二世)Friedrich II(der große König)　210
分析的 analytisch　51(区分)
分析論 Analytik
　美しいものの――　**55**
　崇高なものの――　**112**
　美感的判断力の――　**55**
文明化 Zivilisierung　185(の始まり)
分野 Feld　19

へ

平和 Frieden　138
偏狂 Wahnwitz　155
偏狭な eingeschränkt　182(ひと)
偏見 Vorurteil　181
　――にとらわれない考え方　181
弁証論 Dialektik
　趣味の批判の――　239
　美感的判断力の――　**239**

ほ

包摂 Subsumtion
　主観的条件の客観への――　176
　――の原理　172
法則 Gesetz　17
方法 Methode　214
ホメロス Homer　201
ポリュクレイトス Polyklet　98

ま

マースデン Marsden　109
満足 Wohlgefallen　60, 66
　感受的に条件づけられた――　64
　構想力の拡張についての――　119
　純粋な実践的――　64
　崇高なものについての――　116, 146(自然の)
　対象についての――　159
　知性的――　92, 150
　美についての――　92
　無関心な――　58, 65(自由な)

み

身ぶり Mimik　86, 217, 259
ミュロン Myron　98
魅力 Reiz　82, 83, 85, 113, 143, 187

む

無関心 uninteressiert
　――な満足　58, 65(自由な)
無限性 Unendlichkeit　127
無限なもの das Unendliche　126, 127
無情動 Affektlosigkeit　151

め

迷信 Aberglaube, Superstition　139, 181
メカニズム Mechanismus　16, 115, 167, 195, 254

も

目的 Zweck　28, 78, 79, 88
　――の概念　87, 109
目的論的 teleologisch
　――判断力　47
　――判断力の批判　46
　――判定　256
物自体 Ding an sich　20
模範 Muster　166, 200, 264, 265
模範的 musterhaft　166(理性), 167, 213, 214
模倣 Nachahmung　167, 200, 264
　――精神　200
模倣的理性　166

ゆ

有徳なひと der Tugendhafte　135
雄弁家 der Redner　218
雄弁術 Beredsamkeit　217, 223, 225
有用性 Nützlichkeit　87(対象の), 88
有用なもの　60

■岩波オンデマンドブックス■

カント全集 8　判断力批判 上

1999年12月15日　第1刷発行
2017年5月10日　オンデマンド版発行

訳　者　牧野英二《まきのえいじ》

発行者　岡本　厚

発行所　株式会社 岩波書店
〒101-8002 東京都千代田区一ツ橋 2-5-5
電話案内 03-5210-4000
http://www.iwanami.co.jp/

印刷／製本・法令印刷

ISBN 978-4-00-730612-9　Printed in Japan

索　　引

（太字の数字は章や節の見出し中の語であることを示す）

あ

愛 Liebe　150, 209
アプリオリ a priori
　——な原理　12, 47, 51, 159, 160
　——な原理（判断力の）　46, 50, 170, 173
　——な原理（美感的趣味判断の）　251（その否定）
　——な根拠（趣味の）　252
　——な実践的法則　50
　——な特殊な概念　28
　——な判断　76（美感的）, 165, 174（総合的）, 175
　——な法則（の可能性）　49
　——に与えられた尺度　119
　——に立法的　24, **26**（な能力）, 48
アポステリオリ a posteriori　252

い

イギリス人 Engländer　216, 233
意志 Wille　17, 79, 162
　欲求能力としての——　16
イシス Isis　211（の神殿）
異質性 Heterogenität　39（自然の諸法則の）
イスラム教 Mohammedanismus　154
一様性 Gleichförmigkeit　35, 84
一致 Einstimmung　41, 132（構想力と悟性の）　⇨合致
意図 Absicht　37（の達成）
　自然の——　192
威力 Gewalt　134, 137
　理性が感性にふるう——　141
色 Farbe　84, 85, 222　⇨色彩
イロケーゼ族 Irokesen　57（の酋長）, 185
インド人 Indianer　233

う

ヴィーラント Wieland　201
ヴォルテール Voltaire　235
美しい schön　42, 55, 57, 64, 66, 70, 76, 78, 144, 198　⇨美
　——技術　197
　——表象　204, 206
美しい学 die schöne Wissenschaft　196　⇨美の学
美しいもの das Schöne　44, **66**, 68, 101, 112, 143, 204（物）, 248, 262
　自然の——　161
　——の判定　262
　——の分析論　**55**
　——の理想　95
運動 Bewegung　153
運動法則 Bewegungsgesetz　37（物質の）

え

英知的基体 intelligibeles Substrat　127, 249, 250
英知的なもの das Intelligibele　261
エーテル Äther　84（の振動）
エピクロス Epikur　158, 230, 236
演繹 Deduktion　160, 251
　趣味判断の——　**175**
　純粋な美感的判断の——　**160**
　——の課題　**172**（趣味判断の）
　——の方法　**162**（趣味判断の）
演劇 Schauspiel　223

お

オイラー Euler　84
大きいもの das Größe　117(端的に)
恐るべき furchtbar　135(もの)
音 Ton　84, 222　⇨音調
音楽 Musik, Tonkunst　197, 222, 227, 228, 229, 232
恩恵 Gunst　65
音調 Ton　192, 217, 227, 232　⇨音
　——の戯れ Tonspiel　231

か

快 Lust　41, 74, 78, 130, 175
　美しいものについての——　179
　享受の——　178, 197
　自然の崇高なものについての——　178
　自発的活動の——　178
　趣味における——　174
　消極的——　113
　道徳的感情における——　174
　反省の——　179, 197
　美感的判断における——　81
　不快を介してのみ可能な——　134
　——の感情　37, 41, 81, 143
　——の根拠　43
　——の普遍妥当性　175
快・不快／快ないし不快 Lust und Unlust/Lust oder Unlust　40
　——の感情　9, 10, 23, 46, 50, 51, 55, 59, 64, 80, 250
開化(する) Kultur　13, 85, 137, 140, 141, 142, 143, 146, 153, 167, 180, 188, 197, 223, 228, 264, 265
絵画／絵画芸術 Malerei/Malerkunst　85, 218, 220, 229
懐疑論 Skeptizismus　103
快適 angenehm　58, 60, 64, 101, 178
　——な技術　196
　——なもの das Angenehme　58, 61, 62, 63, 67, 69, 70, 143, 252
外的合目的性　87
快適さ Annehmlichkeit　74, 245
概念 Begriff　172, 242
　——の能力　112
学 Wissenschaft　170, 194
確信 Überzeugung　103
格率 Maxime
　考え方の——　181
　悟性の——　182
　判断力の——　30, 182
　理性の——　182, 254
歌劇 Oper　223
賭け事の戯れ Glücksspiel　231, 232
歌唱 Gesang　223
合致 Übereinstimmung　⇨一致
　構想力と悟性の——　171, 246
　自然の法則の多様と原理の普遍性の——　36
　自然の認識能力への——　34
　対象の形式と認識諸能力の——　44
神 Gott　135
　——の崇高性　138
カリブ族 Karaiben　185
考え方 Denkungsart　138(心構え), 237
　拡張された——　181, 182
　首尾一貫した——　181, 182
　偏見にとらわれない——　181
感覚 Empfindung　40, 58, 59, 77, 177
　——の自由な戯れ　231
　——の戯れの芸術　217, 221(美しい)
　——のたんなる戯れ　86
　——の伝達可能性　**177**
感官 Sinn　179, 222
　——の芸術　218(真理の／仮象の)
　——の対象の形式　85
感官趣味 Sinnengeschmack　70
　——の判断　102
感官判断 Sinnenurteil　72, 83, 112
関係 Relation　116, 143
感傷 Empfindelei　152
観照 Kontemplation　131(平静な)
感情 Gefühl　59, 142

自然の崇高なものに対する――
146
――の普遍的伝達可能性　104
観照的 kontemplativ　64
関心 Interesse　57, 61, 65, 79, 231
感性 Sinnlichkeit　127, 144, 146
――の限界　155
――の最大能力　130
感性界 Sinnenwelt　21
感性的尺度　131
感性的なもの　21
完全性 Vollkommenheit　87, 204
対象の――　87
――の原理　245
――の理想　96
感動 Rührung　82, 86, 152
観念性 Idealität
自然の美しいものにおける合目的性の――　256
観念論 Idealismus
自然の美しいものにおける合目的性の――　258
主観的合目的性の――　253
美術における合目的性の――　257, 258(芸術における美しいもの)
カンペル Camper　194

き

戯画 Karikatur　99
機械的技術 mechanische Kunst
196, 198, 203, 206
幾何学 Geometrie
――的に規則正しい形態　107
キケロ Cicero　226
技巧的＝実践的 technisch=praktisch
16(原理), 17(規則)
技術 Kunst　51, 170, **193**　⇨機械的技術，芸術
――の産物　124
擬人神観 Anthropomorphismus　261
規則 Regel　98
規則正しいもの Regelmäßigkeit
109(硬直した)
規則正しさ　108
左右対称の――　109
基体 Substrat
英知的――　249
超感性的――　50(自然の), 128, 248, 249, 251
規定 Bestimmung
――可能性　50(知性的能力による)
――根拠　243(趣味判断の), 245(趣味の)
規定的 bestimmend
――判断　144
――判断力　26, 31
規範理念 Normalidee　98
美しいものの――　99
気まぐれ launisch　238
義務 Pflicht　144
客観的 objektiv
――原理(趣味の規定された)　244
――合目的性　87
――合目的性(自然の)　46, 257
――普遍妥当性　71
究極目的 Endzweck　49, 51
享受 Genuß, Genießen
――の快　178
――への拘束性　63
狂信 Schwärmerei　155
恐人症 Anthropophobie　156
驚嘆 Verwunderung　151
共通感覚 Gemeinsinn, gemeinschaftlicher Sinn, gemeiner Sinn
103, 104, 105, 180, 181, 183
共通妥当性 Gemeingültigkeit　71
恐怖 Furcht
――の対象　134
――を抱くひと　135
銀河系 Milchstraßensystem　129

く

空間 Raum　29, 40, 86
君主国 monarchischer Staat　260
軍人 Krieger　137

け

経験 Erfahrung　28(の体系), 102
経験的 empirisch　⇨自然法則
　——概念　258
　——関心(美しいものに対する)　**184**
　——証明根拠(趣味判断の)　168
　——判断 empirisches Urteil　42, 83
　——法則　27
経験判断 Erfahrungsurteil　172
経験論 Empirismus　252(趣味の批判の)
傾向性 Neigung　65, 186
　——の克服　152
形式 Form　204
　対象の——　42, 112
　——のない対象　112
形式的合目的性 formale Zweckmäßigkeit　46
形而上学 Metaphysik　11
形而上学的 metaphysisch　29(原理)
芸術 Kunst　⇨技術
芸術的表象　206
芸術美／芸術の美 Kunstschönheit　187, 188, 198, 204, 216
継承 Nachfolge　167
形像 Bild　97
形態 Gestalt　85, 219　⇨人間の形態
　——の戯れ　86
啓蒙 Aufklärung　181, 182
激情 Leidenschaft　151, 187
原因 Ursache　48
　——の概念　247
原因性 Kausalität
　自然諸物の——　49
　自由による——　48, 49
原型 Urbild　218, 264
健康 Gesundheit　62
言語芸術 redende Kunst　217
健全な悟性 gesunder Verstand　11, 179　⇨常識
原則 Grundsatz　150(道徳的)
建築芸術 Baukunst　85, 219

こ

高貴 edel　151
構成 Konstruktion, Konstruieren
　概念の——　166, 247
構成的原理 konstitutives Prinzip　10, 262
抗争 Widerstreit　132(構想力と理性の)
構想力 Einbildungskraft　75, 97, 106, 112, 120, 125, 128, 130, 208, 211, 215, 216, 248
　——と悟性の釣り合いと調和　213
　——の自由　172
　——の数学的調和　117
　——の直観への総括　126
　——の力学的調和　117
幸福 Glückseligkeit　62, 63
合法則性 Gesetzmäßigkeit　51, 106, 172
合目的性 Zweckmäßigkeit　28, 41, 44, 51, 78　⇨客観的合目的性，主観的合目的性，自然の合目的性，実践的合目的性
　外的——　87
　内的——　87
　目的のない——　107(悟性の)
　——の形式　80, 100
　——の原理　33, 36
　——の美感的表象　41
合目的的 zweckmäßig　79
合理論 Rationalismus
　趣味の原理の——　252
　趣味の批判の——　252
心 Gemüt, Seele　131
　——の運動　116
　——の感受性　50(道徳的感情に対する), 140(理念に対する)
　——の状態　81(規定された意志における)
　——の全体的使命　132

——の調和　128
——の動揺　153(激しい)
——の能力　23, 50, 51, **207**(天才を形成する)
——を和ませる　152
悟性 Verstand　9, 10, 34, 49, 50, 51, 75, 125, 128, 211, 216, 248, 250
健全な——　11 ⇨常識
構想力と——の釣り合いと調和　213
普通の人間——　180, 181(の格率)
——の格率　182
——の合法則性　107, 108(自由な)
悟性概念 Verstandesbegriff　242
——の描出　113(規定されていない)
言葉 Wort　217
コロンブス Columbus　194(の卵)
根拠 Grund　43(快の) ⇨規定根拠, 経験的証明根拠, 主観的根拠
混合色　84
根本尺度 Grundmaß　122, 128

さ

サヴァリ Savary　123
猿まね Nachäffung　214
讃嘆 Bewunderung　113, 151
賛同 Beifall　167, 174
普遍的——　176, 177
三分法 Trichotomie　51

し

時間 Zeit　145
——条件　32(形式的), 132
色彩 Farbe　253, 263 ⇨色
色彩芸術 Farbenkunst　222
詩芸術 Dichtkunst　217, 224
自己自律 Heautonomie　35
詩人 Dichter　209, 217
自然 Natur　51, 134
——の技巧 Technik der Natur　45, 97, 114
——の形而上学　13
——の合目的性　28, 31, 33, 38, 46(実在的), 49
——の合目的性の原理　30
——の合目的性の美感的表象　**40**
——の種別化 Spezifikation der Natur　35(の法則)
——の絶対的全体　128
——の特殊な規則　34(悟性が必要とする)
——の目的 Zweck der Natur　177
自然概念 Naturbegriff　15, 16, 20, 48
——による立法　20
——の領域　19, 21
自然科学 Naturwissenschaft　18
自然哲学 Naturphilosophie　15
自然美／自然の美 Naturschönheit / Schönheit der Natur　45, 90, 115, 187, 188, 190, 191, 198, 204, 216, 224
自立的な——　114
自然法則 Naturgesetz　27, 37, 48, 49
経験的——　32, 35, 36, 38, 39
特殊的——　32, 37, 38, 39
普遍的——　28, 32, 36, 46
自然目的 Naturzweck　45, 91
『自然論(*Naturlehre*)』(ゼーグナー)　211
質 Qualität　113(の表象), 116, 143
実在論 Realismus
自然の美感的合目的性の——　253
主観的合目的性の——　253
美術における合目的性の美感的——　257
実践的合目的性　29
——の原理　30
実践哲学 praktische Philosophie　15, 23
『実践理性批判(*Kritik der praktischen Vernunft*)』　10, 81, 245
質的完全性　88
使命 Bestimmung　132(心の全体的), 137, 140
社会 Gesellschaft　184

尺度 Maß　118, 121, 129　⇨感性的尺度，根本尺度
社交性 Geselligkeit　69, 184, 264
種 Art　34, 35
自由 Freiheit　51, 172
構想力の――　262
戯れる構想力の――　91
――な技術　194
――な合法則性　106(構想力の), 107(悟性の)
――な戯れ　75, 76, 128
――による原因性　48(の結果), 49
自由概念 Freiheitsbegriff　15, 16, 20, 48
――による立法　20
――の領域　19, 21
宗教 Religion　138
自由美 freie Schönheit　90
主観的 subjektiv
――根拠　145
――必然性(趣味判断に付与する)　**102**
――普遍性　67, 162
――普遍妥当性　71, 72
主観的合目的性　88, 125, 132
自然の――　45, 257
対象の形式の――　175
表象の――　176
ジュピター Jupiter　25, 209(の鷲)
手法 Manier　214
趣味 Geschmack　42, 66, 69, 92, 105, 106, 142, 168, 172, 183, 216, 265
――と天才　**204**(関係), **215**(結合)
――の快ないし不快　189
――の概念　106
――の規定根拠　245
――の規定された客観的原理　244
――の原理　169, **171**, 252
――の最高の模範　94
――の産物　94
――の審判者　93
――の達人　187
――の超越論的批判　239
――の定義　55
――の批判　74, 87, 170, 239(の弁証論)
――の批判者　107
――の方法論　**263**
趣味能力　106
――の探究　13
趣味判断 Geschmacksurteil　42, 44, 55, 64, 67, 72, 73, 89, 106, 242, 243
応用された――　93
純粋な――　83, 86, 92, 93
知性化された――　95
――の演繹　**175**
――の演繹の課題　**172**
――の演繹の方法　**162**
――の拡張　170
――の規定根拠　243
――の主観的条件　75
――の純粋性　92
――の様相　**101**
純粋 rein
――な趣味判断　83, 86, 92, 93
――な美感的判断　148, **160**(の演繹)
純粋悟性概念　258
純粋哲学　10(の体系), 247
純粋判断　83
純粋理性 reine Vernunft　9
――の二律背反　249
――の批判　9, 10
『純粋理性批判(*Kritik der reinen Vernunft*)』　〔9〕, 10, 20, 172
証示 Demonstration　246(する), 259
――不可能な概念　246(理性の), 248
常識 gesunde Vernunft, gemeiner Verstand　103, 108　⇨健全な悟性
冗談 Spaß　232, 235
象徴 Symbol　259
象徴的 symbolisch　258
情動 Affekt　150
自律 Autonomie　35, 165, 167(徳の)
指令 Vorschrift　17

深淵 Abgrund　131
心術 Gesinnung
忌まわしい――　139
世界市民的な――　210
善い――　139
真理 Wahrheit
芸術の客観の描出における――
263
人倫 Sitten　13(の形而上学)
人倫的 sittlich
――なもの　99
――に善いもの　262
――法則　65
――理念　99

す

数 Zahl　118
――概念 Zahlbegriff　121, 129
数学 Mathematik　51, 228
数学的 mathematisch
――形式　228(音楽の)
――に崇高なもの　116, **117**
――量評価　122
崇高 erhaben　117, 120, 121, 128, 140, 144
――の感情　116
崇高性 Erhabenheit　86, 139
真の――　128
『崇高と美の観念の起源』(バーク)　⇨『美と崇高の…』
崇高なもの das Erhabene　44, 112, 114, 143, 145, 161(自然の)
――の概念　115(自然の)
――の分析論　**112**
――の理念　115
――の理論　115
図式 Schema　125, 172, 258, 259
図式的 schematisch　258

せ

生 Leben
――の感情　56, 158
――の力／生命力　86, 113, 159
聖楽劇 Oratorium　223
精神 Geist　207, 212, 216
――豊かな技術　215
聖ピエトロ寺院 St. Peterskirche 123
世界市民的な心術 weltbürgerliche Gesinnung　211
ゼーグナー Segner　211
戦争 Krieg　138
線描 Zeichnung　85, 86

そ

造園術 Gartenkunst, Lustgärtnerei 85, 220, 221
総括 Zusammenfassung　122, 132
造形芸術 bildende Kunst　85, 217, 218, 228
総合的 synthetisch　51(な区分)
総合的判断 synthetisches Urteil 174
装飾 Zierat　86
属性 Attribut　206, 209
ソシュール Saussure　141, 157
素朴(さ) Naivität　155, 236
尊敬 Achtung　65, 81(の感情), 113, 119, 130

た

体系 System
純粋哲学の――　10
経験の――　28
態度 Gebärdung　217
卓越性 Überlegenheit
自然に優る――　136
理性使命の――　130
楽しみ Vergnügen　230, 236
思想についての――　235
魂 Seele　〔50(の能力)〕, 136(の強さ)
他律 Heteronomie　165, 257
経験法則の――　261
理性の――　181
戯れ Spiel　85, 86(形態の)
音調の――　231

賭け事の――　231, 232
思想の――　231
自由な――　75, 76, 128
諸感覚の美しい――　⇨感覚
単位 Einheit　118, 129, 131
単純色　84

ち

地域 Boden　19
知覚 Wahrnehmung　173
対象の――　172
力 Macht　134
自然の――　136, 140
――をもった道徳法則　150
知性的 intellektuell
――関心(美しいものに対する)
186
――崇高性　149
――判断力の能力　189
――美　149
――満足　92, 150
超越的 transzendent　246(概念)
超越論的 transzendental
――演繹　31
――概念(自然の合目的性という)
33
――原理　29
――哲学　245
――哲学の普遍的課題　174
――哲学者　70
――判断力　26, 31
――美感論(判断力の)　147
――批判(趣味の)　239
――理性概念　242
超感性的 übersinnlich　48
――基体　128, 248, 249, 251
――基体(自然の)　49, 50
――使命　131
――な能力　127
超感性的なもの das Übersinnliche
20, 262
――の分野　21
彫刻芸術 Bildhauerkunst　85, 219
超絶的 überschwenglich　9, 137
彫塑術 Plastik　218, 219
直観 Anschauung　246(構想力の)
アプリオリな――　247
――の表現の美術　217
直観的表出 Hypotypose　258

つ

釣り合い Proportion　221, 222
心の諸力の――　202
諸才能の――　195
認識諸能力の――　179, 213

て

抵抗 Widerstand　134
――の能力(われわれの)　135
手仕事 Handwerk　194
哲学 Philosophie　15　⇨実践哲学,
純粋哲学，理論哲学
――一般の領域　**18**
天才 Genie　99, 199, 200, 212, 248, 264
――と趣味　**204**(の関係), **215**(の結合)
――の技術　**199**
――の産物　213
――の本質　212
――を形成する心の諸能力　**207**
伝達可能性 Mittelbarkeit　**177**(感覚の)　⇨普遍的伝達可能性

と

当為 Sollen　102, 105, 106
統制的原理 regulatives Prinzip　10
道徳的 moralisch
――感情の快ないし不快　189
――趣味　65
――＝実践的(原理)　16
――＝実践的(指令)　18(自由概念に基づく)
道徳哲学 Moralphilosophie　15
道徳法則　150(力をもった)
徳 Tugend　248
――の理性概念　248

独創性 Originalität　200, 203, 213

な

内在的 immanent　246(概念)
内的合目的性　87

に

ニュートン Newton　201
二律背反 Antinomie　250(三種類の)
　趣味の――　**240**(の提示), **242**(の解決)
　純粋理性の――　249
　美感的判断力の原理の――　239
　――の解決　244, 245
人間 Mensch　96
　――の形態　〔96〕, 99, 149
　――の欠陥　139
人間嫌い Misanthropie　156
人間性 Menschheit, Humanität　136, 185, 264
認識 Erkenntnis　103
　――の普遍的伝達可能性　104
認識根拠 Erkenntnisgrund　169
認識能力 Erkenntnisvermögen　9, 23, 50, 51, 250
　――の開化　140
　――の批判　22
認識判断 Erkenntnisurteil　64, 101, 162, 172
　アプリオリな総合的――　172
　実践的――　64, 163
　理論的――　64, 163
認識力 Erkenntniskraft
　――の調和　103, 104

ぬ

ヌーメノン Noumenon　127

ね

熱狂 Enthusiasmus　150

は

バーク Burke　157
把捉 Auffassung　122, 161
　対象の――　44
　対象の形式の――　41
バトゥー Batteux　168
反省趣味 Reflexionsgeschmack　70
反省的 reflektierend
　――な美感的判断力　245
　――判断(美感的)　**143**
　――判断力　26, 27, 28, 33, 36(の原理)
反省判断　112
判断 Urteil　103
　個別的――　72, 169, 175
　精神感情から発生した――　44
　理屈を言い立てる――　240
　理性――　240
　――の主観的条件　171
判断力 Urteilskraft　9, 10, 23, 24, 37, 49, 50, 51, 171, 250
　――の格率　30, 182
　――の客観的図式論　77
　――の原理　11(特有の), 28
　――の原理(アプリオリな)　46, 50, 171, 173
　――の原理(客観を規定する)　47
　――の原理(たんに反省する)　47
　――の合法則性(自由な状態における)　149
　――批判　46
判定 Beurteilung　46, 163
　美感的――　12, 76, 134, 145(普遍妥当的), 146, 150, 155, 179, 256
　目的論的――　256
　論理的――　12, 45, 118
　――能力　106(対象の)
反目的的 zweckwidrig　114
範例的 exemplarisch　101, 200
　――妥当性　105

ひ

美 Schönheit, das Schöne　82, 90, 216, 252　⇨美しいもの, 芸術美, 自然美, 自由美

固定された―― 95
――の学 Wissenschaft des Schönen 195 ⇨美しい学
――の述語 87
――の理想 96, 100
美学 Ästhetik 196
美感的 ästhetisch 89
――技術 196
――規範理念 96
――共通感覚 183
――合目的性 149
――総括 122, 126
――属性 210
――な量評価 122
――反省的判断の解明 **143**
――判定 ⇨判定
――普遍性 72
――満足 92
――理念 208, 210, 211, 213, 218, 246, 248, 258
――量 72
美感的判断 44, 67, 76(アプリオリな), 83, 89, 160
――の普遍性 70
美感的判断力 46, 47, 128
反省的な―― 245
――の能力 189
――の批判 44
――の分析論 **55**
――の弁証論 **239**
美術 schöne Kunst **195**, 205, 216, 218, 224
思想の表現の―― 217
直感の表現の―― 217
――の区分 **216**
――の産物 197, 198(の合目的性)
必然性 Notwendigkeit
アプリオリな諸概念に基づく―― 144
趣味判断が主張する―― **102**
美感的判断における―― 173
『美と崇高についてのわれわれの諸概念の起源に関する哲学的探究』(バーク) 159
批判 Kritik 22, 44
ヒューム Hume 170, 216
表現 Ausdruck 212, 216
描出 Darstellung 45, 258, 259
消極的な―― 153, 155
――の能力 112
表象 Vorstellung 75
――の論理的妥当性 40
表明不可能な表象(構想力の) 246, 248

ふ

不快 Unlust 78 ⇨快・不快
――の感情 130
不快適 das Unangenehme 178
付随美 anhängende Schönheit 90
付属的美 90
不定的美 90, 95
舞踏 Tanz 223
普遍性 Allgemeinheit 36, 69
主観的―― 67, 162, 163
美感的―― 72
満足の―― **70**
普遍妥当性／普遍的妥当性 Allgemeingültigkeit/allgemeine Gültigkeit 70
快の―― 175
個別的判断の―― 163
主観的―― 71, 72
主観に対する―― 160
普遍妥当的 allgemeingültig 125 (な合目的性)
普遍的 allgemein
――賛同 105
――自然法則 ⇨自然法則
――満足 **66**, 69
普遍的伝達可能性 155
快の―― 74
感覚の―― 77
感情の―― 104, 183
認識の―― 104
フランス人 Franzose 216